国家安全学
学科建设工程系列丛书

海外利益安全概论

郭延军・主　编
杨 悦　董 亮・副主编

时 事 出 版 社
北 京

目　录

绪　论

第一节　海外利益安全的定义　1

第二节　海外利益安全研究综述　9

第三节　本书结构安排简析　25

第一章　中国海外利益安全的发展演变

第一节　中国海外利益安全发展演变的历史阶段及其特征　28

第二节　总体国家安全观中的海外利益安全　37

第二章　影响海外利益安全的主要因素

第一节　政治因素　49

第二节　经济因素　56

第三节　社会因素　62

第四节　非传统安全因素　66

第三章　海外机构、人员与项目安全

第一节　海外机构、人员与项目安全风险的主要类别　74

第二节　海外机构、人员与项目安全风险的成因　81

第三节　海外机构、人员与项目安全风险防控体系建设　86

第四章　海外金融安全

第一节　海外金融安全的定义　98

第二节　海外金融安全的风险识别　100

第三节　海外金融安全风险防控体系与保障能力　105
第四节　海外金融安全国际合作　111

第五章　海外投资安全
第一节　海外投资安全的定义　120
第二节　海外投资安全的风险识别　121
第三节　海外投资安全风险防控体系与保障能力　125
第四节　海外投资安全国际合作　129

第六章　海外能源和资源安全
第一节　海外能源和资源安全的定义　140
第二节　海外能源和资源安全的风险识别　145
第三节　海外能源和资源安全风险防控体系与保障能力　149
第四节　海外能源和资源安全国际合作　156

第七章　海上通道安全
第一节　海上通道安全的概念界定　166
第二节　中国海上通道安全　170
第三节　中国海上通道安全风险防控体系与保障能力　177
第四节　中国海上通道安全国际合作　183

第八章　不同类型国家的海外利益安全
第一节　美国海外利益安全保障　192
第二节　英国海外利益安全保障　200
第三节　日本海外利益安全保障　207
第四节　印度海外公民权益保障　213

第九章　新时代中国海外利益安全维护
第一节　共建"一带一路"倡议与我国海外利益安全维护　233
第二节　全球发展倡议与我国海外利益安全维护　237
第三节　全球安全倡议与我国海外利益安全维护　240
第四节　全球文明倡议与我国海外利益安全维护　245

绪　论

党的二十大报告提出，“加强海外安全保障能力建设，维护我国公民、法人在海外合法权益，维护海洋权益，坚定捍卫国家主权、安全、发展利益”的时代任务。① 进入21世纪，中国面临着严峻的海外利益安全形势。一方面，随着中国国家实力的不断增强以及与世界联系的日益紧密，大量企业、机构和人员“走出去”，中国海外利益的广度和深度也随之不断拓展；另一方面，国际安全环境不断发生复杂深刻变化，新的海外利益安全风险层出不穷。

海外利益安全是新时期中国发展和安全利益的重要组成部分，是维护国家生存与发展的重要内容。② 它是一个复合型安全研究领域，主要包括政治、经济、社会和文化安全等方面的具体问题。本章将对海外利益安全的定义、国内外研究现状以及海外利益安全的研究意义、主要内容和研究方法进行分析，并对全书的章节安排进行介绍。

第一节　海外利益安全的定义

海外利益安全事关国家发展和国家安全大局。③ 党的十八大以来，中

---

① 习近平：《高举中国特色社会主义伟大旗帜　为全面建设社会主义现代化国家而团结奋斗——在中国共产党第二十次全国代表大会上的报告》，中国政府网，2022年10月16日，https://www.gov.cn/xinwen/2022-10/25/content_5721685.htm。

② 郭永良：《习近平总书记关于海外利益安全重要论述研究》，《江南社会学院学报》2023年第2期，第24—32页。

③ 高飞：《大变局与中国外交的选择》，《国际问题研究》2019年第6期，第25—40页。

国海外利益不断拓展，已经成为密切中国与外部世界关系的重要因素，是一个关系国计民生的重大议题。[①] 在这一过程中，中国的海外利益安全的内涵和外延也在不断随之发展与变化。本节将对海外利益、海外利益安全进行界定，并对其内涵与外延进行探讨。

一、海外利益安全的概念

安全与威胁相关。[②] 海外利益是国家安全利益的延伸，而重要海外利益对国家的发展则至关重要。[③] 那么，什么是海外利益安全？狭义来讲，海外利益安全主要包括海外能源资源安全、海上战略通道以及海外公民、法人的安全，而对其进行维护的主要方式通常包括开展海上护航、撤离海外公民、应急救援、反恐等。根据《中华人民共和国国家安全法》第三十三条规定，国家依法采取必要措施，保护海外中国公民、组织和机构的安全与正当权益，保护国家的海外利益不受威胁和侵害。

（一）海外利益的概念

作为主要分析对象，安全研究在国际政治研究中由来已久。美国学者阿诺德·沃尔弗斯在20世纪50年代就提出，安全“是一种价值”，是国际政治研究的“起点”和“落点”，但安全概念比较模糊，不易对其进行确切定义。[④] 巴里·布赞将安全定义为“对免于威胁的追求”，显示“国家和领土完整，反对敌对势力的能力”，而“安全的底线则是生存”。[⑤] 据此，学界把安全概念分成消极安全与积极安全，前者强调免于威胁，而后者强调稳定。戴维·鲍德温指出，追求安全目标涉及行为体、相关的标准价值、安全的程度、威胁的状况、应对威胁的手段、具体代价和相应的时机

---

① 《国家海外利益安全知识百问》编写组：《国家海外利益安全知识百问》，人民出版社2023年版。

② ［英］阿兰·柯林斯主编，高望来、王荣译：《当代安全研究》（第3版），世界知识出版社2016年版，第1页。

③ ［英］罗兰·罗丹伊特著，陈波、池志培等译：《国际安全的当代议程》（第2版），社会科学文献出版社2021年版。

④ Arnold Wolfers, “National Security as an Ambiguous Symbol”, Political Science Quarterly, Vol. 67, No. 4, 1952, pp. 481 – 502.

⑤ Barry Buzan, “New Patterns of Global Security in the Twenty – First Century”, International Affairs, Vol. 67, No. 3, 1991, pp. 431 – 451.

七个方面。[①] 由此可见，生存和稳定是安全的两个重要目标。[②]

在当今国际秩序下，对安全的看法已与先前有了很大的变化。由于权力的构成和性质已经不再以军事力量和对外征服为重点，经济、科学技术和教育等因素的重要性正日益突出，地理、人口和原材料的重要性开始减弱。对此，罗伯特·吉尔平指出，随着全球化的发展，无政府状态与资本逻辑之间的关系日益紧张，国家如何干预市场以保护国民和国家安全已成为重要任务。[③] 实际上，吉尔平较早地认识到国家海外利益的维护问题。由于海外利益与国家利益密切相关，因此，学界普遍使用国家利益来定义海外利益。刘跃进认为，国家利益古已有之，并非是民族国家诞生后才有的产物。国家利益是满足或能够满足国家以生存发展为基础的各方面需要，并且对国家在整体上具有好处的事物。[④] 苏长和认为，海外利益是一种存在于国家主权管辖范围以外的国家利益，它产生于政府、企业、公民等的全球联系，主要以国际合约为表现形式，而海外利益则主要包括海外经济利益、海外政治利益、海外人员安全、海外国家形象、国际战略通道安全等多个方面。[⑤] 在论证海外利益与国家利益的关系时，一些学者强调海外利益与国家利益的关系是一种从属关系。李涛认为，海外利益本质上是国家利益在海外的延伸。[⑥] 门洪华等也认为，海外利益概念因中国国家利益海外部分的不断拓展而诞生。[⑦] 就物理边界而言，海外利益是以边境和海关为界划分的境外利益。[⑧]

大量研究对海外利益以及中国海外利益的类型、演变、认知和具体内

---

① David Baldwin, "The Concept of Security", Review of International Studies, Vol. 23, No. 1, 1997, pp. 5－26.

② 倪世雄等：《当代西方国际关系理论》，复旦大学出版社 2001 年版。

③ ［澳］克里斯蒂安·罗伊－斯米特、［英］邓肯·斯尼达尔编，方芳等译：《牛津国际关系手册》，译林出版社 2019 年版，第 71 页。

④ 刘跃进主编：《国家安全学》，中国政法大学出版社 2004 年版，第 28—38 页。

⑤ 苏长和：《论中国海外利益》，《世界经济与政治》2009 年第 8 期，第 13—20 页。

⑥ 李涛：《中国海外利益》，国际文化出版公司 2014 年版，第 13 页；于军、程春华：《中国的海外利益》，人民出版社 2015 年版，第 19 页。

⑦ 门洪华、钟飞腾：《中国海外利益研究的历程、现状与前瞻》，《外交评论》（外交学院学报）2009 年第 5 期，第 60 页。

⑧ 毕玉蓉：《中国海外利益的维护与实现》，《国防》2007 年第 3 期，第 7—8 页；陈伟恕：《中国海外利益研究的总体视野——一种以实践为主的研究纲要》，《国际观察》2009 年第 2 期，第 8 页。

涵、外延进行了探讨。张曙光认为，海外利益有核心、重要、边缘之分，其中核心海外利益是国家安全利益的延伸，重要海外利益是国家对外发展利益的延伸，而边缘海外利益则是国家对外文化利益的延伸。[①] 在对海外利益认知问题上，刘莲莲提出从理念和物质的两个角度来看：理念主义的新兴国家利益建构角度，强调国家实力增长带来的国家利益结构变化、国家利益观的发展等；而物质主义的境外公民保护角度，则主要强调境外企业、公民的人身安全与财产安全。[②] 就中国海外利益安全的内涵与外延而论，陈伟恕认为，它狭义上指的是中国机构和公民在境外的生命、财产、自由安全，广义上还应包括各行为体在境外所缔结的合约以及尊严名誉等。[③] 而于军等还突出强调满足国家发展所需海外战略资源获取权的问题。[④] 可以说，随着海外利益安全问题领域性质的不断变化，其外延也在不断拓展和改变。

（二）海外利益安全的概念

通过对上述研究的分析可知，海外利益实际上是“境外的国家利益”，属于国家利益的组成部分。而海外利益安全实际上是对国家海外利益的有效维护，并确保其处于稳定而免受威胁的状态。就形式而言，海外利益安全的维护涉及多种行为体和以外交为核心的多种手段的使用。从研究的角度来看，研究海外利益安全就是为了探讨海外利益保护面临的政治、经济、社会、技术和法理困境，并通过寻求有效的解决方案来维护中国的国家利益。

海外利益安全涉及多元主体。国家是维护国家海外利益的主体，但在谈及海外利益的保护方面，学界普遍认可一种多元行为体参与的视角。苏长和提出，海外利益是由政府、企业、社会组织和公民通过全球联系而产生的，因此，海外利益安全的维护也涉及这些行为体。[⑤] 换言之，海外利

---

① 张曙光：《国家海外利益风险的外交管理》，《世界经济与政治》2009 年第 8 期，第 7 页。

② 刘莲莲：《国家海外利益保护机制论析》，《世界经济与政治》2017 年第 10 期，第 126—153 页。

③ 陈伟恕：《中国海外利益研究的总体视野——一种以实践为主的研究纲要》，《国际观察》2009 年第 2 期，第 8—9 页。

④ 于军、程春华：《中国的海外利益》，人民出版社 2015 年版，第 4—8 页。

⑤ 苏长和：《论中国海外利益》，《世界经济与政治》2009 年第 8 期，第 13—14 页。

益的主体存在复合性，而不能将其简单地还原为境外公民的权益。[①] 尽管海外利益同国家利益间存在紧密的联系，但海外利益拥有比国家利益更广阔的外延，国家、次国家行为体、非国家行为体都在其中发挥着重要作用。一些研究还对海外利益安全进行了分类，表明了海外利益安全研究的具体内容。[②]

外交在维护海外利益安全中扮演着重要而独特的作用。当前海外利益的构成日益多样化，其发展开始朝着由点到面和由简单到复杂的方向进行演变，因此对其进行维护也存在多种方式。[③] 针对这种情况，王逸舟指出，中国的外交方针与整体国际战略应当对中国的海外利益实施更大力度、更广范围的保障。[④] 依据公共利益风险管理的视角，张曙光提出，国家海外利益可通过国家外交机构进行外交管理，而海外利益风险的外交管理应具备整合资源、系统、功能、技术等国家对外能力。为有效应对、降低和排解国家海外利益风险，中国需要在外交战略、制度安排、资源配置、机制创新、公共教育、技术开发与利用、国际合作等方面推动海外利益风险的外交管理。[⑤]

总之，随着中国国际影响力的强化，中国海外利益安全风险不断增加，维护海外利益安全任重道远。因此，加强海外利益保护必须落实总体国家安全观，并重视外交的独特作用。

---

① 刘莲莲：《国家海外利益保护机制论析》，《世界经济与政治》2017 年第 10 期，第 131—132 页。

② 中国目前的海外利益可以分为国家安全利益、海外公民权益、海外商业利益和国际社会认同。国家安全利益指国家安全相关的政府机构在海外的行动自由和国家权利；海外公民权益是指中国公民在海外的人身、财产等合法权益；海外商业利益是指中国政府与企业在海外从事的经济活动所产生的利益；国际社会认同是指文化软实力。参见：唐昊：《关于中国海外利益保护的战略思考》，《现代国际关系》2011 年第 6 期，第 1—8 页。

③ 贾庆国：《对国家安全特点与治理原则的思考》，《国际安全研究》2022 年第 1 期，第 6—20 页；刘艳峰：《国家海外安全治理论析：基于总体国家安全观视角》，《太平洋学报》2023 年第 5 期，第 25—37 页。

④ 王逸舟：《创新不干涉原则，加大保护海外利益的力度》，《国际政治研究》2013 年第 2 期，第 1—5 页。

⑤ 张曙光：《国家海外利益风险的外交管理》，《世界经济与政治》2009 年第 8 期，第 6—12 页。

二、海外利益安全研究的国内外现状

国外学者未给出“海外利益安全”的明确定义，因此海外利益安全在国外学界未形成固定的概念。作为术语，“海外利益”一词的使用场景通常以实践为导向，以具体问题分析为研究选题。从词义上看，在欧美学术研究中，对于“海外”一词的表述，国外（abroad）或海外（overseas）均屡见于不同的文献之中。国外学界和政界对中国维护海外安全利益的主张和做法一直持戒备的心态，并经常将其作为制造“中国威胁论”的重要内容。一些研究片面地认为中国国家利益的全球扩张导致中国对其海外利益保护的需要更加迫切，同时也对中国宣称的“不干涉内政”原则提出了挑战。针对维护海外利益安全，一些研究指出，中国不愿意进行外交或军事干预，因而限制了其保护海外（能源）利益的能力并造成了巨大损失，但在保护海外公民的问题上，中国则更加积极地采取各种外交手段，如领事保护措施的制度化等。中国寄希望于采用灵活的“不干涉”解释来应对这种情况，譬如“外交为民”“不干涉不代表无所作为”等。① 此外，还有一些研究认为，中国将与西方进行长期博弈且有能力制定推行复杂海外利益战略，而中国的影响力扩张是对美国海外利益的威胁，最终目的是削弱美国的全球及地区霸权。② 可以说，西方学界对中国海外利益安全的研究充满偏见和无端指责，其背后的目的依然是维护西方主导的国际秩序。

随着中国逐渐活跃于国际政治舞台，中国国家利益的地理界线已被突破，出现国内利益国际化和国际利益国内化的趋势。中国的海外利益在近30年内急剧膨胀，其动力源自改革开放与中国经济的高速增长。从研究的历程来看，有关中国海外利益的研究可追述至21世纪初。③ 这些研究对海外利益的范畴及维护手段进行了广泛的探讨。过去，国内研究通常使用“海外安全利益”和“海外利益保护”两种表达方式。“海外安全利益”强调的是海外安全的利益属性，而“海外利益保护”则是探讨维护海外利

① Mathieu Duchâtel, Oliver Bräuner and Zhou Hang, “Protecting China's Overseas Interests: The Slow Shift away from Non - interference”, Stockholm International Peace Research Institute, 2014, https://www.jstor.org/stable/pdf/resrep19183.1.pdf.

② Andrea Ghiselli, “Protecting China's Interests Overseas: Securitization and Foreign Policy”, Oxford: Oxford University Press, 2021, pp. 4 – 5.

③ 傅梦孜等：《中国的海外利益》，《时事报告》2004年第6期，第17—25页。

益安全的具体方法。现在看，海外利益安全实际上包括海外安全利益和海外利益保护这两部分内容，但由于这种分类的长期存在导致“海外利益安全”一词较少出现在以往中文文献之中。尽管如此，这些研究却对当前中国海外利益安全研究起到了巨大的推动作用，体现出了比较鲜明的特点。

第一，突出关注维护海外利益安全的战略和机制。战略和机制是海外利益拓展和保护中的核心问题，因此，备受国内学者的重视。王逸舟较早提出，保障海外利益是拓展中的国家安全内涵，传统上国家利益的体现有较明显的地理界线，但随着中国与国际社会相互关系的深化，国家利益体现的地理界线已有所突破。[①] 他还认为，保护中国海外利益需得到国际社会和多数国家的理解，并要求对传统的不干涉原则加以调整和创新。[②] 在识别海外安全利益类别的优先顺序上，中国核心海外利益的实现，其实不在于从国际多边机制中获取暂时的物质利益，而是应该参与建立全球市场规则和国际机制，并从中获取长远的利益。这说明中国海外利益保护的最终目标是通过国家参与而建立全球海外利益的保护机制。[③] 在海外利益安全维护的方略上，一些研究认为，中国应从双边、区域、国际三个层面提升自身维护和拓展海外利益的能力，实现大国维权、地区维权和制度维权等主张。[④]

第二，重视维护海外利益安全的方式与手段。中国的海外利益问题纷繁复杂，且通常伴随危机管理、问题应对等实践性质，故实践角度的研究比纯粹的理论探讨更有意义。[⑤] 中国海外利益形成和发展面临的风险主要有所在国局势动荡、债务违约、宏观经济不稳定、贸易保护主义、罢工行动、自然灾害、毁约等形式。中国目前采用的海外利益保护的方式有全球

---

① 王逸舟：《和平发展阶段的国家安全》，《世界知识》2006 年第 23 期，第 48—51 页；杨磊、张运成：《中国该如何保护自己的海外利益》，《中国经营报》2004 年 6 月 21 日。

② 王逸舟：《创新不干涉原则，加大保护海外利益的力度》，《国际政治研究》2013 年第 2 期，第 1—5 页。

③ 唐昊：《关于中国海外利益保护的战略思考》，《现代国际关系》2011 年第 6 期，第 1—8 页。

④ 郎帅、杨立志：《中国海外利益维护：新现实与新常态》，《理论月刊》2016 年第 11 期，第 119—122 页。

⑤ 陈伟恕：《中国海外利益研究的总体视野——一种以实践为主的研究纲要》，《国际观察》2009 年第 2 期，第 8—13 页。

治理、在高层互访中申明国家利益、签订双边协定、督促企业履行社会责任、保障运输通道安全、保障海外员工人身安全等。吕晓莉等认为，由于现有外交资源不能满足海外利益保护要求，而国际社会中传统安全和非传统安全交织，中国海外企业和公民自我保护意识不足，中国的海外利益面临着巨大的挑战，中国应当构建中国海外利益保护的社会机制，动员海外行业协会、华人华侨社会网络、民间组织，发挥它们相应的职能，与官方保护机制在不同领域和层面对国家维护海外利益进行补充，承担沟通协调、形象公关、海外维权等功能。诸多研究也指出，中国海外利益的安全风险在不断增加的过程中，中国的保护手段和能力却明显滞后。①

第三，强调外交在维护海外利益安全中的作用。通过外交途径开展谈判、达成协议，是确保中国海外利益安全得到维护的重要内容。近年来，中国特色大国外交在拓展与维护海外利益方面得到长足发展。特别是在领事保护方面，多部门协调的保护机制正在发挥作用。夏莉萍指出，中国的地方政府领事保护机制已得到充分发展：机构设置逐步增加，多部门协作能力增强，应急能力提升。同时，外交主体产生了多元化趋势，地方外办不仅仅是中国外交部的协助者，更积极作为牵头者完成领事保护的任务，还积极在群众中开展海外安全教育，发挥了地方政府的自身优势，在很大程度上分担了中央政府的工作压力。②

第四，重点研究中国海外经济利益安全。肖河认为，在 2008 年之前，中国政府文件语境下的“海外利益”这一概念指的是海外公民和企业的生命及财产安全。③ 根据李众敏的定义，中国海外经济利益是指中国自然人、法人或国家所拥有的，在中国有效的主权管辖区域或行政管辖区域以外存在的，受到国际合约、当地法规和中国国内法规保护的经济利益。特别是，共建“一带一路”倡议提出后，中国海外利益的规模逐渐扩大，对外开放的方向也不断发生转变，但中国海外利益保护的需求与保护能力存在明显脱节，凸显了海外经济利益保护的迫切性。同时也有大量研究表明中

---

① 吕晓莉、徐青：《构建中国海外利益保护的社会机制探析》，《当代世界与社会主义》2015 年第 2 期，第 134—139 页。

② 夏莉萍：《中国地方政府参与领事保护探析》，《外交评论》（外交学院学报）2017 年第 4 期，第 59—84 页。

③ 肖河：《“一带一路”与中国海外利益保护》，《区域与全球发展》2017 年第 1 期，第 24—36 页。

国在形成海外经济利益保护机制、立法和支持跨国公司等方面做了大量工作。①

总之，大量研究聚焦中国海外利益安全的战略、方式和重点领域。同样，以往研究也发现中国缺乏海外利益安全的系统保护战略、外交服务经济功能仍显不足、中国在全球规则制度中的影响力不够、风险应对的部际协调不足、缺乏相关立法等问题。② 由此可见，未来对海外利益安全进行进一步的系统研究具有重要的现实意义。

第二节　海外利益安全研究综述

随着中国自身实力的不断增强和与世界联系的日益紧密，中国企业、机构、人员大规模“走出去”，海外利益的广度和深度不断拓展对海外利益安全研究提出新要求。当前，中国的海外利益安全已涵盖政治、经济、社会、文化等多个领域。③ 本节将重点介绍中国海外利益安全研究的意义、主要内容和研究方法。

一、海外利益安全的研究意义

随着中国海外利益规模日益庞大，总体安全形势面临严峻挑战，对其进行系统研究具有重要的现实意义。

一是构建海外利益安全总体国家战略的需要。中国综合实力显著提升，维护海外利益安全的需求加大。党的十八大以来，以习近平同志为核心的党中央高度重视海外利益安全保护工作。习近平总书记作出“重视海外安全，维护好海外利益”“延伸保护我国海外利益的安全链”等重要判断。当前，一方面，中国海外利益安全保障存在领事与军事保护困境、市场化手段与国际合作不足等问题；另一方面，中国还面临通过参与包括维

---

① 李众敏：《中国海外经济利益保护战略刍论》，《世界经济与政治》2012 年第 8 期，第 92—106 页。

② 李众敏：《中国海外经济利益保护战略刍论》，《世界经济与政治》2012 年第 8 期，第 92—106 页。

③ 《国家安全教育知识百问：如何理解维护海外利益安全的重要意义？》，澎湃新闻网，2023 年 7 月 17 日，https://m.thepaper.cn/baijiahao_23897397。

和行动等在内的国际安全合作，提出全球治理的“中国方案”，力争建立新型国际安全秩序，并从中获取可持续发展的国家综合利益等机遇与挑战。因此，对中国海外利益安全的能力建设、法律制度设计、市场的作用、国际机制及其规制等方面的研究的需要显得十分迫切，而这种系统研究无疑对构建海外利益安全的总体国家战略具有重要意义。

二是保障对外经济联系的深入发展，维护中国的海外经济利益安全。在改革开放之初的1980年，中国贸易进口总额仅199.41亿美元，仅占世界总量的0.96%；而同年中国贸易出口总额仅180.99亿美元，仅占世界总量的0.89%。到2022年，中国贸易进口总额已达27159.99亿美元，占世界总量的10.6%，而贸易出口总额已达35936.01亿美元，占世界总量的14.43%。[①] 截至2021年底，中国对外直接投资存量已达27851.5亿美元，相较于加入世界贸易组织之初，2002年的299亿美元，增长了9215%。[②] 同时，中国对外直接投资仍保持上升态势，2023年1—7月，中国全行业对外直接投资859.9亿美元，同比增长5.9%。[③] 在能源进口上，2022年，中国能源进口贸易总额也已达8859.84亿美元。[④] 如何维护海外经济利益和保障海外经济联系已成为中国海外利益安全研究的重要课题。

三是境外人员规模稳步增长，维护海外人员安全责任与难度增大。截至2022年底，中国境外中资企业数量达4.6万家，分布在全球190个国家和地区，境外中方企业员工超过150万人。[⑤] 根据联合国世界旅游组织数据：2020年全球国际旅游支出达5491亿美元，中国以1305亿美元居全球首位，占全球总量的23.8%。此外，中国出国留学规模庞大。截至2022年3月，中国留学生约有142万。此外，中国累计派出各类劳务人员1062.6万人次，其中2021年派出各类劳务人员32.27万人。截至2022年

---

① 相关数据来自世界贸易组织数据库（https：//stats. wto. org/）。

② 《中国统计年鉴—2022》，国家统计局网站，http：//www. stats. gov. cn/sj/ndsj/2022/indexch. htm。

③ 《2023年1—7月我国全行业对外直接投资简明统计》，商务部“走出去”公共服务平台，http：//fec. mofcom. gov. cn/article/tjsj/ydjm/jwtz/202308/20230803436092. shtml。

④ 相关数据来自世界贸易组织数据库（https：//stats. wto. org/）。

⑤ 《国新办举行领事保护与协助国务院政策例行吹风会》，国务院新闻办公室网，2023年7月14日，http：//www. scio. gov. cn/gwyzclxcfh/cfh/49553/50150/。

7 月，中国在外各类劳务人员 55.6 万人。[①] 由于疫情之后对外劳务合作正在迅速复苏，2023 年 1—7 月，中国对外劳务合作派出总人数达 19.7 万人，相较于 2022 年同期增加了 5.7 万人。[②] 在领事保护方面，截至 2023 年 9 月 1 日，中国共设立 175 处大使馆、91 处总领事馆和 11 个常驻国际组织代表团（处）。[③] 仅 2022 年，中国外交部和驻外使领馆就处置了领事保护与协助案件约 7 万起，外交部全球领事保护与服务应急热线共计接听近 50 万通求助电话。[④]

四是共建"一带一路"倡议成效显著，维护项目安全成为重要任务。共建"一带一路"倡议提出 10 年来，中国与相关国家一道坚持共商、共建、共享原则，深化互利共赢合作，"六廊六路多国多港"互联互通架构基本形成。2023 年是共建"一带一路"倡议提出的 10 周年，中国目前已与世界上 3/4 的国家、32 个国际组织共同签署了超过 200 份共建"一带一路"合作文件。在共建"一带一路"倡议下，迄今已形成 3000 多个合作项目，拉动投资规模近 1 万亿美元，创造了 42 万个工作岗位，实现 4000 万人的脱贫。[⑤] 共建"一带一路"倡议提出以来，中国与"一带一路"沿线国家贸易总量年均增长 8.6%。2022 年，中国对"一带一路"沿线国家进出口增长 19.4%，占我国外贸总值的 32.9%，相较于 2013 年提升了 7.9

① 《如何加强海外游客的安全保护》，中国政府网，2023 年 7 月 14 日，https：//www.gov.cn/xinwen/jdzc/202307/content_6892081.htm。

② 相关数据来自商务部商务数据中心数据库（http：//data.mofcom.gov.cn/tzhz/forlaborcoop.shtml）。

③ 数据来自外交部网站，https：//www.mfa.gov.cn/web/zwjg_674741/zwsg_674743/yz_674745/。相关研究参见：夏莉萍：《中国领事保护机制建设的成效评估与改进方向》，《国际论坛》2023 年第 1 期，第 54—68 页；夏莉萍：《中国领事保护新发展与中国特色大国外交》，《外交评论》（外交学院学报）2020 年第 4 期，第 1—25 页；夏莉萍：《海外中国公民和中资企业的安全风险——基于中国驻外使馆安全提醒之分析》，《国际安全研究》2019 年第 6 期，第 129—152 页；夏莉萍：《中国领事保护需求与外交投入的矛盾及解决方式》，《国际政治研究》2016 年第 4 期，第 10—25 页。

④ 夏莉萍：《〈中华人民共和国领事保护与协助条例〉的意义和亮点》，中国外交部网站，2023 年 7 月 17 日，https：//www.mfa.gov.cn/wjbzwfwpt/kzx/tzgg/202307/t20230717_11114243.html。

⑤ 《"一带一路"倡议十年，铺就共同发展的康庄大道》，中国外交部网站，2023 年 3 月 7 日，https：//www.mfa.gov.cn/web/wjbzhd/202303/t20230307_11036924.shtml。

个百分点。[1] 中国企业积极响应国家号召，进一步拓展海外市场和发展空间，取得了重要的成果。在此过程中，投资、项目和人员安全的风险日益突出。

二、海外利益安全的研究内容

海外利益安全领域众多，当前中国的海外利益安全可以大致划分为四类：海外政治利益安全、海外经济利益安全、海外社会利益安全和海外文化利益安全。[2] 对这些问题的研究目前已经构成了海外利益安全研究的主要内容。

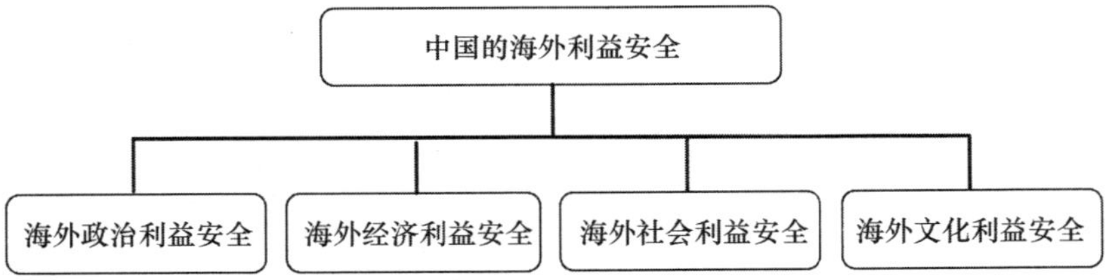

图 0－1　中国的海外利益安全分类

内容来源：作者自制。

（一）海外政治利益安全

海外政治利益安全是指一系列与国家主权、国家利益和国家角色有关的安全事务。目前，海外政治安全的主要研究内容如下：

一是有关维护对外事务安全的研究。主要研究内容包括国家使领馆等驻外机构和人员的安全，驻外人员开展合法外交活动的自由，国家有权参与境外军事联合演习、国际军事交往，国家有权加入国际组织和在其中依法活动，国家有权进行维和行动、国际护航、反跨国犯罪等国家安全活动，国家有权对国际公共资源进行研究、开发与和平利用，等等。

二是有关维护、塑造对中国有利的国际制度的研究。例如，在西方大国对既有不公正国际制度的维护的背景下，研究如何寻求突破的问题。尽管包括中国在内的新兴经济体在世界经济中的地位不断上升，但这些国家

---

① 《国新办举行 2022 年全年进出口情况新闻发布会》，国务院新闻办公室网，2023 年 1 月 13 日，http：//www. scio. gov. cn/xwfb/gwyxwbgsxwfbh/wqfbh_2284/49421/49446/。

② 唐昊：《关于中国海外利益保护的战略思考》，《现代国际关系》2011 年第 6 期，第 1—8 页。

在全球经济治理体系的话语权却没有得到相应的提升。对于现有国际体系改革方案，如国际货币基金组织和世界银行改革问题，西方往往态度消极，让步有限。[①] 此外，共同崛起的国家之间的战略竞争也引起了学界关注。例如，中国的快速崛起，增大了发展速度相对缓慢的区域性大国印度的压力，加剧了印度对中国的威胁感知，为应对中国提出的海上丝绸之路倡议，印度也提出了“季节计划”“海上香料之路”等倡议，同时，印度也采取了一系列反制行动，破坏了中国与部分南亚国家的合作项目。[②] 另外，有相关研究注意到了渗透到国际组织中的“台独”势力。例如，民进党当局拒不承认“九二共识”，谋求“事实台独”，鼓动国际非政府组织在台湾设点，损害了一个中国原则。[③]

三是维护有利于和平发展的地缘政治环境的相关研究。例如，美国及其同盟国始终抹黑和打压中国的共建“一带一路”倡议，担心中国扩大地缘战略空间与规则制度的影响力。西方传统理论上是为大国获取区域霸权而服务，与当今世界和平、发展、合作、共赢的主题背道而驰，阻碍了中国海外利益的拓展。因此，寻求各国之间的可持续的和平合作的方案也成为维护中国海外利益安全的重要问题。[④] 此外，在国际冲突中如何为维护海外利益安全创造良好的安全环境也是十分紧迫的任务。例如，在俄乌冲突的背景下，美俄安全关系进一步紧张，国家间战略互信减弱，战略竞争更加激烈复杂，大国间的战略协调和合作困难重重，亚太地区军备竞赛的趋势愈演愈烈。中国如何与相关国家管控分歧、预防冲突、扩大合作成为能否保障海外利益安全的突出政治挑战。[⑤]

（二）海外经济利益安全

海外经济利益安全是指维护中国政府与企业在世界市场进行经济或与

---

① 王帆、凌胜利：《中国角色 中国方案——中国特色大国外交》，世界知识出版社 2017 年版，第 114 页。

② 马加力：《印度对“一带一路”的认知与反应》，《和平与发展》2016 年第 1 期，第 21—29 页。

③ 立心：《台湾当局鼓动国际非政府组织在台湾设点动机、进展及影响》，《统一论坛》2023 年第 3 期，第 28—31 页。

④ 刘江永：《海陆和合论：“一带一路”可持续安全的地缘政治学》，《国际安全研究》2015 年第 5 期，第 3—21 页。

⑤ 冯玉军：《俄乌冲突下东亚安全格局新趋势》，《东北亚学刊》2023 年第 2 期，第 21—33 页。

经济有关的活动时所产生的利益。其内容包括：海外直接投资的自由，海外有形与无形资产的安全，国际经贸活动的自由，保障国家参与国际经济社会活动规范制定与执行的权利，参与国际经济交往和分享全球共同资源的权利，等等。主要分为以下几点。

一是维护海外贸易与投资安全。在东道国政治风险方面，东道国政府可能基于某种目的，采取价格控制、设置壁垒、制裁，甚至国有化等手段，对投资国的企业正当经济利益造成损害。同时，若东道国爆发内乱和战争，必然会引发社会动荡，给投资国的海外项目造成巨大损失。① 在劳资冲突问题上，由于中国部分跨国企业缺乏经验，片面套用国内管理模式，忽视与东道国企业的文化差异，导致劳资冲突的发生，影响了跨国企业的经济效益，也使得我国企业全球化战略面临阻碍。② 海外项目的运营存在诸多风险，共建“一带一路”倡议的沿线国家地缘政治因素复杂，营商环境不佳，中国的主要投资相对集中于采矿等敏感领域。同时，中国部分企业不熟悉当地市场环境，缺乏海外投资经验，就很容易导致中国企业的海外投资出现短期化、投机化、泡沫化的倾向，甚至导致企业的运营亏损。③ 海上通道安全也对中国维护海外利益安全具有重要影响。当前，80%的国际货物贸易都是通过海上运输完成，维护海上通道畅通，直接关乎中国的经济安全。④

二是维护海外能源安全和运输安全。目前，中国能源较为单一的进口渠道暗含风险。“多煤少油缺气”是中国国内能源资源的利用情况，油气资源的巨大缺口使得我国长期依赖于海外进口。进口渠道的多元化能够降低油气进口国供应风险，提高能源供应安全，但中国油气资源进口来源地集中程度过高，进口多元化水平较低，抗地缘政治风险能力不足。⑤ 在运

---

① 张涛等：《中国企业海外资产的政治风险分析》，《北方经贸》2012 年第 9 期，第 3—4 页。

② 高冰、张杰：《浅析我国企业在跨国经营中的劳资问题风险及解决之道》，《经济问题探索》2010 年第 1 期，第 80—84 页。

③ 李锋：《“一带一路”沿线国家的投资风险与应对策略》，《中国流通经济》2016 年第 2 期，第 115—121 页。

④ 张洁：《海上通道安全与中国战略支点的构建——兼谈 21 世纪海上丝绸之路建设的安全考量》，《国际安全研究》2015 年第 2 期，第 100—118 页。

⑤ 杨宇、何则：《中国海外油气依存的现状、地缘风险与应对策略》，《资源科学》2020 年第 8 期，第 1614—1629 页。

输安全问题上，相比于管道运输安全，海路安全是中国过境运输问题的重点，由于中国原油进口地区集中，80% 以上的原油进口都依赖马六甲海峡，作为地缘政治复杂、海盗活动频繁的高风险地带，中国面临着重大能源运输威胁。①

（三）海外社会利益安全

海外社会利益涵盖维度较多，例如恐怖袭击、治安犯罪、地区武装冲突、医疗卫生、族群关系、文化冲突等，主要涉及维护海外公民安全领域。海外社会安全风险与个人的关系更为紧密，因此对其进行深入研究具有重要的现实意义。

一是社会安全风险。社会安全风险相较其他风险因素更具有波动性、突发性、高发性，涉及安保与安全防护、应急管理、安全教育与反恐培训等。根据中国外交部领事司的统计数字，中国海外公民自身的不当行为是一半海外中国公民安全事件的诱因。例如，部分公民不了解、不遵循当地风俗，导致当地民众的不满和政府的介入。②

二是侨民保护。东道国政治动荡经常引发侨民的安全风险。例如，利比亚危机发生后，中东地区的安全状况急剧恶化，中国数万侨民人身财产安全受到严重威胁，如中资企业遭受袭击和抢劫、中方工作人员被武装团伙围困等恶性事件的发生。为保护侨民，中国政府组织了最大规模的海外公民救援撤离行动，多部门协同，海陆空联动，成功撤离中国驻利比亚人员 35860 人，还帮助撤出了 12 个国家的 2100 名外籍公民。③

三是维护海外劳工权益。中国海外劳工，大多由农村劳动力和城镇失业下岗人员组成，总体文化水平较低，语言交流存在障碍，处于弱势地位，其合法权益难以得到保障。具体而言，存在海外工作的真实情况与招工承诺不符，各项权益未能按劳动合同约定落实，人身权利受到限制，无

① 管清友、何帆：《中国的能源安全与国际能源合作》，《世界经济与政治》2007 年第 11 期，第 45—53 页。

② 夏莉萍：《海外中国公民安全风险与保护》，《国际政治研究》2013 年第 2 期，第 10—16 页。

③ 张丹丹、孙德刚：《中国领事保护的整体思想与机制建设：以利比亚撤侨行动为例》，《国际论坛》2020 年第 3 期，第 100—118 页。

法融入当地社会，缺少所在国基本的社会保障等问题。[①]

四是打击恐怖主义。中国公民出境旅游人数不断增加，涉及中国公民的恐怖袭击案件迅速增多，打击恐怖主义的研究也成为重点。中国虽成立了涉外安全部门，但总体而言体系化、制度化水平同中国公民海外保护需求仍有较大距离。[②]

（四）海外文化利益安全

海外文化利益安全的直接体现就是文化“软实力”，包括本国对外的国际形象和影响力。其中最重要的是本国对外的国际形象和影响力，这直接关系本国的其他海外利益的长期维护。目前，海外国家利益安全的主要研究内容如下。

一是维护国家形象。西方发达国家不断在国际社会渲染“中国威胁论”，抹黑中国的崛起与国家形象，这一论调甚至在部分发展中国家出现变异，严重影响我国与发展中国家的友谊。例如：“经济威胁论”认为中国商品将冲击他国市场，中国制造影响别国就业与工资收入等；“政治威胁论”认为中国将颠覆现有国际秩序，谋求地区霸权等。还有部分论调认为中国发展破坏生态环境、引发能源危机、增大军事威胁等。西方主流媒体还认为，中国正在强化自身的“软实力”，在国际社会同西方价值观进行竞争。[③] 此外，“中国责任论”也是中国国家形象所面临的风险之一。随着中国特色社会主义的不断发展，原有的“中国崩溃论”逐渐失去市场，取而代之的是西方大肆渲染的“中国责任论”。西方以“敦促中国成为一个负责任的参与者”为借口，要求中国承担超出自身实际能力的责任，例如要求人民币升值，要求中国承担更多的气候承诺与环保义务等。[④]

二是宣传中国国际观，建构“人类命运共同体”。作为一种社会主义性质的世界建构理念，强调和平、发展、合作、共赢的价值观，本应具有普世

---

① 王辉：《我国海外劳工权益立法保护与国际协调机制研究》，《江苏社会科学》2016 年第 3 期，第 156—164 页。

② 陈晓宇：《反恐视角下的海外中国公民权益保护》，《北京警察学院学报》2016 年第 6 期，第 35—40 页。

③ 刘继南、何辉：《当前国家形象建构的主要问题及对策》，《国际观察》2008 期第 1 期，第 29—36 页。

④ 孙来斌、韩露：《当前西方对中国的意识形态挑战及应对》，《当代世界与社会主义》2012 年第 5 期，第 122—128 页。

性。西方基于意识形态的对“人类命运共同体”先入为主的偏见是不公正、不合理的。中国应当求同存异，推动不同意识形态间的交流互鉴、平等对话，争取最大公约数，提升我国的意识形态话语权和国际影响力。①

三是提高中国文化的国际影响力。中华文化在对外传播上明显落后于西方，除了自身建设不足以外，还有更深层次的原因，中国弱势的国际话语权地位、匮乏的跨文化传播交流人才、贫弱的对外文化宣传能力、“薄弱”的中华现代文化吸引力等，都使得中国文化在国际社会中的影响力有限。②

四是保障海外文化利益主体的各种法权性利益。例如：保障驻外文化机构行使合法文化交流的自由，国家和公民在海外合法进行传播活动的自由，参与国际学术、教育、文化、艺术交流活动的自由，分享人类共同文化资源的自由，等等。

三、总体国家安全观下的海外利益安全研究

当前，中国海外利益安全面临的风险与挑战复杂严峻，总体国家安全观是全面构建海外利益保护体系的核心指导原则。2014 年 4 月 15 日，习近平总书记主持召开中央国家安全委员会第一次会议，在讲话中首次提出总体国家安全观，阐述了总体国家安全观的基本内涵、指导思想和贯彻原则。

习近平指出，“贯彻落实总体国家安全观，必须既重视外部安全，又重视内部安全，对内求发展、求变革、求稳定、建设平安中国，对外求和平、求合作、求共赢、建设和谐世界；既重视国土安全，又重视国民安全，坚持以民为本、以人为本，坚持国家安全一切为了人民、一切依靠人民，真正夯实国家安全的群众基础；既重视传统安全，又重视非传统安全，构建集政治安全、国土安全、军事安全、经济安全、文化安全、社会安全、科技安全、信息安全、生态安全、资源安全、核安全等于一体的国家安全体系；既重视发展问题，又重视安全问题，发展是安全的基础，安全是发展的条件，富国才能强兵，强兵才能卫国；既重视自身安全，又重视共同安全，打造命运共

---

① 刘英杰、徐菲：《“人类命运共同体”思想国际传播的意识形态困境及应对》，《人民论坛·学术前沿》2020 年第 11 期，第 112—115 页。

② 魏海香：《扩大中华文化国际影响力：现实困境与提升路径》，《新疆社会科学》2020 年第 4 期，第 96—106 页。

同体，推动各方朝着互利互惠、共同安全的目标相向而行”。[①]

当前总体国家安全观包括政治安全、国土安全、军事安全、经济安全、文化安全、社会安全、科技安全、网络安全、生态安全、资源安全、核安全、海外利益安全、生物安全、太空安全、极地安全、深海安全等于一体的国家安全体系。维护中国的海外利益安全必须坚持国家利益至上，坚持以人民安全为宗旨，必须把维护中国公民海外正当权益和生命财产安全放在首位。同时，海外利益安全事关统筹国内国际两个大局、统筹发展与安全两件大事。

《中共中央关于制定国民经济和社会发展第十四个五年规划和二〇三五年远景目标的建议》已将构建海外利益保护和风险预警防范体系作为统筹发展和安全、确保国家经济安全的重要内容之一。中国海外利益安全研究应坚持以总体国家安全观为统领，全面构建海外利益保护体系，从强化治理能力、优化制度设计、激活市场力量、融入国际机制等国家战略层面着力，构建全球海外利益安全保障能力体系。[②]

在这一背景下，必须加大对海外利益安全保护机制的研究，包括对风险预警防范体系的研究及政府、市场和民间等层面的深入分析。强化保护中国海外利益安全的法律分析。对反制裁、反干涉、反击“长臂管辖”进行集中研究，才能切实保护海外中国企业和公民的合法权益不受侵犯。此外，还应推动研究中国方案和中国倡议的后续落地路径分析。习近平总书记指出，“安全是发展的前提，人类是不可分割的安全共同体”，“我们要坚持共同、综合、合作、可持续的安全观，共同维护世界和平和安全”，“秉持安全不可分割原则，重视彼此合理安全关切，构建均衡、有效、可持续的安全架构”。“人类命运共同体”是中国海外利益的价值追求，应当重视对全球发展倡议、全球安全倡议、全球文明倡议的研究工作，推动世界各国的互利共赢和共同发展。

四、海外利益安全的研究方法

方法论的基本意义在于提高人们对周围世界的认识。[③] 安全问题本身

---

① 习近平：《在十八届中央政治局第十四次集体学习时的讲话》（2014 年 4 月 25 日），《人民日报》2014 年 4 月 27 日。

② 李炜：《新时代我国海外利益安全保障能力建设路径探析》，《武警学院学报》2021 年第 5 期，第 34—41 页。

③ 仇立平：《社会研究方法》，重庆大学出版社 2008 年版。

决定了研究方法的选择与使用，而“问题为先”是海外利益安全研究的突出特点。通过跨学科的工具，从事海外利益保护的学者已就一系列防控风险和安全治理中的复杂问题进行了重点研究。从传统的案例研究到实地调研，再到大规模数据采集与统计分析，安全研究从社会科学与人文学科中汲取了多元的研究方法，形成了自己的研究特色。海外利益安全的相关研究方法，主要服务于解释性研究和描述性研究。其中，单案例与多案例比较、实地调研、文本分析、数据分析和建构模型等方法成为主要研究方法。

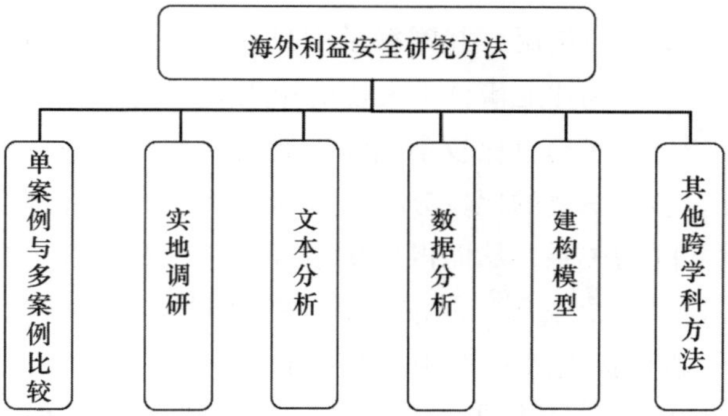

图0－2　海外利益安全研究方法

内容来源：作者自制。

（一）案例分析

在国际关系研究中，案例法是基于特定目的，选择少数甚至单一事例进行深入分析与解释的一种途径。[①] 作为一种普遍运用的方法，案例研究可以对个案做出历史性解释，可以通过确定新的变量与假设对因果推论做出贡献，在某些情况下也可以发挥验证假设的作用。[②] 从案例研究的具体操作来看，筛选案例是案例研究中的第一步，它需要根据研究的目的和问题，选择具有代表性和典型性的案例。在选择案例时，需要考虑到案例的可获得性、可靠性和有效性等因素。进入收集数据阶段，研究者需要通过

① 有关案例选择的分析参见：［美］珍妮特·M. 博克斯－史蒂芬斯迈埃尔、亨利·E. 布雷迪、大卫·科利尔编，臧雷振、傅琼译：《牛津政治学研究方法手册》（下册），人民出版社2021年版，第616—618页。

② 李少军：《论国际关系中的案例研究法》，《当代亚太》2008年第3期，第111—123页。

不同的途径，收集与案例相关的各种数据和信息，为数据分类、整理、归纳和深入分析阶段做准备。案例方法在海外利益安全研究中主要体现在单一案例的过程追踪方法和多案例的比较方法的使用上。

单一案例过程追踪方法的核心是理解因果机制。[①] 过程追踪法的主要目的是理解原因与结果之间的中间过程。[②] 它通过持续追踪个案的因果机制，深入剖析事件发生的因果关系，寻找因果规律。[③] 例如，在《从利比亚事件透析中国领事保护机制建设》一文中，夏莉萍以利比亚事件为例进行过程追踪分析，介绍了中国领事保护的事前预防机制和事发后应急协调机制在该事件中的运行情况，并阐释了中央政府与地方政府，以及驻外机构与当地中资企业在利比亚事件中发挥的作用。[④]

多案例比较分析是通过比较不同海外利益保护的做法，得出有借鉴意义的研究结果。多个案例的比较分析可以帮助研究者更好地了解问题的多个方面和变量之间的关系，从而得出更准确的结论和建议。多案例研究方法更易发现共存于多个案例之间的模式，并通过所产生的理论进行重复、对比和拓展，[⑤] 进而提高研究的科学性和可靠性。[⑥] 例如，在《欧洲大国的海外利益保护论析——以法国、英国和德国在非洲的利益保护为例》一文中，杨娜介绍了英国、法国、德国三个欧洲大国保障各自在非洲的海外利益的模式，并进行了多案例对比分析，得出了三国在海外利益保护机制上的共性和差异，并在此基础上总结了欧洲大国海外利益保护的特点。[⑦]

（二）文本分析

文本分析是从文本的表层深入文本的里层，从而发现那些不能为普通

---

① Jeffrey T. Checkel, " 'Process Tracing' Qualitative Methods in International Relations: A Pluralist Guide", New York: Palgrave Macmillan, 2008, pp. 114 – 129.

② 漆海霞：《混合方法：当前国际关系研究的可行选择》，《国际政治科学》2023年第8期。

③ 曲博：《因果机制与过程追踪法》，《世界经济与政治》2010年第4期，第98页。

④ 夏莉萍：《从利比亚事件透析中国领事保护机制建设》，《西亚非洲》2011年第9期，第104—119页。

⑤ Robert Yin, "Case Study Research: Design and Methods", Thousand Oaks: Sage Publications, 2009.

⑥ Kathleen Eisenhardt, "Better Stories and Better Constructs: The Case for Rigor and Comparative Logic", Academy of Management Review, Vol. 16, No. 3, 1991, pp. 620 – 627.

⑦ 杨娜：《欧洲大国的海外利益保护论析——以法国、英国和德国在非洲的利益保护为例》，《世界经济与政治》2019年第5期，第103—130页。

阅读所把握的深层意义。与形式特征相比，文本的内容特征要更加复杂，话题、语气与遣词造句等诸多因素都可能直接导致文本的语义差异。文本分析在国际关系研究中的主要使用类型包括文本主题分析、文本内容分析和文本对比分析等。近年来，随着文本大数据的出现和文本分析技术的进步，在国际关系研究中，自动文本分析方法日益流行。[①] 自动文本分析方法在国际关系研究中已被用于发现国际行为体潜在的对外政策偏好、区分不同国际关系行为、分析国际关系中的互动、预测冲突与选举结果、辅助对国际政治行为的因果推断。[②] 海外利益安全研究一般通过分析政府文件和官方数据对海外利益安全的制度建构进行解释。肖河在《"一带一路"与中国海外利益保护》一文中通过对文本的解读，归纳了共建"一带一路"倡议对中国海外利益的影响，提出应当推动微观与宏观的制度改革，强化国内国外两个大局的统筹，以应对海外利益风险挑战。[③] 陈世阳以党的十七大报告作为参照，对党的十八大报告中的外交政策文本进行分析，重点关注其中保持不变与发生变化的论述和提法，分析了两次报告的主题、内容、框架、主要观点、保持稳定的原因，以及部分措辞变化折射出的外交新趋势，并对变与不变中蕴含深层次的逻辑进行了探讨。他认为，部分措辞的变动表现了中国外交呈现出积极有为的新趋势，例如党的十八大报告首次提出要"维护我国海外合法权益"，说明综合国力的提升保障了积极有为的外交工作，而不断发展的海外利益也要求外交工作更加积极有为。[④]

（三）实地调研

实地调研是区域与国别研究的重要方法。它有助于加强对重点国家的国情与具体项目实施情况的了解。[⑤] 现场调查研究法是指一种到调查对象

---

① Alexander Baturo, Niheer Dasandi and Slava Mikhaylov, "Understanding State Preferences with Text as Data: Introducing the UN General Debate Corpus", Research & Politics, Vol. 4, No. 2, 2017；漆海霞：《大数据与国际关系研究创新》，《中国社会科学》2018 年第 6 期，第 160—171 页。

② 吴雁飞：《国际关系研究中的自动文本分析》，《国际关系研究》2019 年第 6 期，第 3—25 页。

③ 肖河：《"一带一路"与中国海外利益保护》，《区域与全球发展》2017 年第 1 期，第 24—36 页。

④ 陈世阳：《和平发展与积极作为的中国外交——基于十八大报告外交政策文本"不变"与"变"的分析》，《理论探索》2014 年第 2 期，第 69—73 页。

⑤ 金桂华：《外交调研方法漫谈》，《外交学院学报》2002 年第 2 期，第 43— 48 页。

所在地搜集实际资料的分析研究方法，在实地调研之前，一般会按照研究主题、研究对象、研究问题等划定实地区域。[①] 选择地域时应注意结合对象的国内政治、经济及社会等因素综合考虑，比如政治稳定性、治安状况、法律制度、人口状况、民族分布情况、经济发展状况、当地文化特色及现存主要问题等。例如，柬埔寨是共建“一带一路”倡议的关键节点，对其进行实地调研具有重要现实意义。王文和刘典前往柬埔寨考察当地经济社会发展状况，并根据实地调研情况撰写报告。通过回顾柬埔寨过去的发展困境，他们论述了当前共建“一带一路”倡议为柬埔寨经济发展带来的新动力和新理念，以及共建“一带一路”倡议对柬埔寨产业结构升级和金融体系革新起到的重要作用，并提出了相应的政策建议。[②] 又如，巴尔干地区是中国对外投资的重点地区之一，该地区各投资项目扩大了中国的海外影响力与国际竞争力。刘作奎通过实地调研，走访了中国在巴尔干地区的 9 个典型投资项目，通过掌握各项目的投资目的、投融资方式、本土化水平等基本情况，在此基础上对中国在该地区的投资进展和特点进行了总结，并评价了中国在该地区投资产生的影响，揭示了可能面临的风险与挑战。[③]

（四）数据分析

数据分析是指用适当的统计分析方法对收集来的大量数据进行分析，将它们加以汇总和理解并消化，以求最大化地开发数据的功能，发挥数据的作用。数据分析的核心是如何提取有用信息并对其进行深入分析。[④] 在海外利益安全研究中，汪段泳采用替代性样本分析，通过对 2008—2010 年外交部公布的“出国特别提醒”进行量化解读，他对中国海外公民安全风险在地理方向、主要种类等分布特征及领事保护的信息传递效率等问题提供了解读。根据分析结果，文章对中国海外公民安全风险的主要特点及成

---

① 周永生：《外交调研中的人物调研》，《外交学院学报》2004 年第 4 期，第 72—78 页。

② 王文、刘典：《柬埔寨：“一带一路”国际合作的新样板——关于柬埔寨经济与未来发展的实地调研报告》，《当代世界》2018 年第 1 期，第 29—33 页。

③ 刘作奎：《“一带一路”倡议下中国对巴尔干地区的投资现状及影响——基于实地调研案例分析》，《欧亚经济》2019 年第 3 期，第 42—57 页。

④ 刘丰、陈冲：《国际关系研究的定量数据库及其应用》，《世界经济与政治》2011 年第 5 期，第 18— 41 页；吴江、张小劲：《大数据国际政治研究的回顾与展望》，《华中师范大学学报（人文社会科学版）》2016 年第 4 期，第 1—10 页。

因进行了归纳。[1] 唐晨曦等研究了共建“一带一路”倡议与中国企业对外投资绩效。“一带一路”沿线地缘政治复杂，中国企业在该地区的投资风险较高，部分国外学者污蔑中国企业在该地区的投资是基于政治逻辑而非市场逻辑，诋毁中国利用经济手段实现政治目标。为回击质疑，唐晨曦等人通过实证分析，论证了共建“一带一路”倡议对微观企业投资的正向作用和正面微观经济效应。他们利用中国商务部、上海证券交易所、深圳证券交易所和万得数据库汇总得到2009—2019年中国上市公司的对外投资数据，采用改进后的渐进双重差分法建立模型并进行实证检验，比较和观测企业在共建“一带一路“倡议提出前后以及东道国加入共建“一带一路”倡议前后的对外投资绩效的变化。[2]

再如，中巴经济走廊是共建“一带一路”倡议的重要组成部分，而巴基斯坦恐怖主义问题极大影响了中国在巴基斯坦的海外利益安全，因此分析巴基斯坦恐怖主义的现状，可对中国防范恐怖主义威胁，拓展在巴基斯坦投资建设提供科学指导。在对恐怖主义的统计分析上，李忠基于巴基斯坦和平研究院发布的年度安全报告的数据与全球恐怖主义数据库，按照恐怖事件发生的年份、地区、恐怖袭击方式来分别整合数据、归纳图表，进行描述性统计分析，通过分析恐怖袭击方式的频率，得出中国企业需要对频发的炸弹袭击严加防范，对于其他武装袭击、绑架、暗杀等也需要加以预防等结论。[3]

（五）模型方法

模型方法是指通过建构和分析研究模型而达到认识原型目的的一种科学方法。国际关系研究中博弈模型的应用比较广泛。[4] 对那些不能直接进行研究的对象系统，可通过设计、构造和分析与原型相似的模型而达到间

---

① 汪段泳：《中国海外公民安全：基于对外交部“出国特别提醒”（2008—2010）的量化解读》，《外交评论》（外交学院学报）2011年第1期，第60—75页。

② 唐晨曦等：《“一带一路”倡议与中国企业对外投资绩效——基于来源国合法性溢出视角》，《技术经济》2023年第4期，第125—136页。

③ 李忠：《中方在巴海外利益恐怖主义威胁统计分析》，《警学研究》2018年第6期，第49—56页。

④ 钮菊生、季超：《中国国际关系学界博弈论研究三十年》，《国际观察》2014年第2期，第44—55页；胡宗山：《博弈论与国际关系研究：历程、成就与限度》，《世界经济与政治》2006年第6期，第67—74页。

接地研究认识原型的目的。建构模型需要先搜集有关原型的信息，了解其特性、结构、功能，然后在综合分析事实资料的基础上，经过创造性思维和逻辑推理建立模型，再对模型进行观察、实验和研究分析，最后将结论外推到原型。经实践检验，模型符合实际情况说明其基本上反映客观现实；如不符合实际情况则可根据反馈信息，再重新修改和研究模型。建立模型时，应使模型满足真实性、简明性（便于进行数学处理）、完整性（具备模型的基本要素）和规范化等要求。

海外利益安全研究也可借用模型和情景进行分析。例如，海外投资保护相关的多边机制一直难以得到建立和落实，而美国往往采用双边制度框架来保护其海外投资利益。过往的研究往往仅讨论双边投资协定在海外投资利益保护方面的作用，吉小雨借用理性选择制度主义的理论，结合“国际制度理性设计”模型，从学理逻辑的角度对双边投资协定的形成进行阐述，并从历史沿革角度探讨了美国双边投资协定的诞生原因以及保护海外利益的作用。① 再如，由于中国企业对外直接投资持续增长，东道国投资壁垒极大增加了企业的投资风险，对企业的海外利益产生了威胁，所以迫切需要对海外投资壁垒及其应对进行系统性研究。王启洋和任荣明的研究对中国企业的海外投资具有一定借鉴意义，他们通过构造东道国和企业的利益博弈模型，分析了东道国设置贸易壁垒的原因以及东道国和企业在利益博弈中各自的最优策略，考察了企业利益让渡对于该模型均衡结果的影响。②

综上所述，中国海外利益安全研究历经20年的发展，逐渐形成了自身的研究议程。在研究方法上，中国学者仍然以定性研究为主，定量与模型的方法使用日益受到重视，研究的科学性和可靠性得到了提升。由于海外利益安全研究的跨学科性，建立中国海外利益安全研究的数据库以及吸纳相关学科的研究方法，也会在未来极大地推动我国的海外利益安全研究。

---

① 吉小雨：《美国对外直接投资的利益保护——从双边协定到海外私人投资公司》，《世界经济与政治论坛》2011年第2期，第57—68页。

② 王启洋、任荣明：《我国企业海外投资的壁垒及其应对策略——基于东道国与企业的利益博弈模型》，《世界经济研究》2013年第10期，第55—60页。

第三节　本书结构安排简析

除绪论外，本书共分成九章内容，第一章主要介绍中国海外利益安全的发展演变，从理论与实践的维度对其进行探讨，分别对海外利益安全理论的发展、海外利益安全发展的历史与基本特征及总体国家安全观中的海外利益安全进行介绍，为读者提供一个较为完整的阶段划分。

第二章主要介绍影响海外利益安全的主要因素，本书认为影响中国海外利益安全的主要因素，具体包括政治（如国内政治、地缘政治）、经济（如国内经济状况、国际经济环境）、社会（如文化、宗教）、非传统安全等因素。

本书的第三章至第七章，则主要对海外利益安全的各个问题领域加以分析和介绍。

第三章介绍海外机构、人员与项目安全。海外中国公民、机构和项目数量多、分布广，与此同时，中国公民和机构本身存在着风险防范意识不强、规则意识和守法意识淡薄、自我安全保护能力比较薄弱等问题。本章将对这些安全问题的主要类别、成因及安全风险防控体系建设进行分析和探讨。

第四章分析海外金融安全，涉及海外金融安全的定义与海外金融安全的风险识别，诸如东道国金融市场的稳定性问题、东道国债务违约问题及东道国金融监管制度。这章还将重点介绍海外金融安全风险防控体系与保障能力和国际合作问题。

第五章分析海外投资安全问题，主要介绍海外投资安全的定义、风险识别，政治风险、社会和市场风险的来源和影响。此外，还将讨论海外投资安全风险防控体系与保障能力及国际合作问题。

第六章主要分析海外能源和资源安全，介绍海外能源和资源安全的定义、海外能源和资源安全的风险识别，分别对影响能源与资源安全的地缘政治冲突风险、供应链风险、市场波动风险进行重点介绍。在海外能源和资源安全风险防控体系与保障能力方面，本章还将重点分析海外能源和资源市场、能源和资源的战略储备、技术与新能源变革、海外能源和资源安全保障能力建设。

第七章重点介绍海上通道安全及相关问题，分析对海上通道安全的定义和海上通道安全的风险识别，诸如全球主要海上通道安全、地缘政治因素与非传统安全等因素的影响。这章还将对海上通道安全风险防控体系与保障能力，如海上通道安全防范体系、海上应急救援能力建设和“陆海空天”一体化水上交通安全保障体系的建构进行介绍。

第八章就不同类型国家在维护海外利益安全方面的情况进行介绍和分析。第一、二、三节介绍西方发达国家，如美国、英国和日本维护其海外利益安全的手段与方法；第四节介绍新兴经济体国家的海外利益安全，以印度为主要分析对象。

在第九章中，将对全球发展倡议、全球安全倡议和全球文明倡议“三大全球倡议”背景下的中国海外利益安全进行探讨。为更好服务和提升我国的海外利益安全质量体系和水平，这章将重点讨论“三大全球倡议”对中国维护海外利益安全的意义，以及如何用好“三大全球倡议”推进中国海外利益安全等重要问题。

思考题

1. 什么是海外利益安全？
2. 如何看待海外利益与国家利益的关系？
3. 海外利益安全的主要研究内容与研究方法有哪些？

参考文献：

［1］陈伟恕：《中国海外利益研究的总体视野——一种以实践为主的研究纲要》，《国际观察》2009 年第 2 期。

［2］高飞：《大变局与中国外交的选择》，《国际问题研究》2019 年第 6 期。

［3］管清友、何帆：《中国的能源安全与国际能源合作》，《世界经济与政治》2007 年第 11 期。

［4］郭永良：《习近平总书记关于海外利益安全重要论述研究》，《江南社会学院学报》2023 年第 2 期。

［5］贾庆国：《对国家安全特点与治理原则的思考》，《国际安全研究》2022 年第 1 期。

［6］李少军：《论国际关系中的案例研究法》，《当代亚太》2008 年第 3 期。

［7］李涛：《中国海外利益》，国际文化出版公司 2014 年版。

［8］李炜：《新时代我国海外利益安全保障能力建设路径探析》，《武警学院学报》2021 年第 5 期。

［9］李众敏：《中国海外经济利益保护战略刍论》，《世界经济与政治》2012 年第 8 期。

［10］刘跃进主编：《国家安全学》，中国政法大学出版社 2004 年版。

［11］倪世雄等：《当代西方国际关系理论》，复旦大学出版社 2001 年版。

［12］苏长和：《论中国海外利益》，《世界经济与政治》2009 年第 8 期。

［13］唐昊：《关于中国海外利益保护的战略思考》，《现代国际关系》2011 年第 6 期。

［14］夏莉萍：《海外中国公民安全风险与保护》，《国际政治研究》2013 年第 2 期。

［15］于军、程春华：《中国的海外利益》，人民出版社 2015 年版。

［16］张曙光：《国家海外利益风险的外交管理》，《世界经济与政治》2009 年第 8 期。

第一章　中国海外利益安全的发展演变

自新中国成立以来，随着中国国力的增强、内政外交政策以及国内外形势的变化，中国海外利益安全内涵日趋丰富、海外利益安全维护的手段日臻完善。海外利益安全是总体国家安全观的重要内容，目前对海外利益安全的认知较新中国成立初期发生了显著改变。

第一节　中国海外利益安全发展演变的历史阶段及其特征

受到国内外环境、国家内政外交等多重因素影响，新中国成立以来的海外利益安全演变历程大致可分为三个阶段，即起步阶段（1949—1978年），该阶段始于新中国成立至改革开放之前，以维护政治和国家主权等传统安全为中心内容，海外利益安全维护由官方主导；探索阶段（1979—2013 年），该阶段始于改革开放的提出至共建“一带一路”倡议提出前，由于受到改革开放、“走出去”战略、加入世界贸易组织等国内外形势和政策变化的影响，海外利益安全进入了一个崭新阶段，海外利益安全内容由以传统安全利益为中心向经济等非传统安全利益拓展，海外利益安全维护也由官方主导向官方主导与民间参与相结合转变；成熟阶段（2014 年至今），该阶段始于共建“一带一路”倡议的提出，至今，共建“一带一路”倡议提出和实施以来，中国海外利益高速增长，所涉领域更加多元。在海外利益增长及其安全面临更大风险挑战的背景下，海外利益安全不但成为总体国家安全观的重要组成部分，其维护体系也日臻完善。

一、起步阶段（1949—1978 年）：以政治等传统安全利益为中心

新中国初期面临着严峻的国内外形势。国际上面临以美苏为首的两大政治、军事阵营的尖锐对立，周边形势堪忧，局部战争时有发生。国内尚未完全解放。新中国第一代领导人根据彼时的国内外形势提出了反对霸权主义、互利合作、和平共处五项原则、坚持独立自主与争取外援相结合、三个世界划分等重大外交思想。新中国成立之后的相当一段时间，谋求政治承认、维护主权与政治安全是国家利益的核心着眼点，经济利益从属于政治利益，[①] 外交、军事与意识形态斗争也都以维护政治安全利益为目的。作为国家利益重要内容的海外利益同样表现出此特征，即海外经济利益、海外文化利益以及利益的安全维护都以维护国家政治安全为目的。这一时期的中国海外利益安全主要以政治与军事等传统安全为中心，并通过拓展对外关系、对外贸易与经济援助、意识形态输出与斗争等手段来维护。该特征是由彼时中国所面临的国内外困境以及基于困境所选择的方针战略所决定的，是客观形势需求和主观能动性相互作用的结果。

（一）拓展对外关系

新中国成立后，中国长期面临西方世界的政治孤立和外交围堵，而外交正是维护海外利益安全的重要手段。在此形势下，打破政治孤立、拓展对外关系即成为中国海外利益安全维护的基本前提。1949 年 10 月 3 日，中国与苏联建立外交关系。1949 年 10 月至 1950 年 11 月，中国与 6 个亚洲国家和 12 个欧洲国家建立外交关系，掀起第一次建交高潮，成功打破外交困局。20 世纪 50 年代中后期到 60 年代末，中国掀起第二次建交高潮，显著拓展了对外关系。1964 年 1 月 27 日，中法两国正式建立外交关系，中国实现与西方大国外交关系的重大突破。60 年代末，中美关系出现缓和迹象。70 年代，中国与美国、加拿大、意大利、日本、澳大利亚等主要资本主义国家，以及土耳其、伊朗、马来西亚等第三世界国家建交，迎来了第三次建交高潮，彻底打破外交孤立、战略受困的被动局面。[②] 1971 年 10 月

---

① 门洪华、钟飞腾：《中国海外利益研究的历程、现状与前瞻》，《外交评论》2009 年第 5 期。

② 修丰义、王发龙：《中国海外利益维护的主导逻辑及其历史嬗变》，《世界经济与政治论坛》2022 年第 2 期。

25 日，第 26 届联合国大会以压倒性多数通过 2758 号决议，恢复中国在联合国的一切合法权利。三次建交高潮以及重返联合国使中国同全世界大部分国家建立起友好关系，为其维护自身的政治安全与发挥国际影响力提供了更为坚实的道义基础与更为宽广的国际舞台。

（二）对外贸易与经济援助

新中国成立后很长一段时间之内的对外贸易采取的是官方主导与对外经济援助相结合的模式，对外贸易对象国主要集中于以苏联为代表的社会主义国家。1950 年中国与社会主义国家的贸易额占全国对外贸易总额的 26%，三年后增加到了 76%。[①] 20 世纪 60 年代末 70 年代初中苏关系恶化，中国对外贸易发展受到严重制约，中国政府积极拓宽外贸渠道，将经贸往来对象转向西方国家和地区。中国与西方国家的贸易额占全国对外贸易总额的比重从 1957 年的 17.9% 提高到 1965 年的 52.8%。[②] 20 世纪 70 年代，中国对外援助的范围也从 32 个国家增加到 66 个，从亚非国家扩展到拉美和太平洋国家。1973 年对外援助支出占财政支出的 7.2%，超出世界上最发达、最富裕的国家对外经济援助的比例。[③] 然而，通过对外援助，中国与多国建立友好关系，进而改善了其在世界舞台上被孤立的局面。[④] 对于这一时期的对外贸易与援助而言，获取经济效益只是次要目的，主要目标在于打破美苏经济封锁、扩大中国的国际影响力，进而巩固自身的政治安全。

（三）意识形态输出与斗争

新中国成立后的意识形态输出与斗争也是海外利益的重要组成部分，即共产主义意识形态是海外利益的一部分，共产主义意识形态及其海外影响力是维护国家政治安全的重要保障。在美苏两极格局形成后，全世界笼罩在冷战的阴霾之下，中国先后与美国、苏联两个超级大国发生过意识形态领域的冲突。该时期，中国的内政外交均难以摆脱意识形态的影响，海外利益安全维护也掩盖在意识形态的帷幕之下。表面上看，20 世纪 60 年

---

① 谢益显：《中国当代外交史》，中国青年出版社 2004 年版，第 39 页。

② 《中国对外经济贸易的发展历程和伟大成就》，中国商务部网站，2002 年 7 月 17 日，http://www.mofcom.gov.cn/article/200207/2020700032817.html。

③ 《中国对外援助 60 年变迁史》，中国国史网，2010 年 8 月 16 日，http://www.hprc.org.cn/gsyj/wjs/gjyz/201008/t20100816_57080.html。

④ 于军、程春华：《中国的海外利益》，人民出版社 2015 年版，第 67 页。

代的中苏论战只涉及思想路线、意识形态分歧问题，但在意识形态分歧之下，实则是国家利益之争。[①] 中苏关系走向恶化的起点是 1958 年发生的长波电台和共同舰队事件，长波电台和共同舰队涉及国家主权问题，苏联实际上是要在军事上控制中国。[②] 中苏意识形态论战浮于表面的政治争吵和外交批判，实则服务于发展、维护和实现各自的海外利益。[③]

二、探索阶段（1978—2013 年）：以经济等非传统安全利益为中心

1978 年 12 月，十一届三中全会开启改革开放的伟大征程，中国的内政外交自此发生深刻转变。随着中国对外开放程度不断深化，越来越多的中国企业迈出国门，中国的国家利益也不可避免地突破传统的地理界线，向世界范围不断延伸，同时也愈加受到外部条件的影响。[④] 中国海外利益的广泛出现、大量延伸和急剧增长是改革开放的一个必然结果，反映了中国与国际体系高水平的互动。[⑤] 海外利益不断扩展，在改革开放之后走向了一个新的历史阶段，海外利益安全面临全新的风险挑战。中国也开始尝试性地发展符合国家发展需要的海外利益，努力探索一条适应于现况与长远目标的海外利益安全维护的道路，故称其为“探索阶段”。

新中国成立后至改革开放前的中国海外利益，更多指向政治利益与军事利益，中国可以为以政治安全与军事安全为核心的国家利益而适度舍弃经济效益。但是随着改革开放的深入推进，中国对外经济交流更加频繁的同时，也将国内工作重心由以阶级斗争为纲转向经济建设，经济利益成为中国海外利益的核心。邓小平曾指出，“在国际事务中反对霸权主义，台湾归回祖国、实现祖国统一，归根到底，都要求我们的经济建设搞好。当然，其他许多事情都要搞好，但是主要是必须把经济建设搞好”。海外经济利益可分为狭义的经济利益和广义的经济利益：狭义的经济利益是指中国的海外资产和海外收益，即中国政府、企业和公民在海外持有的资产以

---

① 杨胜刚：《新中国政党外交维护国家利益研究》，外交学院博士学位论文，2022 年。

② 罗平汉主编：《中共党史知识问答》，人民出版社 2021 年版。

③ 修丰义、王发龙：《中国海外利益维护的主导逻辑及其历史嬗变》，《世界经济与政治论坛》2022 年第 2 期。

④ 张楠：《崛起过程中的海外利益维护》，《宁夏社会科学》2014 年第 6 期。

⑤ 苏长和：《论中国海外利益》，《世界经济与政治》2009 年第 8 期。

及在海外的收益；而广义的海外经济利益除海外资产和收益外，还包括规则制定、通商自由和人员安全等内容。①

海外经济利益集中体现于对外贸易、对外投资、能源安全等方面。对外投资方面，截至2007年底，中国近7000多家境内投资主体在全球173个国家和地区设立境外直接投资企业超过1万家。② 截至2012年底，中国的境内投资者已达1.6万家，设立的境外企业近2.2万家，分布在全球179个国家和地区。③ 中国对外投资主体不断增加，规模不断扩大，范围不断延伸，且始终保持高速度增长。对外贸易方面，1978年中国进出口贸易总额仅为206.4亿美元，占当年GDP的9.7%。而2008年中国进出口贸易总额高达251616亿美元，占当年GDP的59.8%，提高了50.1个百分点。④ 这说明中国的经济发展与国外资源和市场的联系仍然处于较高水平，中国经济高质量发展离不开对外贸易的健康稳定。⑤ 中国的海外经济利益在海外利益中的重要性日益凸显，甚至在国家经济发展等国家利益中也占据显要地位。海外经济利益安全与否，国家能否长期保持稳定的对外贸易与境外投资，关乎国家经济发展的前途与未来。

与中国经济利益安全息息相关的还有能源安全。改革开放后，中国逐渐成为“世界工厂”，随着经济发展的能源消费量不断提高，在国内能源产量有所增长的情况下依然不可避免地需要大规模能源进口。以原油为例，中国直到20世纪90年代初仍是原油出口国，而之后尽管国内原油产量有大幅增长，但与经济发展相伴的巨大的消费量相比，缺口越来越大。1993年，中国首次成为石油净进口国，2009年我国原油进口依存度首次突破国际公认的50%警戒线，2010年我国进口原油达2.39亿吨，同比

① 李众敏：《中国海外经济利益保护战略刍论》，《世界经济与政治》2012年第8期。

② 《2007年度中国对外直接投资统计公报》，中国商务部网站，2008年11月19日，http://bgt.mofcom.gov.cn/article/c/d/200809/20080905785237.shtml。

③ 《三部门发布2012年度中国对外直接投资统计公报》，中国政府网，2013年9月9日，https://www.gov.cn/zhuanti/2013-09/09/content_2596899.htm。

④ 《新中国60周年：从半封闭到全方位开放的伟大历史转折》，中国政府网，2009年9月15日，https://www.gov.cn/test/2009-09/15/content_1417800_3.htm。

⑤ 郭湖斌、邹仲海、徐建：《改革开放以来中国对外贸易的发展成就与未来展望》，《企业经济》2021年第6期。

增长 17.5%。[①] 在不断提高的海外能源依存度的背景下，能否持续、稳定地获取海外能源，确保能源的供需平衡是评判国家能源安全与海外利益安全的关键标准。

中国海外经济利益中的对外投资与外资引进并未在同一时间发展崛起，而是根据实际需要在不同时期有所侧重。2000 年以前，中国的国际投资政策以鼓励吸引外资、抑制对外投资为主要特征。鼓励吸引外资与限制对外投资具有相同的逻辑与现实基础。改革开放初期，中国是比较典型的储蓄短缺和外汇短缺同时并存的“双缺口”格局，吸引外资可以同时弥补这两个缺口，而限制对外投资可以同时防止这两个缺口扩大。中国的“双缺口”格局在 20 世纪 90 年代中后期得到改变，到目前已经完全变成储蓄过剩和外汇过剩的“双过剩”局面。2000 年以后，中国开始实施“走出去”战略，从限制对外投资逐渐向放松对外投资管制和鼓励对外投资转变。[②]

海外政治利益安全的维护手段也随着改革开放政策的实施而发生改变。改革开放前，中国先后与世界各国建立外交关系，以进行革命斗争和建立国际统一战线为指导思想，借助外交斗争、意识形态输出等方式维护海外政治利益安全。改革开放后，超越意识形态和社会制度的差异而积极发展海外经济利益成为中国外交的显著特征，相应地，中国为了维护和发展海外利益，不仅放弃了此前对主流国际组织的态度，还逐渐接触、参与乃至创建部分国际制度。[③] 中国在参与国际政治、扩大国际影响力与构建国际政治经济新秩序的过程中，完成了由国际秩序的革命者到参与者、建设者的转变，为中国维护海外利益安全提供了有利条件。

中国海外安全利益是随着中国对外开放程度不断提高而出现的利益类型，改革开放之前的安全利益更多局限于传统的领土、领海和领空范围之内，维护安全的手段则是军事对抗与反击，甚至有学者认为，改革开放之前中国海外利益的主要风险来自于周边地区的地缘安全问题。但是随着改革开放的深入推进，海外安全利益的内涵随之扩大，突出表现为中国的海

---

① 《2010 年能源经济形势与 2011 年展望》，中国国家能源局网站，2011 年 1 月 28 日，https://www.nea.gov.cn/2011-01/2810_131054966.htm。

② 姚枝仲、李众敏：《中国对外直接投资的发展趋势与政策展望》，《国际经济评论》2011 年第 2 期。

③ 修丰义、王发龙：《中国海外利益维护的主导逻辑及其历史嬗变》，《世界经济与政治论坛》2022 年第 2 期。

外公民和法人面临的人身财产安全。海外安全利益面临的挑战源于各类国际犯罪行为（如恐怖袭击、战争与侵略、海盗与危害国际航空等）、流行病、自然灾害等。以恐怖袭击为例，“9·11”事件发生之后，全球又相继发生了俄罗斯别斯兰人质事件、印尼巴厘岛爆炸案、西班牙马德里爆炸案、伦敦地铁爆炸案、莫斯科地铁爆炸案等一连串国际恐怖袭击活动，恐怖周期不仅已经形成，而且正在持续延长。① 日益增加的出入境人口与不断蔓延的国际恐怖主义大大提高了中国海外公民境外活动的风险系数，海外公民的人身与财产安全成为海外利益安全的重要内容。

中国政府提供相应的引导与政策支持，使得民间力量积极参与到海外经济利益扩展与安全维护的进程中并取得成效。在中国 2001 年加入世界贸易组织后，中国私营企业的进出口贸易迅速增长，2004 年民营企业出口首次突破 1000 亿美元，达到 1010 亿美元，增长 68.6%，占出口总额的比重上升到 17%。② 民营企业对外贸易的高速成长引起包括政府决策部门、商界和学界在内的广泛关注。③ 民营经济对外贸易的飞速增长，使之在海外利益中的构成比重不断攀升。在有利的国内外形势与利好政策的支持下，民营企业走向海外创造了巨额海外经济利益，成为该时期“官方主导与民间参与相结合”特征的重要体现。海外利益的安全维护同样体现出“官方主导、民间配合”的特征。2010 年，为完善境外安全风险防控体系，指导企业加强境外安全风险防范，保障“走出去”战略顺利实施，中国商务部制定《对外投资合作境外安全风险预警和信息通报制度》。该制度明确了境外安全风险的种类，规定了境外安全风险预警和信息通报的程序、内容和形式，并对各驻外经商机构、各地商务主管部门、有关商（协）会做好风险预警和信息通报工作提出了具体要求。④

随着海外利益所涉领域的不断延伸扩展，相应维护手段的发展（如包括远洋海军在内的海权建设、国内外制度体系建设与接轨、海外投资的法

---

① 张筱薇：《新型国际犯罪研究》，法律出版社 2012 年版，第 102 页。

② 《2004 年我国对外贸易概况》，中国政府网，2006 年 3 月 2 日，https：//www.gov.cn/test/2006－03/02/content_216099.htm。

③ 吴迪：《中国民营企业对外贸易与中国经济增长的协整分析》，《国际贸易问题》2007 年第 4 期。

④ 《国家海外利益安全知识百问》编写组：《国家海外利益安全知识百问》，人民出版社 2023 年版，第 45 页。

律制度与保险制度、维护海外利益的外交工作等）却未能与海外利益增加的速度相匹配。比如，随着中国对海外能源依存度的不断增加，维护能源供应安全的手段却较为不足。2015 年，中国成为全球最大的原油进口国，原油进口成为保障供应的重要来源，原油对外依存度逐年攀升。而我国的中东石油进口高度依赖海上运输，运输通道则高度依赖马六甲海峡等敏感通道，当前的军事保障能力与现实需求存在一定差距，原油供应安全保障面临相当风险。与此同时，我国参与国际能源市场的经验和程度仍然有限，应对市场风险的防范能力亟待加强，在全球能源治理中的话语权和影响力与中国能源生产大国、消费大国和进口大国的地位极不匹配。[①] 海外利益及其安全维护手段的脱节是该时期的突出特征，这也指明了海外利益安全维护的发展方向，即建设与海外利益发展状况相适应的海外利益安全维护体系。

三、成熟阶段（2013 年至今）：体系化维护海外利益安全

2013 年 9 月和 10 月，习近平总书记先后提出“丝绸之路经济带”和“21 世纪海上丝绸之路”的倡议。截至 2023 年 6 月，中国已与 152 个国家、32 个国际组织签署 200 余份共建“一带一路”合作文件。[②] 共建“一带一路”倡议的逐步落实，推动了中国海外利益扩大延伸，也标志着中国海外利益安全维护体系的逐步形成。

共建“一带一路”倡议为中国海外利益安全发展与维护提供了全新的模式与思路，即以高水平、全方位、体系化的深度合作模式促进海外利益发展、维护海外利益安全。“一带一路”贯穿亚欧非大陆，连接经济活跃的东亚经济圈与欧洲经济圈，“一带一路”共建国家遍布非洲、亚洲、欧洲、大洋洲与南北美洲。随着中国海外利益的扩展，中国海外利益安全呈现出辐射范围广的特征。在共建“一带一路”倡议提出前，中国海外利益呈点状分布，中国在不同国家间利益构成的关联并不紧密。相应的海外利益安全问题，是中国与东道主国间的利益分配问题，较少涉及第三方。而

① 高世宪、王娟：《稳步推进能源期货市场建设　助力能源高质量发展》，《期货与金融衍生品》2018 年第 3 期，第 13 页。

② 《已同中国签订共建“一带一路”合作文件的国家一览》，中国一带一路网，2023 年 6 月 12 日，https：//www. yidaiyilu. gov. cn/xwzx/roll/77298. htm。

共建“一带一路”倡议提出后，中国海外利益连点成线、连线成面，形成牵一发而动全身的利益安全网络，如中欧班列的安全问题，已不是简单的中国同某个或几个国家间的问题，而是“一带一路”沿线各国共同面临的风险挑战。概言之，共建“一带一路”倡议在拓展中国海外利益范围的同时，也将安全问题辐射至更大范围。

就安全风险类型而言，“一带一路”背景下的中国海外利益面临政治风险（大国博弈、国家分歧、政治不稳定）、安全风险（跨国有组织犯罪与共建国家恶化的安全环境）、经济风险（经贸风险、投资风险、金融体系风险）、社会风险（对华认可度低、文化差异、社会利益分配）与法律风险（法制不健全）。[①] 就参与国家而言，共建“一带一路”倡议并未突破其区域性局限，美国、印度等国始终无法就共建“一带一路”倡议与中国达成合意。同时已达成的共建“一带一路”合作文件也未必牢靠，澳大利亚外长于 2021 年 4 月 21 日宣布撕毁中方同澳大利亚维多利亚州政府签订的共建“一带一路”合作谅解备忘录和“一带一路”建设框架协议，中方对此表示强烈不满与坚决反对。[②] 就安全观念而言，在很长一段时间内的中国海外利益安全维护是缺乏具体观念指导的，是零碎、不成体系的，因而无法统筹兼顾，在面临风险挑战时往往呈现出较强的脆弱性。随着总体国家安全观的提出、海外利益安全被纳入总体国家安全观 16 个领域，海外利益安全保护指导思想缺位的境况得以改变，海外利益安全成为国家安全的重要构成内容。

共建“一带一路”是体系化的合作倡议，旨在全方位推进务实合作，打造政治互信、经济融合、文化包容的利益共同体、命运共同体和责任共同体。中国的海外利益同共建国家的利益相结合，形成体系化的海外利益格局，进而推动形成全面的海外利益安全维护体系。2015 年发布的《推动共建丝绸之路经济带和 21 世纪海上丝绸之路的愿景与行动》中共有 7 处表述提到“安全”。这些表述主要聚焦海陆交通要道和能源输送管道等基础设施的安全。2017 年发布的《“一带一路”建设海上合作设想》也将共筑

---

① 肖晞、宋国新：《中国“一带一路”建设中海外利益的脆弱性分析与保护机制构建》，《学习与探索》2019 年第 5 期。

② 《澳大利亚宣布撕毁州政府“一带一路”协议中方表态》，《人民日报》2021 年 4 月 21 日。

安全保障之路作为“一带一路”建设海上合作的重点。在共建“一带一路”倡议实施过程中，中国同世界各国与地区协商、发布包含“安全”的双多边文件共计 132 部，[①] 同世界大部分国家就各领域安全合作形成明确政策文件，如在《第三次中国—阿富汗—巴基斯坦外长对话联合声明》中对反恐安全协商进行了明确规定。就国家政策而言，中央与地方积极制定包含“安全”的对外政策规划共计 24 部，[②] 如：《重庆市推进西部陆海新通道建设实施方案》强调保障通道运输安全，《中长期油气管网规划》强调保障国家能源安全与公共安全。中国正逐步形成国家政策与国际合作相结合、事前预防规划与事后协同处理相统一的全面的海外利益安全维护制度体系。

第二节 总体国家安全观中的海外利益安全

2014 年 4 月 15 日，习近平总书记在中央国家安全委员会第一次会议上首次提出总体国家安全观。2015 年 7 月 1 日，第十二届全国人民代表大会常务委员会第十五次会议通过的《中华人民共和国国家安全法》第三十三条规定，“国家依法采取必要措施，保护海外中国公民、组织和机构的安全和正当权益，保护国家的海外利益不受威胁和侵害”。党的十九届六中全会通过的《中共中央关于党的百年奋斗重大成就和历史经验的决议》强调总体国家安全观包括海外利益安全等 16 个领域。党的二十大报告再次强调，国家安全是民族复兴的根基，社会稳定是国家强盛的前提。总体国家安全观从坚持和发展中国特色社会主义的战略高度，系统回答了中国特色社会主义进入新时代有关国家安全的重大问题。

党的十八大以来，中国不断推进“走出去”战略，更加深入地参与到全球化进程中。随着共建“一带一路”倡议的不断推进，中国海外利益的

---

① 此处数据系将“安全”作为关键词，在“中国一带一路网”双多边文件数据库中检索所得，检索日期为 2024 年 3 月 25 日。

② 此处数据系将“安全”作为关键词，在“中国一带一路网”政策规划数据库中检索所得，检索日期为 2024 年 3 月 25 日。

拓展速度和规模将持续走高。[①] 海外利益蓬勃发展的同时，面临的安全风险也日趋复杂。加强对海外利益的认识，完善海外利益安全保护机制，提升海外利益安全的维护能力等将是未来我国对外战略的重点。这也是海外利益安全被纳入总体国家安全观 16 个领域的应有之义。

一、总体国家安全观包含海外利益安全的动因

时代是思想之母，实践是理论之源。总体国家安全观将海外利益安全纳入 16 个领域之内，这是海外利益安全首次被正式提升至国家战略高度，既体现了国家对海外利益安全的高度重视，也表明了海外利益安全事关国家生存、发展和安全大局。

海外利益安全作为总体国家安全观的一个重要领域，是中国特色社会主义新时代的必然选择。当前世界处于百年未有之大变局，国家的安全形势发生了重大变化，国际战略格局、全球治理体系、综合国力竞争深刻复杂演变，不稳定性和不确定性显著上升。改革开放政策提出之后，中国逐步深度参与国际事务，海外利益也应运而生。特别是共建“一带一路”倡议提出并实施以来，中国企业在海外投资形成的资产规模迅速扩大，中国公民的出境人数激增，中国的海外利益也快速增加，海外利益安全在国家安全中的重要性持续上升。然而，中国对其海外的资产、公民和法人安全的维护能力仍十分有限，这就需要对海外利益安全的维护给予高度重视，因而将海外利益安全纳入总体国家安全观中体现了国家对其的高度关注以及国家当下和未来发展的客观需求。

将海外利益安全纳入总体国家安全观是维护海外利益安全法定要求的重要体现。在总体国家安全观提出后，《中华人民共和国国家安全法》再次强调总体国家安全观包含海外利益安全在内的 16 个领域，并且明确包括维护海外利益安全在内的国家安全维护任务。其中第十八条对使用军事手段维护海外利益安全进行了明确说明，指出“国家加强武装力量革命化、现代化、正规化建设，建设与保卫国家安全和发展利益需要相适应的武装力量；实施积极防御军事战略方针，防备和抵御侵略，制止武装颠覆和分裂；开展国际军事安全合作，实施联合国维和、国际救援、海上护航和维

---

① 李云龙、王千、金如和：《中国海外利益当前面临的安全风险与对策》，《中国经贸导刊（中）》2020 年第 3 期，第 39—41 页。

护国家海外利益的军事行动，维护国家主权、安全、领土完整、发展利益和世界和平”；第三十三条指出“国家依法采取必要措施，保护海外中国公民、组织和机构的安全和正当权益，保护国家的海外利益不受威胁和侵害”。

中国的海外利益如重大项目和人员机构安全、海外金融、石油、矿产、海运和其他商业利益不仅限于海外，还关乎国家总体安全。海外利益安全的有效维护既有利于国家外部环境的安全，也有利于国家内部安全。海外利益是新时期我国发展和安全利益的重要组成部分。在我国加快建立开放型经济新体制的背景下，我国的海外利益涵盖经济、资源、文化等多个领域，并由纯粹的地理空间拓展到国际制度层面，已经成为密切我国与外部世界关系的重要因素，以及关系国计民生的重大议题。海外利益能否得到有效维护事关国家发展和安全总体大局，必须从战略高度和全局视野认识这项工作的重要意义。

将海外利益安全纳入总体国家安全观是中国特色国家安全道路的重要体现。中国特色国家安全道路的重要特征可以概括为六个坚持：坚持党的绝对领导；坚持总体国家安全观；坚持捍卫国家主权和领土完整，维护边疆、边境、周边安定有序；坚持安全发展；坚持走和平发展道路，实现全面、共同、合作、可持续安全；坚持积极防御的国防政策。中国特色国家安全道路要求将维护海外利益安全工作放到重要位置。走中国特色国家安全道路，坚持国家利益至上，必须为我国海外利益提供坚强有力的保障。坚持促进中华民族伟大复兴，必须以对人民负责、对国家负责、对未来负责的态度看待和开展维护海外利益安全工作。①

海外利益安全的有效维护是共建“一带一路”倡议行稳致远的必然要求。当前，世界大变局加速深刻演变，全球动荡源和风险点增多，我国外部环境复杂严峻。“一带一路”共建国家覆盖世界近75%的人口，占全球各国GDP的一半以上。随着“一带一路”共建国家的增加，海外利益随之增多，加强海外利益保护，确保海外重大项目和人员、机构安全也变得至关重要。习近平总书记在第三次“一带一路”建设座谈会上指出，“要落实风险防控制度，压紧压实企业主体责任和主管部门管理责任。探索建立境外项目风险的全天候预警评估综合服务平台，及时预警、定期评估。

---

① 《国家海外利益安全知识百问》编写组：《国家海外利益安全知识百问》，人民出版社2023年版，第19页。

要加强海外利益保护、国际反恐、安全保障等机制的协同协作”①。完善共建“一带一路”安全保障体系，坚决维护国家主权、安全、发展利益，不但有利于共建“一带一路”倡议实施的行稳致远，也有利于为我国改革发展稳定营造良好外部环境。

二、总体国家安全观视域下的海外利益安全内容分类

总体国家安全观视域下的海外利益安全内容大致分为三种类型。首先，基于利益主体进行区分，海外利益安全有国家、企业、个人主体的不同。其次，从国家海外利益安全所涉领域进行分类，即海外政治利益、海外经济利益、海外文化利益等类别。最后，从两个维度对我国海外利益安全进行分类：第一个维度是依据利益的攸关方，可以分为官方和非官方两个类别；第二个维度是依据利益的物理属性，可以分为有形的物理性和无形的非物理性两个类别。② 官方有形利益主要包括驻外使领馆、国有企业和事业单位拥有的固定资产、海外重大项目、国有企业控股的基础设施、从事国际运输的物理性资产（飞机、轮船、火车等），以及管理和运营这些物理性资产的政府雇员；非官方有形利益包括学者、游客、商人、劳工，以及私人和民营企业拥有的有形资产。官方非物理利益包括中国政府和国有企业，例如中国投资有限责任公司等主权基金持有的各种海外金融资产、中国的国际形象（通过外国媒体报道、民意调查、智库报告等体现）、中国在政府间国际组织（例如联合国、国际货币基金组织）中的影响力等；私人非物理利益包括中国公民和民营企业持有的各种海外金融资产，例如外国公司（或海外上市的中国公司）的股票和债权等。

（一）利益安全主体类型

1. 国家海外利益安全

政治层面，国家海外利益安全包括中国与他国建立的外交关系、中国加入的国际组织、中国在国际组织中的合法权利、和平稳定的国际环境、

---

① 《习近平出席第三次“一带一路”建设座谈会并发表重要讲话》，中国政府网，2021 年 11 月 19 日，https：//www.gov.cn/xinwen/2021－11/19/content_5652067.htm？jump = true。

② 谢韬：《中国海外利益保护：分类、风险与措施》，《中国信息安全》2022 年第 7 期，第 63—66 页。

在全球公共领域中拥有的合法权利、海外基地等。经济层面，包括中国的海外重大项目、商业利益（金融、石油、矿产、海运等）、进出口市场、对外投资、购买的外国政府国债、外汇储备、对外援助等。文化层面，包括中国的语言和文化传播、国际尊重、国家形象。安全层面，包括国家驻外机构及其工作人员的安全、战略通道的安全、能源输送管线的安全等。

2. 企业海外利益安全

政治层面，企业海外利益安全包括获得相关信息的权利、要求进行司法审查的相关权利、非歧视权、贸易权、合法投资的权利。经济层面，包括企业拥有的海外投资、海外商品市场、海外工程项目、厂房设备。文化层面，包括企业品牌、企业形象、企业文化等。安全层面，包括对外投资的安全、商家店铺和厂房设备的安全、员工的人身安全。

3. 个人海外利益安全

个人利益在海外安全的表现在于国民待遇和人权的保障，个人海外资产处于有保护且随意使用的状态。最为重要的是，个人的生命健康权不受侵犯，以及在个人形象、个人尊严及荣誉方面受到保障。

（二）利益安全领域类型

1. 海外政治利益

中国海外利益安全以海外政治利益安全为根本。在国家、企业和公民三类主体的海外政治利益安全中，国家海外政治利益安全是保障企业与公民安全的前提。政治互动是主权国家间交往的重要内容，中国的海外政治利益安全都是在此基础上实现的。这些利益安全包括：中国与他国建立的外交关系、中国加入的国际组织、中国在国际组织中的合法权利、和平稳定的国际环境、我国在全球公共领域中拥有的合法权利、海外基地等。与我国建交的大多数国家是我国海外利益的宝贵政治资产，也是我国在多种国际组织中获得支持的重要来源。

企业的海外政治利益安全也是中国海外政治利益安全的重要组成部分。企业的海外利益安全以国家的外交为支撑。随着共建“一带一路”倡议的深入实施以及中国对外开放步伐进一步加快，企业海外政治利益安全维护的复杂性前所未有。企业海外政治利益通常指可以在相关国家进行商业活动，以及能够在海外平等地参与当地的市场竞争并受所在地法律保护等权益。

公民的海外政治利益与企业的海外政治利益来源大致相同，都是以国家的外交为支撑，泛指中国公民在其他国家享有的人身自由等基本人权。

2. 海外经济利益

经济基础决定上层建筑，中国的海外经济利益安全是海外利益安全的基础。中国海外利益的延伸以海外经济利益为指向和目标。

随着全球化不断发展，主权国家交往更加密切深入，经济合作所产生的利益十分重要。随着“走出去”战略的不断发展与融入世界的进程不断加快，中国所拥有的海外利益越来越多，对于海外经济利益安全的保护范围也越来越宽广，包括中国的进出口、对外直接投资、海外能源资源供应基地、购买的外国政府国债、外汇储备、对外援助等。在进出口贸易方面，自 2013 年起我国成为货物贸易第一大国，2009 年成为全球最大货物出口国。在能源进口方面，2011 年中国成为煤炭进口第一大国，2015 年成为石油第一大进口国。在对外投资方面，2022 年末，中国对外直接投资存量达 2.75 万亿美元，连续 6 年排名全球前三，境外企业已覆盖全球超过 80% 的国家和地区。2022 年末，中国境内投资者共在全球 190 个国家和地区设立境外企业 4.7 万家，近 60% 分布在亚洲，北美洲占 13%，欧洲占 10.2%。其中，在“一带一路”共建国家设立境外企业 1.6 万家。[①] 以上种种皆为我国海外经济利益直接体现，也是我国海外经济利益安全维护的重中之重。

企业是我国海外经济利益的重要载体，包括开展国际业务的国有企业、民营企业和其他中资机构等。企业海外利益包括企业拥有的海外投资、海外商品市场、海外工程项目、厂房设备等。随着中国大量民营企业融入全球化进程，“一带一路”共建国家市场拓展取得长足进步，成为我国“走出去”战略的主力军，企业海外经济利益安全逐渐成为新时期我国海外经济利益安全的重要一环。

公民的海外经济利益安全体现为其携带出境的合法个人财产与在境外取得的合法收入、财产相对处于没有危险和威胁的状态。

3. 海外文化利益

不同于传统的政治与经济层面的海外利益安全，海外文化利益安全属于软实力层面，它是中国对外交往的产物。

基于国家主体的海外文化利益安全指中国软实力的安全，包括我国的

---

① 《2022 年度中国对外直接投资统计公报》，中国商务部网站，2023 年 9 月 28 日，http://hzs.mofcom.gov.cn/article/date/202309/20230903443704.shtml。

语言和文化传播、国际尊重、国家形象等方面的安全。中国企业的海外文化利益安全是指其在对外扩展过程中所形成的独特魅力、精神气质，包括企业品牌、企业形象、企业文化等方面的安全。对于个体公民而言，每个公民既是物质载体，也是文化载体。中国公民的海外文化利益安全指其个人在国外的形象、尊严或荣誉等方面的安全。

4. 海外安全利益

海外安全利益是海外利益的重要组成部分，以海外政治和经济利益为前提，包括国家驻外机构及其工作人员的安全、战略通道的安全、能源运输管线的安全等。

中国与世界各国的交往密切程度加深，使得我国驻外机构及工作人员的数量急剧增加，这些机构和人员的安全需要获得充足保障。中国与世界各国展开密切的经济交往合作，对外能源资源需求的增加使得陆上和海上交通线、能源运输管线的重要性上升。中国所需要的海上通道共有 7 条，北太平洋航线、中太平洋航线、南太平洋航线、东南亚至澳洲航线、经马六甲海峡至苏伊士运河及地中海航线、至韩日航线、西非经好望角及马六甲海峡至中国航线。这 7 条航线的安全直接关乎中国的海外利益安全，我国是石油进口大国，大量的石油天然气管道的安全也对中国的海外利益安全有着重要的支撑作用。

从企业层面上讲，海外安全利益包括企业对外投资的安全、商家店铺和厂房设备的安全、员工的安全等。中国企业面临所在国的多重风险，尤其在一些时局不稳的国家会有遭受恐怖袭击的可能。

从公民层面上讲，通常涉及人身自由权和生命健康权。近年来，中国公民在海外遇袭事件频发，造成的国际影响巨大。因此，在外务工人员、学生、游客的安全成为海外安全利益维护的重要对象。

三、将海外利益安全纳入总体国家安全观的重要意义

中国海外利益安全是一个内涵极为丰富的综合体，涉及国家、企业和公民等多个主体，包含政治、经济、文化等多项内容。中国海外利益安全兼具种类的多样性、规模的超大性、分布的广泛性等特征。[①] 党的二十大报告史无前例地专章论述国家安全，凸显国家安全的极端重要性。中国应

---

① 郎帅：《中国海外利益维护战略研究》，吉林大学博士学位论文，2017 年。

以总体国家安全观为指导，将海外利益安全维护推进到国家海外安全治理，制定国家海外利益安全战略，以及推进国内社会—政治制度改革来更好维护境外国家利益。[①]

（一）体现时代变化和中国发展的客观需求，有助于全面维护国家的生存与发展

一个国家的生存与发展是其最基本的权利，海外利益安全集中体现了中国生存和发展的需求。进入新时期以来，在经济政治文化等各方面中国已然和世界融为一体，对外部融入性加强。在海外利益相关的多项指标上，中国已经占据世界第一：中国的进出口总额已居世界首位；中国在石油、煤炭等能源进口上，稳居世界第一位，在铁矿石等资源进口上也是如此；中国的外汇储备常年保持在 3 万亿美元以上的水平，是规模最大的国家。海外市场、海外能源资源与国际金融，对于中国的发展和安全而言，已变得比以往任何时期都重要。而一旦我国的海外利益安全受到威胁和冲击，外部安全问题会引发内部安全问题，如全球经济增长放缓等问题严重影响我国经济形势和企业发展。当前，局部地区形势的恶化和国际恐怖主义的肆虐会对中国的能源资源供应地和运输通道形成负面效应，中国的海上生命线存在的安全隐患越发突出。与此同时，中国海外公民的人身财产安全面临的威胁也越来越多。因此，将海外利益安全纳入总体国家安全观不仅体现时代变化和中国发展的客观需求，也有助于全面维护国家的生存与发展。

（二）为推进海外利益安全体系和能力现代化夯实新的理论基石

总体国家安全观为推进海外利益安全体系和能力现代化提供新的理论基石。将海外利益安全纳入总体国家安全观不但为海外利益安全体系和能力现代化建设提供战略指引，而且有助于在推进海外利益安全体系和能力现代化进程中坚持走中国特色国家安全道路。

国家海外利益安全涉及传统与非传统安全、自身和共同安全以及国内和国际安全，中国亟须在总体国家安全观的战略框架下进行海外利益安全体系和能力建设规划，实现现代化治理与发展。习近平指出，“战略问题是

① 刘艳峰：《国家海外安全治理论析：基于总体国家安全观视角》，《太平洋学报》2023 年第 5 期，第 25—37 页。

一个政党、一个国家的根本性问题”[①]。党的二十大报告首次将“推进国家安全体系和能力现代化”作为一个独立部分进行系统阐述，充分体现党对国家安全的战略考量。将海外利益安全提升至国家战略高度有助于从中华民族伟大复兴战略全局中厘清国家海外利益安全的战略范畴与内涵，谋划海外利益安全治理手段，加强海外利益安全体系和能力建设，提高对海外利益安全的精准高效治理。中国特色国家安全道路具有鲜明的社会主义意识形态属性与特征，必须坚持党对国家安全工作的绝对领导。在总体国家安全观的战略指导下，推进海外利益安全体系和治理能力现代化也需要坚持党的绝对领导，坚定走中国特色国家安全道路不动摇。

（三）有助于国家综合国力提升

综合国力是对一个国家国情和基本资源进行衡量的关键指标。在国际形势不断复杂化的今天，国家之间的竞争日趋激烈，主要表现为以经济发展和科技进步为基础的综合国力之争。国家利益是一国综合国力大小的显示，中国海外利益规模的大小表明中国国家综合国力的强弱。中国海外利益安全对于中国国家综合国力具有两方面支撑作用：一方面，中国海外利益安全的保障有助于巩固国家综合国力增长的根基。一国拥有的海外利益规模越大，种类越多，内容越丰富，其安全的有效保障可供国家支配和调度的资源也就越充盈，其国力强大的基础也就越牢固。另一方面，中国海外利益拓展及其安全维护的过程也是中国国家实力运用的过程。从某种程度上讲，实力既是国家追求的目标，也是国家获益的手段。[②] 能够维护好自身的海外利益安全既是自身综合实力的体现，也是为了自身利益更好地发展。中国海外利益安全在巩固中国国家综合国力增长基础的同时，也为其运用提供平台。中国海外利益的拓展及其安全维护对于国家战略的制定能力、国家大政方针的实施能力、国内国际形势的判断能力来讲均是一个检验。中国海外利益安全同中国国家综合国力的增长具有同步性，前者丰富强化后者的资源，为其运用创造条件，也为后者的发展奠定基础。

（四）有助于提升国家形象和地位

一个国家的国际形象与国家利益二者之间存在紧密关联。在国际社会

---

① 《习近平著作选读》第二卷，人民出版社 2023 年版，第 582 页。

② 门洪华：《开启中国全面深化改革开放的新时代：兼论未来十年中国的大战略走向》，《学习与探索》2015 年第 8 期，第 40—44 页。

中，一个国家如果具有良好的形象，那么它在与其他国家打交道时就更易获得尊重和信任，从而推进自身的利益目标；反之，如果一个国家形象欠佳，那么它将要为此付出信任成本，成为他国政策防范的对象。以此类推，若一个国家拥有广阔的利益范畴，那么它便可以大国和强国的形象出现，通过维护自身利益的安全提升国际地位并获取更多利益。

在总体国家安全观视域下推进海外利益安全体系和能力现代化有利于中国对外交往思维观念、方式方法的转变。中国海外利益的迅猛增长，国际影响力的拓展，使得中国的国际形象和国际地位大大提升。中国逐渐在国际社会中树立积极正面的形象，并在地区和全球事务中，以大国和强国的思维来行事。在海外利益安全维护的过程中，必然要面对诸多复杂的新课题。海外利益安全的维护成效也越来越成为其他国家认知中国、判定中国形象和衡量中国国际地位的重要指标。如何善用“海外利益安全维护”这一资源，借助海外利益的拓展和维护行动以优化国家国际形象、提升国家的国际地位是中国面临的一个重大时代课题。

思考题

1. 简述中国海外利益安全发展的历史沿革。
2. 简述海外利益安全被纳入总体国家安全观的原因。
3. 简述海外利益安全被纳入总体国家安全观的重要意义。

参考文献：

［1］《2007年度中国对外直接投资统计公报》，中国商务部，2008年11月19日，http://bgt.mofcom.gov.cn/article/c/d/200809/20080905785237.shtml。

［2］高世宪、王娟：《稳步推进能源期货市场建设 助力能源高质量发展》，《期货与金融衍生品》2018年第3期。

［3］《国家海外利益安全知识百问》编写组：《国家海外利益安全知识百问》，人民出版社2023年版。

［4］郭永良：《中国海外利益安全的实践类型及其战略指引》，《公安学研究》2022年第3期。

［5］郭湖斌、邹仲海、徐建：《改革开放以来中国对外贸易的发展成就与未来展望》，《企业经济》2021年第6期。

［6］郎帅：《中国海外利益维护战略研究》，吉林大学博士学位论文，2017年。

［7］李云龙、王千、金如和：《中国海外利益当前面临的安全风险与对策》，《中国经贸导刊（中）》2020年第3期。

［8］李众敏：《中国海外经济利益保护战略刍论》，《世界经济与政治》2012年第8期。

［9］凌胜利：《中国周边地区海外利益维护探讨》，《国际展望》2018年第1期。

［10］刘艳峰：《国家海外安全治理论析：基于总体国家安全观视角》，《太平洋学报》2023年第5期。

［11］罗平汉主编：《中共党史知识问答》，人民出版社2021年版。

［12］门洪华：《开启中国全面深化改革开放的新时代：兼论未来十年中国的大战略走向》，《学习与探索》2015年第8期。

［13］门洪华、钟飞腾：《中国海外利益研究的历程、现状与前瞻》，《外交评论》2009年第5期。

［14］宋国新：《中国“一带一路”建设的海外利益风险与保护研究》，吉林大学博士学位论文，2018年。

［15］《三部门发布2012年度中国对外直接投资统计公报》，中国政府网，2013年9月9日，https://www.gov.cn/zhuanti/2013-09/09/content_2596899.htm。

［16］苏长和：《论中国海外利益》，《世界经济与政治》2009年第

8 期。

[17] 孙木：《中国加强海外利益保护问题研究》，吉林大学博士学位论文，2021 年。

[18]《习近平出席第三次“一带一路”建设座谈会并发表重要讲话》，中国政府网，2021 年 11 月 19 日，https：//www. gov. cn/xinwen/2021 – 11/19/content_5652067. htm? jump = true。

[19] 肖晞、宋国新：《中国“一带一路”建设中海外利益的脆弱性分析与保护机制构建》，《学习与探索》2019 年第 5 期。

[20] 谢韬：《中国海外利益保护：分类、风险与措施》，《中国信息安全》2022 年第 7 期。

[21] 谢益显：《中国当代外交史》，中国青年出版社 2004 年版。

[22] 修丰义、王发龙：《中国海外利益维护的主导逻辑及其历史嬗变》，《世界经济与政治论坛》2022 年第 2 期。

[23] 徐迭阳：《在总体国家安全观指引下加强海外利益保护》，《中国石化》2023 年第 6 期。

[24] 杨胜刚：《新中国政党外交维护国家利益研究》，外交学院博士学位论文，2022 年。

[25] 姚枝仲、李众敏：《中国对外直接投资的发展趋势与政策展望》，《国际经济评论》2011 年第 2 期。

[26] 于军、程春华：《中国的海外利益》，人民出版社 2015 年版。

[27] 张楠：《崛起过程中的海外利益维护》，《宁夏社会科学》2014 年第 6 期。

[28] 张筱薇：《新型国际犯罪研究》，法律出版社 2012 年版。

[29] 中共中央宣传部、中央国家安全委员会办公室：《总体国家安全观学习纲要》，学习出版社、人民出版社 2022 年版。

第二章　影响海外利益安全的主要因素

影响一国海外利益安全的因素是多维度、多层面的，既有客观因素，也有主观因素；既有自然因素，也有社会因素；既有国内因素，也有国际因素；既有积极因素，也有消极因素。影响国家海外利益安全的因素可主要归纳为四大范畴，即政治因素、经济因素、社会因素与非传统安全因素。在当前我国海外利益安全呈现规模大、增长快、分布广的发展趋势下，厘清上述因素及其对海外利益安全的影响与作用机理，对准确识别安全风险，加强海外安全保障能力建设，进而有效维护我国发展与安全大局具有重要意义。

第一节　政治因素

一、政治因素的主要内容与影响作用

影响一国海外利益安全的政治因素主要涵盖两个层面，即国内政治因素和国际地缘政治因素。前者主要包括一国（主要是东道国）的政权稳定性、安全形势、政府治理水平等内部因素，后者则主要是指地区层面的地缘政治角力与大国战略竞争因素。上述因素分别在不同程度上对国家海外利益安全产生正面或者负面影响，同时这些因素往往也会通过国内国际交叉互动对一国海外利益安全带来综合性影响。

（一）国内政治因素

政权稳定性是指一国政权的稳定程度以及对相关政治暴力和恐怖主义事件的控制程度。东道国国内政局是否稳定，是进行国际合作最基本的前提条件，也是影响一国在东道国海外利益安全的主要国内政治因素之一。

拥有稳定政权的东道国政府能够为国际合作项目的达成和顺利开展提供政治保障，有助于一国在东道国的海外合作项目中免受突发事件侵害。不仅如此，东道国稳定的政权和政治局面有助于营造一个相对稳定、公平、安全且有延续性的政策和制度环境，增强别国与其合作的信心和预期，是促进长期国际合作及其收益的必要条件。反之，东道国国内动荡不安的政局则成为影响国际合作和投资国利益的负面因素。东道国政权频繁更迭与政变必然带来其政治体制、政治决策、政治行为的变更及社会治安秩序的恶化，很多时候这种变化是剧烈且带有颠覆性的。这不仅会导致一国海外项目受阻甚至失败，而且会因为示威游行、武装冲突、内乱战争、恐怖袭击等暴力事件而给该国境内的外国机构、人员、项目的安全、经济和形象利益带来巨大损失。

东道国国内安全形势与其政权稳定性密切相关，是政权稳定性衍生出来的另一个重要的政治因素。东道国国内和平安定的安全形势对于在海外开展贸易、投资和获取能源资源业务的国家，以及从业或留学人员来说至关重要。作为破坏国家安全形势的主要变量，各种恶性的政治事件，如暴力事件、内战冲突等成为一国在维护和拓展海外商业、海外公民生命财产安全、资源供应、海外市场利益过程中所面临的严峻挑战。当前，百年变局正在加速演进，全球安全环境不靖，不少国家特别是发展中国家因为经济发展失能、政争党争激化、社会矛盾累积发酵，以及域外力量干预等原因而深陷战争和内乱泥潭，安全形势趋紧。在新冠疫情、气候变化和地缘政治博弈加剧等多重因素影响下，国家间冲突更加复杂和旷日持久。全球多地战争与冲突频发和急剧恶化不仅造成当事国政府破产、经济社会发展停滞倒退和人道主义灾难，还严重阻碍这些国家与其他国家之间的经济、社会、人文交往合作，导致在这些动乱国家境内的海外合作项目和人员安全面临高风险挑战甚至是难以挽回的严重损害。

东道国治理水平是影响一国海外利益的又一重要政治因素。1996 年，世界银行就衡量一国政府治理水平给出了 6 个维度指标，即腐败控制、政府效率、政治稳定性与反暴恐能力、监管质量、法治程度、话语权与责任。[①] 上述六方面因素构成了一国在东道国海外利益安全的制度环境。一

---

① The World Bank,“The Worldwide Governance Indicators”, http://info.worldbank.org/governance/wgi/.

般而言，行之有效的行政、司法、财务等腐败治理和控制手段可以有效降低市场不公平竞争程度，从而减少海外企业进入和运营成本；一国政府迅速、高效的政策制定与执行力可以为其境内的国际合作协定顺利落实提供有力的公共服务保障；强有力的政治和公共安全维护与反恐反暴能力是保护他国在东道国海外利益安全极为重要的前提条件，这一点在上文已经论及；政府监管质量则是衡量该国营商环境优劣的主要指标，东道国优良的监管能力将为引导经济发展和保障本国与外国公民、机构和企业合法权益营造优质的政策与法律环境；健全的法治规则和良好的执法状况则会在最大限度上保护跨国公司企业与海外留学、经商人员在当地的合法利益不受侵犯和损害；假如东道国公民及社会力量在监督政府工作方面拥有足够的话语权和问责权，那么这必然能够提升政府治理效能和透明度，进而为他国海外利益保护发挥积极作用。总之，东道国政府治理与风险管控能力越强，他国在其境内的海外利益安全就越能得到保护和促进。反之，东道国低效甚至失效的政府治理则不能为国际交往合作提供必要的制度、法治、政策保障，他国在其境内的海外利益安全也会面临不同程度的风险威胁和损害。

（二）国际地缘政治因素

自从人类社会有国家与国家之间的关系开始，地缘政治就一直是影响国家间关系的一个重要因素，[①] 也成为影响一国海外利益安全的核心变量之一。国际地缘政治是地理与国际政治之间的互动，可理解为国家或非国家行为体基于特定地理空间与资源的开发、竞争或控制活动及其与既有地缘结构和利益结构互动进程。[②] 对国家海外利益安全产生重大影响的国际地缘政治因素主要来自地区和全球两大层面。

地区层面，一个地区是否存在领土主权争端、地区主导权之争甚至是局部战争冲突是影响国家海外利益安全的重要考量因素。一方面，域内战争冲突负面效应外溢会严重威胁他国海外利益安全。当前在欧亚大陆由东

---

① 张小明：《地缘政治、历史记忆与有关朝鲜半岛的想象》，《世界经济与政治》2019 年第 12 期，第 5 页。

② 本书对国际地缘政治概念的界定参考了国内学者对地缘政治风险的相关论述，详见张晓通与徐子豪的《“一带一路”海外重大项目的地缘政治风险与应对——概念与理论构建》一文。

向西正逐渐形成一个“社会政治动荡风险弧”，其中包括中南半岛、南亚、中亚、西亚与北非地区。[①] 在上述地区，源于历史恩怨、领土争议、宗教与民族矛盾的国家冲突和局部战争时常加剧。地缘政治安全局势的恶化使这些地区成为世界上安全赤字最严重地区，同时也给周边国家乃至世界造成了长期负面冲击。俄乌冲突就是典型例子。2022 年 2 月俄乌冲突爆发后，不仅使欧洲国家一度面临严峻的能源危机，还导致 600 家欧洲大型企业中的 176 家企业因为削减、出售或关闭其在俄罗斯的业务而产生资产缩水，损失超过 1000 亿欧元。[②] 因冲突而受阻的俄乌粮食出口致使非洲很多国家面临粮食海外供应短缺及其引发的两位数的国内通胀压力，几近经济危机与社会动荡的边缘。另一方面，域内大国的地区主权之争不仅会阻断地区和平与发展进程，还会殃及世界经济进而损害域内外国家的经济政治利益。例如以往 40 多年里伊朗和沙特两国之间的教派冲突和中东地区主导权之争屡次导致原油价格跳涨，给国际能源市场和能源进口国带来外汇损失和经济动荡，使得相关国家海外贸易商业和交易成本不得不面临更高的风险指数。

全球层面，国家间特别是大国间的战略竞争是引发地缘利益结构变动进而影响国家海外利益的最主要因素。当前，中美、美俄、中欧、俄欧等大国和地区之间结构性矛盾难以调和，各方围绕地理空间、战略要地、能源资源、国际市场、跨国通道、海上通道等战略利益的地缘政治博弈不断加剧，这势必对国家海外利益安全产生重要影响。其一，这种战略竞争不仅会使大国相互挤压、对冲、遏制对方的海外利益拓展，还会给其他国家的海外利益安全带来复杂深刻影响。一些被裹挟其中的国家选边站队，加剧了集团分化和阵营对抗，由此导致的原有国际力量对比和政治经济版图的改变，将给体系内其他国家的外交政策和海外利益空间带来巨大不稳定性和不确定性。一部分国家很可能会因此陷入牺牲海外利益换取所谓的地缘利益的尴尬境地，而另外一部分国家的海外利益布局和空间也将面临新的威胁。其二，一旦大国竞争态势升级为局部地缘政治冲突或战争，这将严重冲击现有全球政治经济安全秩序与全球化进程，世界各国海外利益安

---

① 于军、程春华：《中国的海外利益》，人民出版社 2015 年版，第 108—109 页。

② 《英媒：欧洲企业已因俄乌冲突损失超千亿欧元》，京报网，2023 年 8 月 10 日，https：//news. bjd. com. cn/2023/08/10/10525758. shtml。

全面临重大系统性风险。一方面，战争将直接导致其波及的国家和地区境内大量驻外人员人身、财产安全与海外承包工程、项目遭受严重威胁和破坏；另一方面，战争及与其相伴而生的禁运、经济金融制裁与反制裁等措施会导致地区乃至世界经济滞胀，扰乱全球产业链、供应链、价值链运行，推高粮食、能源等大宗商品国际市场价格，从而严重危害他国海外贸易、投资、金融、能源资源获取及海上通道安全。

二、中国海外利益安全面临的主要政治风险因素

当前，中国海外利益安全面临着来自东道国国内、地区、全球三个层面的政治风险，即东道国政局动荡、地区安全局势紧张和美国对华战略竞争加剧。

（一）东道国政局动荡

东道国国内政局动荡不安越来越成为中国海外利益安全面临的长期政治风险。目前中国海外利益主要依靠共建“一带一路”倡议拓展，但许多相关国家因为民主政治转型困境、党派纷争、政府腐败、民族冲突和法制不完善及大国干预等问题而存在政局动荡不稳的情况，对我海外利益安全构成严重威胁。中南半岛的缅甸、泰国等国“颜色革命”暗流涌动，政局更替频繁，政治风险水平居高不下。自 2014 年军方政变以来，泰国政治一直处于动荡状态。2014 年持续数月的泰国政治危机致使中泰“大米换高铁”项目流产。由于饱受泰国政变和政权更迭影响，中泰铁路一期项目一波三折，最终落地与最初设想相比可谓面目全非。2023 年 8 月 22 日，随着为泰党候选人塞塔获过半数支持当选泰国第 30 任总理，泰国未来政局走势及其对中泰铁路项目的影响值得长期高度关注。长久以来军方与反对派之间的斗争导致缅甸全境陷入动荡、战火不断，缅甸投资环境风险大幅增加。2011 年，缅甸政局变化加之美西方势力干涉促使所谓的“民选政府”出尔反尔叫停了中国投资的密松水电站项目，至今该项目已无重启希望，中方损失数百亿前期投资资金。与此同时，中国企业开发莱比塘铜矿也频遭抗议。2021 年以来，因为政局动荡，缅北地区恶性事件频发，由于反政府武装组织的袭击和破坏，连接中国云南省和缅甸若开邦吉打港的中缅油气管道已经多次中断运输，中缅经济走廊上的其他项目，如港口、铁路、工业园等，也面临着安全威胁和施工困难。

同时，南亚、中亚等地区部分国家政局不稳或治理能力弱化的因素也

在持续发酵。在南亚地区，印度和巴基斯坦国内党争不断，政治乱象丛生、政局不稳，不仅危及国内社会秩序，而且导致对华立场分裂，社会动荡、暴力事件频发都对我国在上述国家的投资造成不利影响。瓜达尔港建设过程中中方人员屡遭恐怖袭击，以及一些中国企业因为印度政府政策频繁变动和行为不一致而选择撤离或取消对印度的新投资正说明了问题。近年来，位于中亚地区的吉尔吉斯斯坦国内政变频发，社会混乱，腐败现象严重，增加了中国与吉尔吉斯斯坦经济合作的成本和风险，威胁到中吉跨境通道安全建设。① 撒哈拉以南非洲地区多国，如尼日利亚、安哥拉、刚果等国政治分歧和政治撕裂加剧，国内政局不稳，政策波动性剧烈，增加中国投资项目的成本和相关风险，项目进程受阻。

（二）地区安全局势紧张

首先，中国周边领土和领海争端尚未完全解决，因主权争端而发生对抗甚至冲突的风险是影响我海外利益安全的周期性因素。例如中越与中菲南海主权争端不时升级，越南、菲律宾国内多次发生反华暴乱，给当地的中国企业和人员安全构成威胁，扰乱了正常的经营活动，恶化了中国在当地的投资环境。② 特别是 2022 年以来，从阻挠中国海警正常巡逻，到在中国领海范围内布设浮标，再到如今试图避过中国海警的检查对在仁爱礁非法“坐滩”的军舰进行补给，菲律宾出于通过南海问题转移国内矛盾，以及依靠美国对抗中国崛起的考虑而在南海争端中的行为日趋嚣张，南海局势由此再度紧张。2023 年 5 月，菲律宾政府扬言要以“国家安全”为由对中国国家电网控股 40% 的菲律宾国家电网进行全面调查。该年 8 月，菲律宾政府对在菲 22 家中国企业下令“全面停工”。这是菲律宾对本国补给船被中国海警驱离之后的报复行为，该做法严重损害了在菲的中资企业的合法权益。

其次，在其他地区如南高加索、中东、西亚、北非地区，武装冲突和局部战争的此起彼伏也对我国海外利益安全造成重要威胁。围绕纳卡地区争夺的亚美尼亚与阿塞拜疆战争自 1991 年爆发以来不仅没有停战迹象，反

---

① 金鑫、张秋生主编：《“一带一路”跨境通道建设研究报告（2017—2018）》，社会科学文献出版社 2018 年版，第 150 页。

② 吴志成、董柞壮：《“一带一路”战略实施中的中国海外利益保护》，《天津社会科学》2015 年第 6 期，第 72 页。

而烈度不断升级。上述两国是中国在该地区最大的贸易合作伙伴，长期化、扩大化的冲突将严重破坏两国的营商环境，进而提升了我国在该地区的贸易投资与基础设施建设合作安全风险。俄罗斯与格鲁吉亚因领土纠纷导致的武装冲突不断，在这种情况下，中资企业及人员容易成为被攻击的目标。近年来，中国与沙特、伊朗、埃及等西亚北非国家的传统友好合作进入全面提升的新阶段。但是巴以冲突、伊朗与以色列战争、也门冲突、阿尔及利亚与摩洛哥之间的武装冲突等使得西亚北非地区长期笼罩在战火纷飞之中。复杂的地缘政治风险和美国等西方国家的制裁导致中国企业时常面临制裁威胁和经济损失。

（三）美国对华战略竞争

进入 21 世纪以来，随着权势转移与国际秩序演进，地缘政治与大国竞争重新回归。美国将中国视为最主要竞争对手和最重大地缘政治威胁，对华采取了全政府、全方位的遏制与打压。美国对华严重战略误判将中国拖入日趋激烈的中美战略竞争之中，中国海外利益也面临更为复杂严峻的挑战。

一方面，美国继续在欧亚大陆、新月形地带与中东等以往所谓的“枢纽地带”强化对华经济、军事与地缘政治优势。例如，美国提出了“大中亚计划”，主张在欧亚大陆建设“新丝绸之路”，试图构建一个以美国为主导、以中亚五国和阿富汗为主要成员，巴基斯坦、印度、土耳其参与其中的新地区组合，对中俄两国形成战略遏制，削弱中国影响力。2022 年，拜登的中东之行宣布了美国中东政策新框架，明显也指向中俄两国，这将对中国在中东地区的能源安全和战略利益产生负面影响。另一方面，美国还将与中国的地缘战略竞争更多地转移到了亚太地区，加紧布局“印太经济框架”、组建“半导体联盟”、对特定企业实施针对性制裁、威逼中国切断中俄经贸往来等。美国通过结盟、“脱钩”、贸易战、科技战、供应链封锁等多种手段，给中国政府和企业带来巨大的地缘经济政治风险。大量在美工作的华裔科研人员遭到起诉，部分中国高科技企业受到严厉审查和制裁，中国技术投资及其人员被限制参与敏感项目，[①] 中国海外市场规模及投资信心一定程度上呈现萎缩之势，从而加大了中国经济的下行压力。此

---

① 黄河、刘彦彤：《地缘政治风险及其对中国企业海外利益的影响》，《太平洋学报》2023 年第 7 期，第 48—50 页。

外，美国不仅提出“重建世界计划”对冲中国的共建“一带一路”倡议，还一再抹黑共建“一带一路”倡议，干扰中国经济“走出去”和对外人文交流，并以中国为假想敌强化军事部署、升级军事装备，导致中国的海外利益安全、军事国防安全及形象利益安全全面临全领域挑战。

第二节　经济因素

一、经济因素的主要内容与影响

影响国家海外利益的经济因素亦可以从国内与国际两个方面考察，即东道国国内的经济状况与国际经济环境。

（一）国内经济状况

从东道国角度讲，东道国国内经济状况将对他国的海外利益形成直接影响，这主要包括东道国的经济体制、宏观经济走向和宏观经济政策等因素。

经济体制就是一个国家的经济组织形式，是指一个国家制定并执行经济决策的各种机制的总和。以一国经济是否与外部世界发生联系为标准，经济体制可分为开放型经济体制和封闭型经济体制。开放型经济体制强调把国内经济和整个国际市场联系起来，尽可能充分地参加国际分工，促进要素、商品与服务自由地跨国界流动，既对外投资，也吸引外资，对资本流动限制较少。因此，开放型经济体制更有利于对外资和外贸形成强大的吸引力和营造良好营商环境，也就更有利于促进他国在东道国的海外经济利益实现。目前，我国正在加快建设更高水平的开放型经济新体制，这不仅有助于我国全面融入世界，实现更加强劲和可持续发展，还将为吸引和促进全球优质要素资源自由流动提供更友好包容的环境，为中国及国外全球化企业的发展和增长带来更全面的支持。

宏观经济是指宏观层面整个国民经济总体及其经济活动和运行状态，包括一国国民经济总量及其增长速度、国民经济构成、产业发展阶段与产业结构、经济发展程度（人类发展指数、社会发展指数、社会福利指数、幸福指数）、通胀、就业情况、利率汇率、财政状况、进出口贸易总规模及其变动等方面。宏观经济的主要目标是维持高水平和快速增长的产出率、低失业率和稳定的价格水平。一般认为，东道国 GDP 规模及其增长速度与他国针对其海外直接投资流量有显著的正相关性，即东道国经济总量大且增长充满活力，将为其他国家的海外贸易投资活动带来更广阔的增长空间和市场，反之则会导致市场需求萎缩和收益减少甚至亏损。东道国通胀率上升将导致土地、劳动力和原材料等资本要素市场价格攀升，引发跨国投资成本加大从而降低他国海外投资收益及信心。东道国财政赤字及债务负担的加剧很可能引发财政危机和政府信用丧失，从而严重破坏跨国经济合作大环境，导致投资国不得不面临巨大的债务风险和经济损失。此外，东道国利率与汇率的相对稳定对保障跨国企业经济利益也有着重要作用。如果东道国利率短时期内上升，则国内消费萎缩，物价下降，外汇与汇率下降，本币汇率上升，这将对他国的出口造成不利影响。

宏观经济政策是指国家或政府为了增进整个社会经济福利、改进国民经济的运行状况、达到一定政策目标而有意识和有计划地制定解决经济问题的指导原则和措施。宏观经济政策主要包括财政政策、货币政策、收入分配政策和对外经济政策，其目标在于实现持续均衡的经济增长、充分就业、物价水平稳定以及国际收支平衡。这些政策相互作用、相互制约，成为影响他国在东道国海外利益的重要因素。一国采取的财政、金融及税收优惠政策越多且力度越大，则意味着其国内营商环境的稳定性、公平性与透明度越大，对外资产生的吸引力就越强，这将有效降低跨国企业经营和交易成本，从而促进他国的海外贸易投资企业和项目成功运行。反之，假如一国的财政自由度、金融自由度与贸易投资自由度低，或者宏观经济政策缺乏必要的稳定性和延续性，则会引发该国宏观经济水平波动，进而给他国的直接投资和海外贸易带来明显的抑制和负面作用。

（二）国际经济环境

经济全球化背景下，国家海外利益的实现越来越受到国际经济大环境的深刻影响。国际经济环境可主要从世界经济及贸易走势、国际金融及债务、能源供给与价格三方面加以考察。

世界经济及贸易走势方面，世界经济增长强劲会拉动各国、各地区市场需求大幅增加，这将有效带动国际贸易及全球供应链发展，从而扩大相关国家的贸易出口、海外投资的规模和潜力，为拓展国家海外市场和提高经济效益提供有利条件和更多机会。而当全球经济增长放缓或衰退时，其他国家和地区的需求随之减少，相关国家海外出口市场必然萎缩。同时，贸易保护主义、民粹主义的抬头和贸易摩擦的加剧使得贸易壁垒增加，降低全球贸易体系的稳定性和自由化程度。在这种情况下，全球经济增长进一步受阻，相关国家海外经济利益必将面临更严峻的外部环境和威胁挑战。

国际金融方面，稳定的利率、汇率及国际金融体系对全球经济稳定发展和国家海外利益实现至关重要。利率、汇率波动会导致海外贸易成本增加、投资意愿降低、国际资本流动失序和贸易保护主义上升。而金融危机的发生则可能引发全球性经济衰退、全球货币贬值，必然给一国海外项目推进带来巨大的投融资、通胀、债务等系列风险。1997 年亚洲金融危机和 2008 年全球金融危机印证了这一点。同时，合理的国际债务水平也是实现投资国海外利益的必要条件。某些国家债务危机的发生将直接导致债权国海外资产损失和资金回收困难。伴随债务危机而来的经济增长停滞、通胀加剧、社会动荡及政府信用跌落等会严重破坏债务国内部经济环境。在相互影响、相互制约的国际经济体系中，跨国债务问题将进一步引发国际外汇、金融市场动荡等连锁反应，进而给他国海外经济利益造成巨大冲击和损失。

能源供给与价格方面，能源是国民经济和世界经济发展的基础，能源供应及价格波动会直接影响跨国企业的运营成本和经济效益。当能源价格上涨时，企业的生产成本增加，利润下降，从而抑制企业的扩张和投资。同时，能源价格大涨带来的成本上升会传导到商品和服务价格上，推动全球通胀。高通胀会引发货币贬值、资产价格波动和社会不稳定，进一步恶化海外市场环境。与此同时，能源价格持续高位运行和供给不足还会导致国际贸易失衡，加剧能源进口国外汇压力和贸易逆差。

二、中国海外利益安全面临的主要经济风险因素

目前，中国海外利益安全主要面临世界经济与贸易下行压力增大、东道国国内经济状况不佳、国际金融市场动荡及能源安全困境等经济风险因素。

（一）世界经济与贸易下行压力增大

当前，有效需求不足、结构性改革滞后、疫情冲击犹存与俄乌冲突等原因，导致世界经济增长乏力复苏低迷，下行风险加剧。美国、欧洲、日本等发达经济体复苏仍十分疲弱，产能继续过剩，通胀和失业率居高不下。而新兴和发展中经济体在经历了高速增长后其经济发展也陷入了相对

停滞状态。世界经济基本面转弱使得中国海外利益拓展面临更加严峻的外部环境。全球经济放缓、通胀高企与外需持续疲软必然导致全球贸易萧条，直接影响中国外贸进出口：2023 年 6 月，中国进出口总值 5000. 2 亿美元，环比上月减少 0. 3%，比去年同期下降 10. 1%，其中出口总值 2853. 2 亿美元，环比增加 0. 5%，同比下降 12. 4%；进口总值 2147 亿美元，环比下降 1. 3%，同比减少 6. 8%。以美元计，2023 年上半年，全国进出口同比下降 4. 7%，出口下降 3. 2%，进口下降 6. 7%。[①] 世界贸易组织认为，2023 年全球贸易增长将再次低于 GDP 增长，在可预见的未来贸易长期萎缩或成为现实，[②] 这将给中国稳外贸、稳外资带来更为巨大的压力。

在上述背景下，单边主义、保护主义、经济民族主义和地缘政治等风险相互交织上升，进一步加剧了我国维护和拓展海外利益的压力和难度。特别是中美贸易战在“安全优先”的战略指引下，美国自 2018 年开始单方面发动了对华贸易战，对华贸易政策攻击性和对抗性不断增强，除了以往以所谓“公平贸易”指责中国进行“不公平”贸易并采取各种救济手段，美国还以国家安全为由，甚至打着人权的幌子，拉拢盟友，对中国高科技企业和科研机构展开了全方位的“小院高墙”式的精准打压。[③] 美国这种霸权主义行径严重破坏了全球经贸格局和价值链内在基础，对中国海外利益带来结构性威胁。一方面，贸易战直接导致中国对美出口急剧下降及相关在美中资企业损失加剧；另一方面，更为深远的负面影响则是使中国陷入全球价值链参与度下降和分工位置不高的双重困境[④]，从而达到遏制中国崛起的目的。中美在经贸、科技以及核心供应链领域的“脱钩”可能已经无法避免，这将成为今后中国维护海外贸易投资利益安全进而实现

---

① 《全球需求萎缩 政治局会议强调稳住外资外贸基本盘》，《第一财经》，2023 年 7 月 24 日，https：//baijiahao. baidu. com/s？ id = 1772304876265988549&wfr = spider&for = pc。

② 《三重因素叠加 全球贸易萎缩正冲击多国》，网易网，2023 年 8 月 8 日，https：//www. 163. com/dy/article/IBJOF0RJ0514R9OJ. html。

③ 竺彩华：《美国贸易政策安全化及其对世界贸易体系的影响》，《外交评论》2022 年第 6 期，第 28 页。

④ 张鸿韬：《美国贸易保护主义政策对全球价值链的挑战及与中国应对》，《现代经济探讨》2019 年第 9 期，第 71 页。

统筹安全与发展的最大长期挑战之一。

（二）东道国国内经济状况不佳

作为一个海外贸易投资的后来者，中国企业面对的是一个被美西方跨国企业分割后的世界市场。其中，优质资源几乎全被发达国家企业所占据，由此中国被迫选择转向广大发展中国家。但是，多数新兴经济体和发展中国家都不同程度上存在经济发展水平较低、经济体制不够健全完备、基础设施匮乏、通胀水平及主权债务水平高、宏观经济政策缺乏必要连续性等问题。在当前全球经济发展态势不明朗、疫情影响尚未结束和俄乌冲突久拖不决的大背景下，东道国走出国内经济状况不佳境地将会更加困难，中国海外利益也由此面临更多的风险和挑战。例如，当前南亚地区经济复苏迟缓，地区国家国内经济困难重重。2022 年 10 月，世界银行将印度 2022—2023 年经济增速预期从 7. 5% 下调至 6% 。斯里兰卡因极为严重的债务困境而陷入有史以来最为严峻的经济危机。巴基斯坦、印度、斯里兰卡等国通胀水平居高不下且上涨幅度较快。上述问题不仅导致中国在当地的项目受阻，也对中方人员的安全造成威胁。为了确保不因乱局遭受严重损失，部分中资企业在科伦坡海岸填海造田、建设现代商业中心的项目被迫停滞。自 2022 年 4 月斯里兰卡动荡发生后，在斯中资企业就面临严重的生产和生活物资短缺。电力、柴油等能源供应极度困难，大米已经断供，中资企业只能想方设法从国内调运粮食。类似问题在非洲地区也明显存在。撒哈拉以南非洲地区经济复苏前景极不确定，政府债务水平高，能源和食品价格上涨导致民众生活成本飙升。在这种局面下，中国很可能面临东道国大面积债务违约，以及中资企业被当地政府国有化的巨大经济风险，而中资企业员工也需要高度警惕和防范因各类社会动荡骚乱引发的绑架、勒索和袭击事件。

（三）国际金融市场动荡

当前，国际金融市场日趋复杂多变，不确定性、不稳定性因素明显增加，全球金融“黑天鹅事件”正在逼近。[①] 一方面，美欧金融机构爆雷、美欧经济深度衰退、境外股票市场过热、日本货币政策转向以及大宗商品价格波动等都可能对我国经济基本面及海外金融安全形成冲击。美欧金融

---

① 《宏观经济专家警告：全球金融“黑天鹅事件”正在逼近》，新浪网，2023 年 9 月 4 日，http：//k. sina. com. cn/article_1663309857_63241821020015b5z. html。

机构爆雷可能引发我国海外资产价格下跌，并波及持有相关资产的国内金融机构与企业。美欧经济金融深度衰退，可能进一步削弱外需对我国经济和金融市场的支撑。2020—2022 年，净出口对我国经济增长的贡献率高达 17%—26%。2020 年第四季度以来，全球制造业景气度进入收缩区间，带动我国出口（美元计价）同比增速从 2022 年 7 月的 18.1% 较高水平一路下行至 2023 年 1 月的 -10.4%。截至 2023 年第一季度，净出口对我国 GDP 当季同比的拉动已连续两个季度转负。如果美欧需求出现更大幅度萎缩，势必对我国出口和经济形成更大拖累。[①] 另一方面，当前全球汇率波动频繁将加大我国海外经营风险指数。在海外工程承包、国际贸易业务当中，若合同中规定以所在国货币结算，则必须考察该国经济形势稳定与否，考虑汇率变化与预期的通胀率，立足以上考虑提出合理的报价。否则，一旦汇率有较大幅度的波动，或者发生严重的通胀，中方企业就可能遭受成本、销售、竞争力和资本流动等重大风险损失。如在 1997 年亚洲金融危机中，泰国政府放弃泰铢与美元的固定汇率制度，转为浮动汇率，导致泰铢大幅度贬值，许多以泰国本地货币结算的中方企业损失惨重。[②]

（四）能源安全困境

首先，能源价格上涨与供给不足使中国企业面临成本上涨与运营风险。对中国海外企业来讲，能源价格上涨不可避免地带来企业生产、照明、取暖、交通运输等日常性活动付出更多成本。对于从事化工、农业等能源密集型产业的海外企业而言，其生产成本将更具不确定性。与此同时，能源危机还会使中国海外企业面临更大运营风险。例如，大范围的电力中断将给企业正常运行带来巨大冲击，由能源价格上涨导致的示威和罢工将导致企业随时可能陷入停摆状态。其次，能源安全困境导致“一带一路”建设面临更多隐患。能源和交通是“一带一路”建设和投资的重点领域。涉及能源领域的投资和建设占“一带一路”建设投资总量的 42.66%，涉及交通的投资和建设占到“一带一路”投资和建设总量的 30.77%。沙特、伊拉克、乌干达、阿尔及利亚与泰国是中国“一带一路”能源投资与

① 《国际金融市场输入性风险研判与防范》，澎湃网，2023 年 7 月 19 日，https://m.thepaper.cn/baijiahao_23907488。

② 陶满成：《聚焦：中国海外利益面临的主要风险》，“走出去”导航网，2020 年 3 月 16 日，https://en.investgo.cn/article/yw/tzyj/202003/480361.html。

建设中最重要的5个伙伴国家，而中国与这些国家进行能源合作的主要领域均为天然气或石油。尽管短时期内部分能源企业可能利用能源价格上涨的机会获得更多收益，但地缘政治与经济的高度不确定性将长期威胁这些企业。考虑到交通部门高耗能特点，高涨的能源价格与经济衰退可能会影响一些国家参与共建“一带一路”相关项目的经济能力和政治意愿，使部分投资项目面临拖延以致搁浅的风险。最后，能源安全问题引发的社会动荡或将威胁中国在部分地区的海外利益和人员财产安全。能源危机及其带来的食品价格上涨已经导致许多发展中国家爆发罢工与抗议游行，而中国在其中部分国家存在广泛的海外利益。伴随着能源安全困境的迁延和恶化，我国在这些地区的人员与资产将面临较以往更加频繁的安全威胁。①

第三节　社会因素

一、社会因素的主要内容与影响

概括而言，影响一国海外利益安全的社会因素主要包括文化、宗教和社会治安三大方面。

（一）文化因素

文化是指人类在社会历史发展过程中所创造的物质财富和精神财富的总和，特指精神财富，如文学、艺术、教育、科学等。国家融入国际体系和拓展海外利益的过程也是世界不同文化之间交流互动的过程。同质或同源文化的文化认同更强，更容易促进国际合作达成，因而也就更有利于国家海外利益的实现和维护。反之，异质文化在很大程度上对国家对外政策及国际合作构成了阻碍、抑制作用，甚至会导致冲突产生，也就不利于国家海外利益的顺利实现。世界上多种多样的文化形态之间的差异性是普遍存在的，因此不同文化特性及其给他国国际合作决策、行为和模式带来的多样性及差异性就成为深刻影响一国在开展对外合作和拓展海外利益的重要因素。

---

① 《中国海外安全风险蓝皮书（2023）》，中国人民大学国家安全研究院、中海安集团，2023年1月，第239—240页。

（二）宗教因素

宗教信仰是指信奉某种特定宗教的人群对其所信仰的神圣对象（包括特定的教理教义等）由崇拜认同而产生的坚定不移的信念与全身心的依归，是宗教信徒在世俗社会中的价值取向和行为规范。基督教、伊斯兰教、佛教、印度教、犹太教、道教、儒教是当前世界主要宗教。宗教对社会和国家的作用是正反双向的：正向作用主要包括社会整合、族群认同、行为规范、心理消解和社会交往；反向作用则包括社会裂变、族际相斥、传统固化和跨国扩张。① 据此分析，宗教也是一种软实力，在发展对外关系和开展国际合作时，拥有相同、相近宗教信仰的国家及个人之间彼此认同、亲切交往，具有较高的凝聚力，因此相关各方在国际合作中的利益更容易得到实现和增进。反之，不同宗教或者同一宗教不同派系之间则排他性高，这种宗教因素会成为很多矛盾乃至冲突战争的诱发因素，相关国家境内外安全和发展利益会受到严重的冲击和影响。中东问题、克什米尔问题、波黑战争、科索沃战争、车臣战争等背后都有着深刻的宗教矛盾因素。当这种宗教矛盾与民族矛盾、领土纠纷和历史问题交织在一起，或者受到第三方势力的干涉和利用，则极易异化为宗教政治问题或宗教极端主义，导致冲突不断扩大化、尖锐化，从而成为严重损害相关国家海外利益安全的负面因素。

（三）社会治安

社会治安是指一国的社会公共安全治理水平与秩序，主要包括公共安全秩序、国家机关办公秩序、公民生活秩序、公民人身和财产权利不受侵犯等。社会治安是影响驻外机构和人员安全最为直接和重要的因素。良好的社会安全治理和秩序能确保海外企业和人员顺利开展生产经营及留学活动。而混乱、失序的社会治安状况，如抗议游行、谋杀、绑架、抢劫、暴力袭击等，则是威胁海外机构正常运营和人员安全的重要威胁因素。

二、中国海外利益安全面临的主要社会风险因素

近年来，中国驻外机构、企业和海外公民在境外开展政治经济交往合作过程中面临日益明显的社会风险。文化差异与冲突、宗教极端主义返潮

---

① 刘跃进：《国家安全学》，中国政法大学出版社 2005 年版，第 237—251 页。

和社会治安形势恶化成为其中主要的风险因素。

（一）文化差异与冲突

文化差异性和冲突所导致的水土不服越来越成为制约中国企业“走出去”并成功开展国际合作的主要障碍之一。以中资企业赴美欧等西方国家开展跨国并购为例，其面临的最棘手的问题之一就是如何在充分认识文化差异性的基础上构建更具包容性的新型企业文化，以确保合作目标的顺利实现。中国的文化和西方国家的文化从思维方式、价值观、生活方式到工作方式都有着巨大的差异。具体而言：中国注重整体，西方注重个体；中国注重精神感受，西方注重实用感受；中国注重层级和长幼，西方注重平等；中国倾向长远规划和稳定性，而西方充满冒险精神，接受不确定性。在这样巨大差异的现实情况下，如果中国企业的文化强势进入，容易引发西方企业抵触情绪，增加整合难度。抖音国际版 TikTok 的中国管理团队与英国员工之间的文化冲突在短期内就引发了离职潮，员工抱怨这家公司的企业文化与英国文化背道而驰。这种文化冲突并非偶遇，TCL、联想、福耀玻璃在出海时都遇到过类似的问题，可见这已经成为中国企业出海面临的必然困境。另外，因为风俗习惯和宗教信仰的不同而导致的冲突也引起中资企业的高度重视。例如，非洲工会发达，保护劳工的法案完善且复杂，而许多中资企业，尤其一些民营企业管理方法不当，加上非洲当地员工不习惯物质刺激、加班和封闭式管理，造成了冲突、摩擦，从而影响到中资企业正常经营活动。

（二）宗教极端主义返潮

宗教本身并不是风险，但是当宗教与政治、经济、社会与民族分离主义、恐怖主义等因素交织在一起时就会成为冲突的爆发点。20 世纪 90 年代以来，为实现某种世俗的政治经济野心而假宗教之名进行犯罪行为和破坏性活动的宗教极端主义进入历史活跃期，它与恐怖主义、民族分离主义杂合一起并不断猖獗蔓延，逐渐成为中国践行共建“一带一路”倡议过程中必须高度关注的重大风险之一。[①]

东南亚地区宗教极端主义、分离主义风险指数居高不下。活跃在马来西亚、印尼等国的“伊斯兰祈祷团”，多次发动恐怖袭击，造成包括中国

---

① 于晓冬、李云鹏：《重塑人类文明的秩序正义——“一带一路”沿线宗教极端主义情势及治理研究》，《世界宗教文化》2018 年第 2 期，第 48—49 页。

公民在内的许多无辜平民伤亡。宣布效忠“伊斯兰国”的“阿布扎耶夫”是以菲律宾为主要活动区域的恐怖组织，依靠绑架外国人质索取赎金维持生活及组织运转。2012 年以来曾多次绑架中国游客及商人，给海外华人人身和财产安全带来巨大威胁。在南亚地区，巴基斯坦瓜达尔港所在的俾路支省，宗教激进主义盛行，该地区频繁发生恐怖袭击。宗教极端分子和阿富汗乃至中亚等国的极端势力相互连通，对当地的投资环境造成了极大的冲击。这种宗教风险不仅影响了巴基斯坦国内的安全与稳定，更直接影响了中巴经济走廊的建设。瓜达尔港项目的建设极容易被当地保守宗教势力解读为“破坏伊斯兰教义的纯正性、损害巴基斯坦国家安全和企图掠夺当地资源的表现”。宗教因素异化为宗教极端主义，直接作用于国家安全，增加了中资企业在巴基斯坦投资的安全成本，大幅提高了投资风险。① 目前，中亚最为突出的极端宗教势力组织有“乌兹别克斯坦伊斯兰运动”“东突厥斯坦伊斯兰运动”“伊扎布特”“伊斯兰圣战联盟”，以及“宣教组织”“圣战萨拉菲”“伊斯兰国”等。中亚宗教极端势力具有浓重的政治色彩，惯用制造恐怖活动的手段达到政治目的，其恐怖手段主要有爆炸、暗杀、绑架，甚至是武装袭击。一方面，宗教极端主义制造恐怖袭击，破坏所在国国内的政治稳定和地区和平，不利于中国的海外投资、地区经济合作和能源需求安全；另一方面，在跨国渗透方面，激进的伊斯兰主义意识形态必将激化“疆独”势力的分裂情绪，不利于中国西部边疆的稳定。②

（三）社会治安形势恶化

当前，全球社会治安形势不容乐观。究其原因，除了上述宗教极端主义制造的恐怖袭击事件带来的严重威胁以外，很多国家国内不稳定因素激增与社会安全事件频发也给海外中资机构和人员安全利益造成损失。欧洲地区，由于经济衰退及种族歧视，针对华人华侨的犯罪事件频发。2023 年 6 月 28 日至 7 月 5 日，法国巴黎暴乱分子洗劫当地华人商铺。类似事情也于 2022 年发生在西班牙马德里及其他很多省市的华人聚集区，当地不法分

---

① 詹舒才：《“一带一路”背景下中国海外投资中宗教因素影响案例研究》，《世界宗教文化》2018 年第 5 期，第 36—37 页。

② 史谢虹：《中亚宗教极端势力对“一带一路”建设的影响及我国的应对》，《世界宗教文化》2016 年第 2 期，第 17 页。

子对华人及店铺进行了抢劫等犯罪行为。美国国内党派斗争、社会撕裂、贫富差距、族裔冲突激化，从而导致枪支犯罪、抗议示威等暴力事件此起彼伏。华裔的安全环境面临重大隐患，华人餐馆和超市遭到持枪抢劫的事件屡见报端，而且多次造成人身伤亡，美国华人遇袭案件数据常年居高不下。拉美及加勒比地区的中资企业、商铺多数遭受到勒索和抢劫，中国公民及中资机构人员的人身安全也屡次因为抢劫、偷盗甚至枪杀事件而受到严重威胁。

第四节 非传统安全因素

一、非传统安全因素的主要内容及影响

非传统安全，指的是由非军事因素引发，直接影响甚至威胁本国发展、稳定与安全的重大因素的总和。在全球化和信息化时代，伴随着国家安全从传统安全向非传统安全领域的不断拓展，影响国家安全的非传统安全因素作用日益凸显。非传统安全因素不仅来自经济金融安全、生态环境安全、信息网络安全、资源能源安全等方面，还涵盖恐怖主义蔓延、跨国犯罪、食物短缺与危机、非法移民、疾病蔓延、气候变化与自然灾害等诸多要素。

当前，非传统安全风险的对抗性加剧，冲突性上升，显性威胁及多样化特征更为突出，联动性、传导性和突发性不断上升。① 在非传统安全因素日益对国家及人类生存和发展构成严峻挑战的大背景下，作为国家安全重要组成部分的海外利益安全也越来越受到复杂多变的非传统安全因素的威胁。正如本书在经济因素部分所论述的，经济衰退、金融市场动荡与危机、能源短缺及价格上涨等都会严重破坏国内与国际经济环境，从而对一国的外贸出口、海外投融资、主权债务水平及海外资产价值等带来巨大冲击。恐怖主义的滋生蔓延已经对各国驻外机构和人员生命财产安全与国际合作项目的推进构成了重大威胁。俄乌冲突加剧了原有的全球粮食不安全状况，在严重威胁进口国的海外供应链安全的同时，也推高了海外企业的

① 傅小强：《非传统安全对国家安全的影响趋势研究》，《国际安全研究》2022年第2期，第89—93页。

运营成本。过去的三年里，新冠疫情的暴发和全球传播更是导致世界贸易和投资严重萎缩，诸多跨国企业濒临倒闭。马六甲海峡、索马里等海域海盗及海上频发活动使得相关各国的海上战略通道安全面临现实威胁。全球气候变化与极端天气导致的自然灾害频发对各国海外留学、劳务与驻外人员造成了严重的人身伤亡和财产损失，这还不包括海啸、地震、火山喷发、森林火灾等自然和地质灾害所导致的严重后果。此外，信息通信技术突飞猛进。一方面，导致黑客入侵、重要信息泄密、“勒索”病毒爆发等问题高发；另一方面，数字和信息技术被美西方等国家当作武器从而演变为对华制裁打压的工具手段，给我国驻外机构和企业造成了巨大经济与安全损失。

二、中国海外利益安全面临的主要非传统安全风险因素

（一）恐怖主义袭击尤为严重

恐怖主义风险是中国企业和人员“走出去”所面临的主要不可抗力因素。近年来，国际恐怖主义愈加猖獗，并呈现出全球化、独狼化、社会化及网络化新趋势，成为国际安全领域重大问题。[①] 中国周边地区的恐怖主义活动非常频繁，东南亚、南亚、中亚、中东等地区的恐怖主义活动从未停息，对中国的海外利益造成巨大威胁。东南亚地区“伊斯兰国”影响力依然较强，“伊斯兰祈祷团”等也在复苏中，它们更多以网络激进化为渠道，展开对政府合法性的责难，以实现恐怖组织的“下沉式”复苏，以及与地区冲突的加速融合。[②] 南亚地区恐怖主义根源主要来自宗教冲突和民族问题，包括所谓的“俾路支解放军”在内的恐怖主义、分离主义势力制造了一系列血腥暴力活动，其危险指数全球第一。中亚地区的伊斯兰势力不断抬头，其中极端主义势力同多个恐怖主义组织联合开展恐怖主义活动。同时，“三股势力”不断向中亚地区渗透，极端事件时有发生。中东地区不仅地处交通要道，也是中国原油进口的主要来源地和中国能源企业的重要投资地，在共建“一带一路”倡议中更是具有不可或缺的地位。

---

① 唐志超：《当前国际恐怖主义演变趋势及中国应对策略》，《中国人民公安大学学报（社会科学版）》2018 年第 1 期，第 1 页。

② 靳晓哲：《新冠疫情下东南亚恐怖主义的演变》，《东南亚研究》2022 年第 1 期，第 21 页。

“基地”组织、“伊斯兰国”等恐怖组织长期活跃于此，活动极度猖獗，恐怖威胁持续恶化。

上述恐怖主义至少给中国海外利益造成四种类型的重大威胁。首先是直接性恐怖威胁，即专门针对我国海外机构、人员开展的恐怖袭击活动，实施者主要是与新疆分裂势力内外勾连的“东伊运”等恐怖组织。如2016年8月30日，“东伊运”发起针对中国驻吉尔吉斯斯坦使馆的恐怖袭击。其次是附带性恐怖威胁，主要是指一些宗教极端恐怖主义势力虽不直接针对我国进行恐怖袭击，但其开展的无差别恐怖袭击往往会波及我国海外利益。例如，2015年11月21日，赴马里交通部洽谈合作项目的中国铁建国际集团3名人员，在马里首都巴马科丽笙酒店遭遇非洲“圣战”组织“穆拉比通组织”（其隶属“基地”组织）的恐怖袭击，不幸遇难。再次是话语性恐怖威胁，主要是指类国家行为体恐怖主义集团对我国开展舆论威胁，以期制造存在感和影响力。例如，2017年3月1日，“伊斯兰国”发布针对中国的视频，威胁要使中国“血流成河”。最后是间接性恐怖威胁，主要是指我驻在国极端分裂势力通过攻击我海外利益，胁迫驻在国政府做出政治让步，如2018年11月23日中国驻卡拉奇总领馆袭击事件。

（二）跨国犯罪危害不容小视

跨国犯罪是当今世界一大公害，严重威胁国家海外利益安全。跨国犯罪主要包括贩卖毒品、洗钱、海盗行为、贩卖人口、商务诈骗、劫机、黑社会暴力犯罪等。其中，海盗行为和贩卖毒品是目前对中国海外利益安全构成较为严重威胁的跨国犯罪。目前，海盗主要集中在西非海岸、索马里半岛附近海域、红海和亚丁湾、孟加拉湾和整个东南亚海域5个地区，而这些地区都是中国海上交通运输的重要海域，海盗的暴力袭击活动对中国海上通道安全威胁日益增大。纵观2022年度，全球发生海盗袭击船舶事故最多的区域是在东南亚地区，主要集中在新加坡海峡、印尼水域、马来西亚水域和菲律宾水域。这其中尤以新加坡海峡为甚，共发生38起针对在航船舶的袭击事件，① 该海域武装劫船事件的持续上升趋势不容乐观。贩卖毒品是严重威胁我国海外利益安全又一重要因素。一直以来，澜沧江—湄公河流域的治安形势十分复杂，该流域的贩毒组织猖獗，毒品贩运违法犯

---

① 《近期多起海盗事件》，搜狐网，2023年4月3日，https：//www. sohu. com/a/662305668_1205970。

罪活动频发，给当地治安造成极大压力的同时，也成为该地区中国公民和企业安全的巨大威胁。现阶段，澜沧江—湄公河流域的毒品问题及其对中国的渗透使得这个“黄金水道”并不能完全发挥其在区域经济发展中的重大作用，而发生在湄公河上围绕着毒品及其利益而产生的走私、绑架、敲诈勒索和凶杀等极度恶劣的犯罪活动使得中国在澜沧江—湄公河流域境外诸国和国际公河上的海外利益安全受到严重破坏，其对海外能源资源、海外战略通道、海外公民、法人的安全产生威胁，以致严重损害了中国的海外利益安全。①

（三）西方国家对华数字打压不断加剧

后疫情时代，全球数字经济迅猛发展，数字经济已经成为当今世界大国竞争的主要阵地。为了维持自身在数字技术与市场上的绝对优势，近年来美国等西方国家对华数字打压逐渐升级，对中国海外利益构成严峻威胁。首先，西方世界的对华数字打压造成中资企业面临巨大经济损失风险。由于美西方国家对华海外投资审查的愈加苛刻，中资科技、媒体、电信企业海外并购额呈逐年下降趋势。西方世界的制裁和审查限制了中企海外业务拓展空间和市场，致使中资企业丧失了众多发展机会，迟滞了中资企业在该产业领域的发展步伐。不仅如此，西方对华数字打压也将给中资企业和人员带来安全风险。在大国竞争加剧背景下，加之部分国家民间存在较强的民粹主义和排外情绪，这一类风险或将对中资数字企业所在地的设备、员工人身安全和财产安全带来直接的恶性威胁。此时中国的数字产品往往成为被攻击、被抵制的对象。这给中资企业海外形象造成负面冲击，久之将削弱当地老百姓及社群对中国企业的信任与好感，破坏企业海外发展的社会环境和舆情氛围。②

（四）自然灾害

自然灾害一直以来都是最为严重的安全风险之一。当前，随着全球气候变暖趋势加剧和人类活动影响，全球自然灾害频发，给人类生命财产安全带来的巨大损失连年攀升。据全球最大保险集团之一怡安于 2023 年 7 月

---

① 李佳薇、莫关耀：《澜沧江—湄公河流域毒品渗透对中国国家安全的影响》，《东南亚纵横》2019 年第 3 期，第 8 页。

② 《中国海外安全风险蓝皮书（2023）》，中国人民大学国家安全研究院、中海安集团，2023 年 1 月，第 256—257 页。

21 日发布的报告，2023 年上半年，包括地震、干旱、风暴、洪水、热带气旋、野火在内的自然灾害给全球造成的经济损失初步估计为 1940 亿美元（约合 1.4 万亿元人民币），远高于 21 世纪以来的平均水平 1280 亿美元，为有记录以来的第五高，也创下 2011 年以来的最高纪录。不同地域的自然灾害突发性强、影响范围广，极大地考验我国海外企业和人员的应急管理能力。“一带一路”沿线的东南亚地区属于热带季风气候，是重大自然灾害高发频发地区之一，由此成为中资企业在当地重大投资项目安全运营必须长期面对的巨大风险因素。南亚地区的旱涝灾害及次生灾害威胁也不容忽视。南太平洋地区受到气候变化影响剧烈，由此导致的自然灾害或将影响中资企业的海外投资活动，同时也危及相关人员的人身安全。横跨亚欧大陆的土耳其于 2023 年 2 月 6 日两度发生 7.8 级强震，中国企业在当地的一些承包工程受到较大影响，面临灾后重建考验。可见，当下极端天气和自然灾害所致的人员伤亡、财产损失、生产中断和环境破坏越来越成为中国公民和企业“走出去”所必须应对的重要风险因素。

思考题

1. 试析影响一国海外利益安全的因素。
2. 试析影响中国海外利益安全的政治因素。
3. 试析影响中国海外利益安全的经济因素。
4. 试析影响中国海外利益安全的社会因素。
5. 试析影响中国海外利益安全的非传统安全因素。

参考文献：

[1] 范娟荣、李伟：《“一带一路”建设面临的恐怖威胁分析》，《中国人民公安大学学报（社会科学版）》2018 年第 1 期。

[2] 傅小强：《非传统安全对国家安全的影响趋势研究》，《国际安全研究》2022 年第 2 期。

[3]《国际金融市场输入性风险研判与防范》，澎湃网，2023 年 7 月 19 日，https：//m. thepaper. cn/baijiahao_23907488。

[4]《国家海外利益安全知识百问》编写组：《国家海外利益安全知识百问》，人民出版社 2023 年版。

[5]《宏观经济专家警告：全球金融“黑天鹅事件”正在逼近》，新浪网，2023 年 9 月 4 日，http：//k. sina. com. cn/article_1663309857_63241821020015b5z. html。

[6] 胡芳、李誉博：《“一带一路”沿线国家地缘政治风险评估及影响因素》，《热带地理》2023 年第 6 期。

[7] 黄河、刘彦彤：《地缘政治风险及其对中国企业海外利益的影响》，《太平洋学报》2023 年第 7 期。

[8] 金鑫、张秋生：《“一带一路”跨境通道建设研究报告（2017—2018）》，社会科学文献出版社 2018 年版。

[9] 靳晓哲：《新冠疫情下东南亚恐怖主义的演变》，《东南亚研究》2022 年第 1 期。

[10] 李佳薇、莫关耀：《澜沧江—湄公河流域毒品渗透对中国国家安全的影响》，《东南亚纵横》2019 年第 3 期。

[11] 李涛：《中国海外利益》，国际文化出版公司 2013 年版。

[12] 李云龙、王千、金如和：《中国海外利益当前面临的安全风险与对策》，《中国经贸导刊》2020 年第 3 期。

[13] 廖春勇、高文胜：《当前我国海外利益面临的主要风险及对策研究》，《广西社会科学》2018 年第 6 期。

[14] 凌胜利：《中国周边地区海外利益维护探讨》，《国际展望》2018 年第 1 期。

[15] 刘静：《中国海外利益保护：海外风险类别与保护手段》，中国社会科学出版社 2016 年版。

[16] 刘艳峰：《国家海外安全治理论析：基于总体国家安全观视角》，

《太平洋学报》2023 年第 5 期。

[17] 刘跃进：《国家安全学》，中国政法大学出版社 2004 年版。

[18]《全球需求萎缩 政治局会议强调稳住外资外贸基本盘》，《第一财经》，2023 年 7 月 24 日，https://baijiahao.baidu.com/s?id=1772304876265988549&wfr=spider&for=pc。

[19]《三重因素叠加 全球贸易萎缩正冲击多国》，网易网，2023 年 8 月 8 日，https://www.163.com/dy/article/IBJOF0RJ0514R9OJ.html。

[20] 史谢虹：《中亚宗教极端势力对"一带一路"建设的影响及我国的应对》，《世界宗教文化》2016 年第 2 期。

[21] 唐志超：《当前国际恐怖主义演变趋势及中国应对策略》，《中国人民公安大学学报（社会科学版）》2018 年第 1 期。

[22] 陶满成：《聚焦：中国海外利益面临的主要风险》，"走出去"导航网，2020 年 3 月 16 日，https://en.investgo.cn/article/yw/tzyj/202003/480361.html。

[23] 王桂芳主编、陈广灿副主编：《国家安全战略学》，军事科学出版社 2018 年版。

[24] 吴志成、董柞壮：《"一带一路"战略实施中的中国海外利益保护》，《天津社会科学》2015 年第 6 期。

[25] 谢韬：《中国海外利益保护：分类、风险与措施》，《网络空间战略论坛》2022 年第 7 期。

[26]《英媒：欧洲企业已因俄乌冲突损失超千亿欧元》，京报网，2023 年 8 月 10 日，https://news.bjd.com.cn/2023/08/10/10525758.shtml。

[27] 于军、程春华：《中国的海外利益》，人民出版社 2015 年版。

[28] 于军主编：《中国海外利益蓝皮书（2018—2019）》，国家行政管理出版社 2020 年版。

[29] 于晓冬、李云鹏：《重塑人类文明的秩序正义——"一带一路"沿线宗教极端主义情势及治理研究》，《世界宗教文化》2018 年第 2 期。

[30] 詹舒才：《"一带一路"背景下中国海外投资中宗教因素影响案例研究》，《世界宗教文化》2018 年第 5 期。

[31] 张鸿韬：《美国贸易保护主义政策对全球价值链的挑战与中国应对》，《现代经济探讨》2019 年第 9 期。

[32] 张小明：《地缘政治、历史记忆与有关朝鲜半岛的想象》，《世界

经济与政治》2019 年第 12 期。

[33] 张晓通、徐子豪:《“一带一路”海外重大项目的地缘政治风险与应对——概念与理论构建》,《国际展望》2020 年第 3 期。

[34] 张新民、王分棉、杨道广:《中国企业海外发展报告(2022)》,社会科学文献出版社 2022 年版。

[35] 中共中央宣传部、中央国家安全委员会办公室:《总体国家安全观学习纲要》,学习出版社、人民出版社 2022 年版。

[36] 中国现代国际关系研究院:《文化与国家安全》,时事出版社 2021 年版。

[37] 竺彩华:《美国贸易政策安全化及其对世界贸易体系的影响》,《外交评论》2022 年第 6 期。

[38] The World Bank, “The Worldwide Governance Indicators”, http: //info. worldbank. org/governance/wgi/.

第三章　海外机构、人员与项目安全

党的十八大以来，中国对外开放进入新时代，海外利益保护的重要性凸显。中国在海外的机构、人员与项目是中国海外利益的载体，其安全受到党和国家领导人的高度重视。2019 年 1 月 21 日，习近平总书记在省部级主要领导干部坚持底线思维着力防范化解重大风险专题研讨班开班式上发表重要讲话，强调“世界大变局加速深刻演变，全球动荡源和风险点增多，我国外部环境复杂严峻。我们要统筹国内国际两个大局、发展安全两件大事，既聚焦重点、又统揽全局，有效防范各类风险连锁联动。要加强海外利益保护，确保海外重大项目和人员机构安全”①。党的二十大报告也强调，要“加强海外安全保障能力建设，维护我国公民、法人在海外合法权益”②。

第一节　海外机构、人员与项目安全风险的主要类别

中国人口众多，经济蓬勃发展，与外部世界的联系密切。随着“一带一路”建设的推进，走出国门的机构、人员及海外项目的数量逐渐增加，一个规模庞大的“海外中国”正在加速形成。在世界安全形势错综复杂的

---

① 《提高防控能力着力防范化解重大风险　保持经济持续健康发展社会大局稳定》，《人民日报》2019 年 1 月 22 日第 1 版。

② 习近平：《高举中国特色社会主义伟大旗帜　为全面建设社会主义现代化国家而团结奋斗——在中国共产党第二十次全国代表大会上的报告》，《人民日报》2022 年 10 月 26 日。

大背景下，海外中国机构、人员与项目面临着各类安全风险。

一、政治风险

关于政治风险的定义，众说纷纭。[①] 20世纪六七十年代，学者们将在国内外发生的战争、政变、没收资产、征税、贸易限制等引起商业利润下降或资产损失的事件列为政治风险。[②] 20世纪80年代，政治风险的范围被扩大，不仅包括政府的直接行为和极端行为所带来的风险，更加多样和更为隐蔽的限制性措施及政府以外力量所引发的风险都被视为政治风险。[③] 随着全球化的发展，政治风险的外延进一步扩大，资源保护、经济和政治报复、文化差异、域外国干预、民族主义和宗教矛盾、各国国内的社会联盟和非政府组织的政治参与等因素均被纳入政治风险的范畴。[④]

当前海外中国机构、人员与项目所面临的政治风险主要包括以下几种情况。一是政权更迭后，政策延续性得不到保障。例如，有的国家的选举政治非常复杂，执政党频繁更迭，权力中心易反复转移，政策欠缺连续性，新政府不承认上一届政府的既定政策。二是中央政府的治理能力弱。中央政府对地方政府的控制力偏弱，中央政策在地方上得不到有效执行。与中央政府达成的协议，地方政府执行不力。三是武装力量情况复杂。有的国家政府与军队关系紧张，或存在地方武装力量，民族矛盾尖锐，中央政府与地方政府之间常常爆发武装冲突；有的国家存在强大的反政府武装力量，极易引发局势动荡。四是政府腐败，行政效率低下。不少发展中国家都存在此种现象，在全球清廉指数方面的排名都比较靠后。外国人办事成本高昂。五是法律体系不完善，执法过程中人为因素影响大。有的国家法律、政府条例缺乏连续性，法律法规体系建设不完善，缺乏操作细则，执法人员主观随意性较为明显，尤其是外国人更易遇到随意执法甚至恶意

---

① 陈定定、张子轩、金子真：《中国企业海外经营的政治风险——以缅甸与巴布亚新几内亚为例》，《国际经济评论》2020年第5期，第161—162页。

② Robock, S. H.,“Political Risk: Identification and Assessment”, Columbia Journal of World Business, Vol. 6, No. 4, 1971, pp. 6 – 20.

③ 黄河：《中国企业跨国经营的政治风险：基于案例与对策的分析》，《国际展望》2014年第3期，第68—87页。

④ 钞鹏：《对外投资的政治风险研究综述》，《经济问题探索》2012年第11期，第167页。

执法。六是游行示威和罢工较为频繁。频发的游行示威和罢工扰乱正常的工作和生活秩序，增加了局势的不确定性。有的国家的工会比较强势，排斥外国人就业，有时会针对外国人就业比较集中的项目或企业发起抗议和袭扰活动。这不仅增加了企业运营成本，甚至常常因此引起局势骚乱和当地民众对外资企业的不满。七是因地缘政治因素引发局势不稳。例如，有的国家与中国存在领土争端，曾由此引发对海外中国公民和企业的不利局面；有的国家地理位置重要，历来都是域外势力角逐之地，该地区的国家关系分化重组，热点众多，极易引发地缘政治冲突。八是对中国企业和机构等在当地的发展心存芥蒂。有的国家担心中国高速发展会对其利益带来威胁，对中国企业，尤其是高新技术企业在其境内发展持保留态度；有的国家担心中国企业会进行“文化输出”，对中国文化机构在当地的运营疑心甚大、忧心忡忡，由此展开无端滋扰。九是政府决策受公众舆论左右，政策延续性受影响。有的国家社会各界环保意识强，民众关于环境保护的呼吁影响政府决策，导致政府不断调整对外国企业的环保标准；有的国家尽管总体对华友好，但由于中央政府治理能力偏弱和舆论环境多元化，各类来自不同利益集团的抗议和示威易使政府改变已确定的政策方向。

二、恐怖袭击风险

恐怖袭击是指恐怖分子制造的危害社会稳定、危及平民的生命与财产安全的一切形式的活动，通常表现为针对平民的大规模伤害、袭击公共交通工具和绑架等形式。恐怖活动是指以制造社会恐慌、危害公共安全或者胁迫国家机关、国际组织为目的，采取暴力、破坏、恐吓等手段，造成或者意图造成人员伤亡、重大财产损失、公共设施损坏、社会秩序混乱等严重社会危害的行为，以及煽动、资助或者以其他方式协助实施上述活动的行为。近年来，恐怖袭击风险已不限于经济发展水平有限的发展中国家，发达国家也很难幸免；恐怖袭击方式日趋多样化，既有有组织的进攻，也有“独狼式”的袭击。

海外中国机构、人员与项目面临着恐怖袭击的风险。仅在巴基斯坦就发生了数起针对中国项目施工人员和文化交流人员的恐怖袭击。2018 年 11 月，还发生了恐怖分子袭击中国驻卡拉奇总领事馆的恶性事件。2021 年 7 月 14 日，中方企业承建的开伯尔 – 普什图省达苏水电站项目出勤班车当天在赴施工现场途中遭遇爆炸，造成 9 名中方人员、3 名巴方人员遇难。一个多月后，2021 年 8 月 20 日，位于巴基斯坦俾路支省的瓜达尔东湾快速路项目，载有中国项目人员的通勤车队遭遇自杀式炸弹袭击，造成 2 名当地儿童死亡，2 人重伤，4 人轻伤，1 名中方人员左手骨裂。2022 年 4 月 26 日，卡拉奇大学孔子学院一辆运送教职员工的班车在孔子学院门口遭遇自杀式袭击，造成包括孔子学院中方院长黄桂平在内的 3 名中方教师和 1 名巴方司机遇难。2023 年 8 月 13 日，瓜达尔港中方项目车队从瓜达尔机场返回港区途中遭遇路边炸弹袭击和枪击，所幸没有造成人员伤亡。

三、法律风险

海外中国机构、人员与项目面临的法律风险大致包括以下几种情况。一是按照属地管辖优于属人管辖的国际法原则，东道国的法律环境决定了中国公民和机构在当地是否能够得到公平公正的待遇。以企业运行为例，中国企业在相关领域中应当如何投资、如何建设、如何运营，以及如何退出都取决于东道国当地的法律。与此同时，中国企业的海外投资项目中大多涉及基础设施和能源领域，而这类业务往往要求与东道国政府或者政府代表谈判并签署长期合同。其中东道国政府既是交易的参与者，又是交易的规则制定者，作为市场一方的企业明显处于不利的地位。[①] 二是当海外中国公民、机构或项目面临法律纠纷时，该采用何种法律体系来解决纠纷。世界各国分属大陆法系、英美法系和伊斯兰法系等。即便属于同一法系的国家之间的法律制度也不尽相同，更何况分属不同法系的国家。法律体系的不同增加了纠纷解决的难度。例如，当海外中国公民或企业面临有关投资的法律纠纷时，纠纷的一方可能来自东道国，此时若适用东道国国内法律来解决争端，难免会出现不公正的结果，因此需要引进一种国际通行规则解决纠纷。但现状是，并没有任何一个多投资争端解决机制能够涵盖该区域的所有国家。尽管一些国家之间签订了双边协定，但是内容并不统一。因此，在面临投资争议时，无法形成一个统一的争端解决方式，进而无法寻求目前的国际争端机制的权利救济。三是海外中国公民或机构面临东道国法律和中国法律关于同一事项的重复管辖。以国际重复征税为例，由于各个国家对于税收征收标准和原则的差异性，两个或者两个以上

---

① 敬云川、解辰阳：《“一带一路”案例实践与风险防范研究：法律篇》，海洋出版社 2017 年版，第 2—3 页。

国家对同一跨国纳税人或者不同跨国纳税人的同一跨国征税对象或税源征收相同或类似的税收。海外中国机构、人员与项目在海外投资过程中，会因为这种差异性而面临重复征税的风险。①

四、社会治安风险

社会治安风险比较普遍，给海外中国机构、人员与项目所造成的安全问题的严重程度差别较大。有的国家频发针对中国公民和中国项目营地的持枪抢劫，不仅造成财产损失，更危及中国公民生命安全；有的国家针对外国人的盗窃时有发生，虽然偷盗的金额并不大，但小偷行窃十分猖狂；甚至有些犯罪活动专门针对海外中国人，如在菲律宾、缅甸等国，屡屡发生中国公民被诱骗参与违法活动而后被扣押、遭毒打的事件；中国公民在很多国家有遭遇电信诈骗犯罪的风险，电信诈骗犯罪案件的涉案金额从几万元到几十万元、几百万元甚至几千万元不等，给受害人带来经济损失和心理创伤。

五、出入境受阻风险

出入境受阻是海外中国公民和机构所遭遇的主要安全风险之一。此类安全风险主要有三种情况：一是由于签证或出入境文件方面的问题而导致的出入境受阻，二是由于违规携带现金或物品而导致的出入境受阻（如表 3 - 1 所示），三是由于美西方国家的入境管理部门对入境中国公民的无故盘查和无端滋扰而造成其出入境受阻。2022 年 3 月，接连发生数起中国留学生入境澳大利亚无故遭盘查并被遣返的事情。中国赴澳留学生在悉尼国际机场从自助通道入境，提取行李后，被澳大利亚边境执法人员拦截盘问并检查行李和电子设备。澳方人员在手机或其他电子设备中发现该留学生在中国国内就读大学期间部分军训照片，将中国高校组织军训认定为所谓“军事训练”，并以学生隐瞒所谓“军事训练”经历为由拒绝入境，当场通知其签证被取消并原路遣返。

---

① 王永沁：《“一带一路”背景下的海外投资法律风险及防范措施》，《法制博览》2020 年第 1 期，第 210 页。

表3-1 部分国家的中国公民所遭遇的出入境风险情况

国家	签证和居留证件问题	违规携带	其他问题
巴基斯坦	通过中介办理签证，涉嫌提供虚假签证资料；从事与签证目的不相符的活动	携带超额现金	
哈萨克斯坦	签证中介机构办理的居留注册地与实际居留地不符；遗失入境卡，未及时向移民局履行补办手续而无法出境		被索要小费
菲律宾	因“另纸签证”易丢失引发出入境问题		
俄罗斯	违反中俄关于团体旅游免签的相关规定；违反俄罗斯方面关于电子签的相关规定；签证信息填写有误	违规携带超额现金或物品	
克罗地亚	持单次申根签证来克罗地亚，导致在边境口岸入境受阻或入境后无法再次返回申根国家		
埃塞俄比亚	签证或居留证件过期；持假签证	携带超额现金；携带象牙制品；携带专业相机	航空公司超售机票
南非	持假签证或假居留证；未备妥相关入境文件；无法解释清楚入境目的等相关情况	携带象牙等野生动物制品	因罢工导致机场滞留
埃及		携带违禁品	
秘鲁	从陆路口岸入境未盖入境章；旅行证件和签证有效期有问题	携带海马	
新西兰		携带违规药品；携带违规香烟或肉制品	

资料来源：中国驻相关国家使领馆网站。

六、中国公民和机构自身的违法违规行为所带来的安全风险

除上文提到的因中国公民自身违反目的地国家出入境相关管理规定而带来的出入境风险外，还有多种多样的因海外中国公民和机构的违法违规行为所产生的安全风险，其中“三非”（非法入境、非法居留和非法就业）情况比较突出。表3-2列出了部分国家的中国公民所遭遇的此

类安全风险。

表 3-2　部分国家的海外中国公民和机构违法违规所导致的安全风险

国家	除出入境之外的违法违规行为所带来的安全风险
巴基斯坦	伪造结婚文件或入教文件；来巴结婚涉嫌贩卖人口；进入未经许可的地区
哈萨克斯坦	非法务工；违法用工；非法移民
菲律宾	赌博；非法务工；非法采矿；非法捕捞
缅甸	赌博；非法务工；违规放飞无人机；来缅结婚涉嫌拐卖人口
俄罗斯	“灰色经营”所引发的系列安全问题；非法居留和非法就业；中国雇主诱骗同胞从事非法劳务；违法驾车；进入限制外国人进入地区；游客违反旅游景点规定
埃塞俄比亚	非法务工；非法持有大量现金或民间渠道换汇
南非	非法鲍鱼加工点爆炸；违反最低工资标准法案；违反疫情防控规定；渔船违规被扣；华商因违规嫌疑遭突击检查
埃及	合同不规范、薪酬发放不符合标准；企业未获许可私自生产或未给员工办理工作签证；违规拍照
秘鲁	企业在生产中违反环境保护规定

资料来源：中国驻相关国家使领馆网站。

七、自然灾害、意外事故和流行性疾病

海外中国机构、人员与项目所遭遇的自然灾害包括地震、火山喷发、台风等。海外中国公民遭遇的意外事故包括交通事故、溺水等。其中，交通事故比较普遍。在旅游热点国家如菲律宾和埃及等，溺水是人员主要安全风险之一。海外中国公民所面临的流行性疾病种类较多，除持续数年的全球大流行的新冠疫情外，疟疾、霍乱和登革热等都比较普遍。需要提及的是，流行性疾病除直接威胁人们的生命安全和身体健康外，相关防疫和管理措施也给海外中资企业运营带来风险。例如，在菲律宾，每有一人患登革热，菲律宾政府便收取 10000 比索（约合 1300 元人民币）的罚款。新冠疫情蔓延期间，很多国家采取了关闭边境口岸、暂停发放签证、限制人员出入境等措施，同时加强重要战略物资管控，优先保障国内民生和抗疫需要。这些措施对海外中资企业的设备物资供应、人员派出轮换、商务考察磋商等产生了负面影响，造成部分投资经营活动滞缓或暂停。

第二节　海外机构、人员与项目安全风险的成因

海外中国机构、人员与项目所遭遇的安全风险，究其成因，主客观因素并存。从客观来看，海外中国公民、机构和项目数量多、分布广，其安全受到国际形势、各国局势变化、社会治安情况、法律完备程度、执法公正度、政府廉洁度，以及中国和东道国关系等因素的影响。从主观来看，中国公民和机构本身的风险防范意识、规则意识和守法意识、自我安全保护能力比较薄弱，以及中国公民自身的违法违规行为所形成的安全困境等都加剧了因客观因素导致的安全风险。

一、客观原因

第一，全球局势动荡，各国都面临着不同程度的政治风险。近年来，全球各国 GDP 增长，但经济发展成果的分配却越来越不公，这既体现在国与国之间，也体现在各国内部的不同阶层和群体之间。日益增大的分配不公引发社会动荡，成为全世界动乱的主要根源。① 一些国家民主体制脆弱，“逢选必乱”；还有不少国家处于转型期，不同程度地面临高失业、高通胀和低增长的难题，教派冲突、族群冲突、部族冲突、政府与反政府力量对抗、世俗与宗教势力抗衡，各种矛盾交织，局势很难平稳发展。

第二，全球恐怖主义威胁不减。自“9・11”事件以来，国际恐怖主义在高压打击下演化出复杂多样的组织形态，全球性恐怖组织（如“伊斯兰国”）、地区性恐怖组织（如“东伊运”“博科圣地”“索马里青年党”等）和“独狼式”的恐怖分子所带来的安全威胁交织在一起。恐怖势力的影响范围不断扩大，逐步形成了一条从西非到中亚乃至东南亚地区的“恐怖之弧”，恐怖分子在地理范围上相互连通、在人员物资上相互流动、在

① 李扬：《从长周期视角观察国内外经济形势》，《经济日报》2018 年 1 月 4 日第 14 版。

观念上相互共振、在行动上相互呼应。[①] 恐怖袭击的地理范围也不仅限于西亚、中亚和非洲地区，欧美国家也深受其害。

第三，在社会治安方面，除抢劫、盗窃等犯罪活动外，电信诈骗犯罪活动猖獗。伴随着通信技术和互联网的发展，电信网络诈骗犯罪手段不断迭代升级，犯罪活动“风险低、收益高”，不法分子无须与受害者进行直接接触，警方侦破不易。加上团伙作案，人数众多，很多时候警方抓获的嫌疑人仅仅是团伙中的中层或者底层的人员，极少能够抓获真正的“匪首”。而且，电信网络诈骗犯罪涉及网络企业、电信运营商、银行等，需要多方协调配合才能在源头上根治；[②] 境外针对中国公民的电信诈骗案的成功侦破更依赖于中外警方及各部门的通力合作，难度更大。

第四，东道国法律体系不健全，中国公民和机构很难掌握有关具体信息，即便是中国的驻外使领馆也没办法了解法律法规的全部内容。例如，在俄罗斯存在的灰色清关问题，究其原因是因为俄罗斯法律制度模糊和不完善所致。另外，关于中国公民是否可以在俄罗斯使用中国驾照的问题，中国驻俄罗斯使领馆不了解具体规定，在中国公民在俄因驾车被扣后，经中国驻俄罗斯使领馆与俄罗斯主管部门反复确认，俄方才给予书面回复并承诺将相关说明解释通发相关执法部门。[③]

第五，气候变化带来的风险加大。在全球变暖和城市化的同时影响下，气候变化致灾因子增强。气候变化带来的不仅是高温热浪，还包括全球暴雨和洪水的增加。[④] 对许多地区来说，气候变化已是“生死攸关的问题”。世界卫生组织和世界经济论坛都将气候变化及其影响列为首要风险之一。[⑤] 一些国家常年面临极端天气所带来的安全风险。

---

① 王涛、鲍家政：《恐怖主义动荡弧：基于体系视角的解读》，《西亚非洲》2019年第1期，第115—118页。

② 袁广林、蒋凌峰：《基于公共治理理论的电信网络诈骗犯罪多元共治》，《中国刑警学院学报》2019年第1期，第66—67页。

③ 《关于中国公民在俄罗斯驾车的有关说明》，中国驻俄罗斯使馆网站，2016年3月28日，http：//ru. china – embassy. org/chn/fwzn/lsfws/lsdt/t1351280. htm。

④ 《气候变化风险加大 我们该如何应对》，新华网，2018年9月20日，http：//www. xinhuanet. com/science/2018 – 09/20/c_137479358. htm。

⑤ Simon Beard，Lauren Holt，“Centre for the Study of Existential Risk，What Are the Biggest Threats to Humanity？”，BBC，February 15，2019，https：//www. bbc. com/news/world – 47030233.

第六，海外中国公民和企业的安全受到中国与其东道国关系的影响。例如，许多在非经商的中国商人因受当地移民和劳工法限制，无法取得合法身份。菲当局长期对此听之任之。2012 年中菲黄岩岛争端后，菲律宾当局以非法务工为由多次抓捕在菲中国务工人员，并以打击走私为名查封华商仓库。[①] 对此，当地华侨普遍认为，菲律宾的这一举动有着明显的政治意图。[②] 2014 年 8 月 5 日，菲巴拉望地区法院宣布 12 名中国渔民“非法捕鱼”的罪名成立。其中，船长被判 12 年有期徒刑，11 名船员被判 6—11 年不等的监禁。更有外媒称，这是自中菲关系因南海争端紧张以来，首次有中国渔民在菲律宾被定罪，这令本就紧张的中菲关系更进一步紧张。有人士指出，菲律宾此举打破了中菲之间处理渔业纠纷的“默契”。过去，菲律宾在收到“罚款”后就会释放被扣押的中国渔船和船员。虽然菲律宾重判中国渔民不涉及领土争议，但其有意借此表达其在南海问题上的强硬立场。[③] 2021 年 2 月，由于有谣言称中国在缅甸政局变化中支持缅甸军方，缅甸国内反华情绪上升。有人在中国驻缅甸大使馆前抗议，要求中方停止支持缅军方，并呼吁抵制中国商品。在缅中国公民安全受到严重影响。[④]

第七，中国在海外安全风险预防宣传方面存在不足。海外中国公民违法违规行为部分原因是当事人心存侥幸，“知法犯法”，但不排除相当一部分公民并不了解相关规定，尤其是一些关于出入境签证和入境居留的规定。例如在有的国家，以非空中交通方式抵达某些目的地国家须专门到移民窗口办理入境手续，否则会造成出境受阻；某些国家要求出境须提供相应证明文件；坐火车途经国家也要办理过境签证、团体免签须事先提交游客名单等。但查找有关国家安全风险的资料并不容易。

---

① 《菲律宾刁难华人：警察持枪抓扣华商带走 5 岁小孩》，环球网，2014 年 4 月 4 日，https：//mil. huanqiu. com/article/9CaKrnJEMpV。

② 《菲律宾借岛争刁难华商　持枪警察严查中国面孔》，《环球时报》2014 年 4 月 4 日第 7 版。

③ 《菲律宾重判中国渔民　中方要求保障渔民权益》，《北京青年报》2014 年 8 月 8 日第 A23 版。

④ 《2021 年 2 月 18 日外交部发言人华春莹主持例行记者会》，中国外交部网站，2021 年 2 月 18 日，http：//fmprc. gov. cn/web/fyrbt_673021/jzhsl_673025/t1854801. shtml。

二、主观原因

海外中国公民和结构由于自身原因导致安全风险，主要体现在以下几个方面。

一是安全风险防范意识薄弱，对有关方面发布的安全提醒置若罔闻。关于旅游项目风险，如溺水风险与游客自身麻痹大意，未严格遵守相关安全提醒有很大关系。关于携带野生动物制品、毒品等违禁品的严重后果，虽多有安全提醒，但屡有中国公民以身试法。携带现金使海外中国游客成为盗窃犯重点关注的对象，一些针对海外中国游客、华侨商铺和中资企业的抢劫犯罪与此有关。还有交通事故的频繁发生，固然与当地路况有关，但其中也有不少与当事人的安全意识薄弱有关。例如，中国驻新西兰使馆发布的关于交通安全的提醒明确表示，“这一条提醒是由很多人用生命写就的——在很多惨痛的事故中主路车辆甚至没有留下任何刹车痕迹”①。中国驻埃及使馆也表示，“一些中国游客安全意识淡薄，有的擅自脱离旅游团行动，有的过马路时不注意避让来往车辆，有的甚至站在马路中间照相，导致一些不必要的交通意外事故发生”②。

二是海外中国公民侵害同胞的海外犯罪活动。例如，在菲律宾和缅甸屡屡发生中国公民被骗参与赌博案件，往往犯罪分子和受害人都是中国人。2017 年 7 月，菲警方在首都马尼拉破获了一个涉嫌在赌场内放贷、绑架勒索赌客的犯罪团伙，其成员绝大部分为中国公民。③ 劳务纠纷中也有不少同胞听信国内不良中介的不实之言而上当受骗。

三是海外中国公民和企业的违法违规行为一定程度上形成了“恶性循环”的安全困境，也给中国的国家形象造成了负面影响，不利于海外中国公民的长期生存和企业的长期发展。

早在 2008 年，根据外交部领事司的统计数字，在海外中国公民遇到的

---

① 《平安文明游南岛，你准备好了吗?》，中国驻克莱斯特彻奇总领事馆网站，2018 年 9 月 20 日，http：//christchurch. chineseconsulate. org/chn/lsfws/lsbh/t1597020. htm。

② 《提醒来埃中国游客注意交通安全》，中国驻埃及使馆网站，2018 年 4 月 27 日，http：//eg. china - embassy. org/chn/lsfw/20180517/t1555163. htm。

③ 《提醒赴/在菲中国公民警惕赌场借贷陷阱（此提醒长期有效）》，中国驻菲律宾使馆网站，2017 年 7 月 24 日，http：//ph. china - embassy. org/chn/lsfw/lsbh。

安全问题中，一半事件是由中方人员的不当行为引起的。[①] 2013 年，中国领事服务网安全提醒信息的统计显示，大约 20% 的安全提醒信息与海外中国公民的违法违规和不当行为有关，[②] 目前这一现象仍然没有得到实质性改善。有关国家的执法部门将中国公民和中资企业列为重点“关注”对象，审查更为严格。如在纳米比亚发生多起中国公民携带濒危野生动物制品等违禁品案件后，纳米比亚移民局、海关、警方等因此明显加大了对包括中国公民在内的出入境所携带物品和现金数量的核查力度。[③] 2017 年 4 月，阿尔巴尼亚政府实施旅游旺季中国公民免签入境政策后，因一些中国公民入境后涉嫌从事违法活动，阿尔巴尼亚边境和移民部门加强了对中国公民的入境检查，造成部分中国公民入境受阻并被遣返。[④] 在约旦，接连发生数起中国公民办理落地签入境后，涉嫌非法越境务工，被约警方拘押并驱逐出境。中国公民办理落地签入境约旦受阻案明显增加。[⑤] 在坦桑尼亚，因中资企业的非法用工、中国公民的非法居留和非法就业问题，中资企业和中国公民成为坦桑尼亚劳动部、移民局执法检查的重点对象。坦桑尼亚方面收紧了对包括中国人在内的外国人工作签证的审批政策。[⑥] 中国驻菲律宾使馆发布安全提醒称，中国公民在菲律宾从事各类赌博违法犯罪活动呈蔓延之势，赌博花样不断翻新，参赌人数不断增多，恶性案件频发。[⑦]

---

① 内容详见中国外交部领事司司长魏苇在 2008 年 8 月 5 日举行的《世界知识》论坛上的发言。

② 夏莉萍：《海外中国公民安全风险与保护》，《国际政治研究》2013 年第 2 期，第 11 页。

③ 《中国驻纳米比亚大使馆再次提醒在纳中国公民严格遵守当地法律》，中国驻纳米比亚使馆网站，2017 年 11 月 2 日，http：//na. chineseembassy. org/chn/lsyw/txytz/t1506883. htm。

④ 《关于中国公民入境阿尔巴尼亚的重要提醒》，中国驻阿尔巴尼亚使馆网站，2018 年 9 月 12 日，http：//al. chineseembassy. org/chn/lsfw/lstx/t1594183. htm。

⑤ 《旅游提醒》，中国驻约旦使馆网站，2017 年 6 月 19 日，http：//jo. chineseembassy. org/chn/gmfw/txytz/t1471383. htm。

⑥ 来自 2019 年 2 月 2 日笔者对中国前驻坦桑尼亚大使馆高级外交官的访谈。

⑦ 《提醒在菲中国公民洁身自好，避免陷入涉赌勒索伤害案件》，中国驻菲律宾使馆网站，2018 年 5 月 11 日，http：//ph. china－embassy. org/chn/lsfw/lsbh/t1558599. htm。

第三节 海外机构、人员与项目安全风险防控体系建设

海外中国机构、人员与项目所面临的安全风险是多方面的。为了有效预防海外安全风险，避免和减少风险带来的不利影响，需要有关部门建立相关安全风险防控体系，这是一项系统工程，包括但不限于海外安全风险监测和评估体系、预警体系、宣传和培训体系、预防监督体系等，需要中央政府、地方政府、驻外使领馆、企业、社会组织以及公民个人等多方面行为体的参与。

一、海外安全风险监测和评估体系

风险监测和评估是海外安全风险防控的基础。其中，有关情报收集是基础中的基础，须建立科学化、体系化、多元化的情报工作方法。收集情报的渠道包括但不限于新闻、广播、网络、报刊、地图等开源渠道，也可以通过与当地社区建立良好的联系而取得一手准确情报。依据《维也纳外交关系公约》和《维也纳领事关系公约》，外交官和领事官可以合法手段调查接受国情况，向派遣国政府汇报。[①] 情报来源于各类信息，但情报不仅仅是信息，情报是经过整理、分析评估后得出的相对客观准确的结论。情报工作体系是包括情报搜集、整合、分析与评估等环节在内的闭环体系。

在做好情报收集分析的基础上，建立风险监测与评估体系。海外安全形势复杂多变，海外风险因素持续存在，这就要求政府部门、智库、企业等立足全球、着眼区域、针对目标国家进行持续的风险监测与评估，既要有全局的、宏观的评估，又要有针对性的精准评估。针对不同类别的安全风险，既要考虑发生的概率，又要分析发生的原因，还要评估风险发生的

---

① 《维也纳外交关系公约》第三条关于使馆职务的内容包括“以一切合法手段调查接受国之状况及发展情形，向派遣国政府具报”；《维也纳领事关系公约》第五条关于领事职务的条款中包括“以一切合法手段调查接受国内商业、经济、文化及科学活动之状况及发展情形，向派遣国政府具报，并向关心人士提供资料”。

影响后果。通过客观全面的风险评估可以确定目标国家的风险水准，识别目前海外中国机构、人员与项目在该国所面临的具体风险因素，为国内机构、人员和项目“走出去”之前的决策和有关方面设计整体安全解决方案提供重要的参考。[①]

目前，已有中国智库机构和民营企业发布有关海外安全评级的成果。例如，自2017年以来，中国人民大学国家安全研究院与中海安集团联合编写出版《中国海外安全风险蓝皮书》年度报告。该报告中包含世界各国（地区）综合安全评估和预测指数，报告编写组在科学方法、定量预测的基础上，充分咨询专家委员会近百名国内一流地区与国别研究专家学者的专业意见，将定量分析与定性描述相结合，确保研究成果可靠有效。[②] 自2014年以来，中国社会科学院世界经济与政治研究所每年发布《中国海外投资国家风险评级报告》。最新发布的2023年度报告涵盖了120个样本国家，从中国企业和主权财富的海外投资视角出发，构建了包含经济基础、偿债能力、社会弹性、政治风险和对华关系五大指标共43个子指标的评级体系，全面量化评估了中国企业海外投资所面临的国别风险。[③]

二、海外安全风险预警体系

海外安全风险预警体系是海外安全风险防控体系建设的关键。海外安全预警信息可以帮助海外机构和人员提前做好风险防范应对工作，有效避开海外安全风险，以及最大限度地减少损失。早在2010年，商务部、外交部等部门联合发布的《境外中资企业机构和人员安全管理规定》就规定，“商务部会同外交部、国家发展改革委和公安部建立对外投资合作境外安全风险监测和预警机制，定期向对外投资合作企业通报境外安全信息，及时发布境外安全预警。外交部负责向驻外使领馆通报安全预警信息”，“各驻外使领馆要加强对驻在国政治经济形势、民族宗教矛盾、社会治安状

① 馨阳：《防控海外风险，筑牢“一带一路”安全基石》，《国际工程与劳务》2021年第10期，第12—16页。

② 《〈中国海外安全风险蓝皮书（2023）〉在京发布》，中国青年网，2023年1月18日，http://news.youth.cn/jsxw/202301/t20230118_14266284.htm。

③ 《中国社会科学院国家全球战略智库发布〈中国海外投资国家风险评级报告（2023）〉》，全国哲学社会科学工作办公室网，2023年7月17日，http://www.nopss.gov.cn/n1/2023/0717/c405352-40037555.html。

况、恐怖主义活动等信息的收集、评估和预警，并及时报送外交部、商务部等相关部门；与驻在国政府有关部门建立经常性沟通渠道，及时获取安全信息”。[①]

2023 年 7 月颁布的《中华人民共和国领事保护与协助条例》规定，由外交部和驻外外交机构负责发布安全提醒。根据该条例第十九条规定，“外交部和驻外外交机构应当密切关注有关国家和地区社会治安、自然灾害、事故灾难、传染病疫情等安全形势，根据情况公开发布国外安全提醒。国外安全提醒的级别划分和发布程序，由外交部制定”。外交部门发布安全提醒后，各有关方面也要采取相应的行动，确保安全提醒在海外安全风险防范中发挥作用：一是“国务院有关部门和地方人民政府结合国外安全提醒，根据各自职责提醒有关中国公民、法人、非法人组织在当地做好安全防范、避免前往及驻留高风险国家或者地区”；二是“有关中国公民、法人、非法人组织应当积极关注安全提醒，根据安全提醒要求，在当地做好安全防范、避免前往及驻留高风险国家或者地区”。该条例还针对游客这一重点海外公民群体的安全风险防范，规定了各相关方的职责：一是“国务院文化和旅游主管部门会同外交部建立国外旅游目的地安全风险提示机制，根据国外安全提醒，公开发布旅游目的地安全风险提示”；二是“经营出国旅游业务的旅行社应当关注国外安全提醒和旅游目的地安全风险提示，通过出行前告知等方式，就目的地国家或者地区存在的安全风险，向旅游者作出真实说明和明确提示，通过网络平台销售的，应当在显著位置标明有关风险”。[②]

目前，中国外交部和驻外使领馆网站均有发布海外安全提醒信息。外交部在中国领事服务网首页发布的国别海外安全提醒信息分为三级，按目的地国家风险程度由高到低为“暂勿前往”“谨慎前往”“注意安全”。[③]商务部网站的“预警提示”栏发布境外风险、对华贸易救济调查、涉华贸

---

① 《关于印发〈境外中资企业机构和人员安全管理规定〉的通知》，2010 年 8 月 13 日，中国商务部网站，http：//www. mofcom. gov. cn/aarticle/b/bf/201008/20100807087099. html。

② 《中华人民共和国领事保护与协助条例》，中国政府网，https：//www. gov. cn/zhengceku/202307/content_6891761. html。

③ 内容详见中国领事服务网（http：//cs. mfa. gov. cn/）。

易壁垒三类预警信息。[①] 中国教育部在教育涉外监管信息网发布海外留学预警信息。[②] 各级地方政府网站也转发以上部门发布的安全提醒信息。

三、海外安全风险宣传和培训体系

海外安全风险宣传和培训对于提升中国公民和机构的海外安全风险意识和自我保护能力十分重要。按照《中华人民共和国领事保护与协助条例》，各部门必须开展海外安全宣传教育培训工作。一是“国务院有关部门根据各自职责开展国外安全的宣传、教育培训工作，提高相关行业和人员国外安全风险防范水平，着重提高在国外留学、旅游、经商、务工等人员的安全意识和风险防范能力”。二是“地方人民政府结合本地区在国外的中国公民、法人、非法人组织状况，加强对重点地区和群体的安全宣传及对有关人员的培训”。[③] 其他一些政府文件也就海外安全风险宣传和培训有所规定。例如，外交部和国家旅游局联合发布的《中国公民出境旅游突发事件应急预案》包括培训演练的内容，“旅游机构要组织中国公民出境旅游的安全保护和保险意识的教育，开展对部门、企业和从业人员的应急业务培训和演练。要面向广大游客做好出境前的安全教育，加强安全防范意识，提供有关境外目的国（地区）的驻外外交机构和电话、旅游救援电话、报警电话等应急救援信息”[④]。商务部、外交部、国家发展改革委、公安部、国资委、安全监管总局、全国工商联印发的《境外中资企业机构和人员安全管理规定》就中资企业开展境外安全教育和培训作出了规定：“对外投资合作企业要按照‘谁派出，谁负责’的原则，对派出人员在出国前开展境外安全教育和应急培训，提高安全防范意识和能力，增强安全管理综合能力。实行项目总包合同的对外投资合作企业，应对参与合作的分包单位的境外安全教育和培训工作负总责。未经安全培训的人员一律不得派出。”“对外投资合作企业要制订派出人员行为守则，规范驻外人员行

① 内容详见中国商务部网（http：//www. mofcom. gov. cn/article/yjts/）。

② 内容详见教育部教育涉外监管信息网（https：//jsj. moe. gov. cn/）。

③ 《中华人民共和国领事保护与协助条例》，中国政府网，https：//www. gov. cn/zhengceku/202307/content_6891761. html。

④ 《中国公民出境旅游突发事件应急预案》，中国政府网，http：//www. gov. cn/yjgl/2006 – 04/30/content_271496. htm。

为方式，要求派出人员遵守当地法律法规，尊重当地风俗习惯。”①

为规范指导境外企业外派人员安全教育培训工作，提升境外企业、人员安全防范工作能力，公安部、外交部、商务部、国资委、全国工商联共同制订了《境外企业外派人员安全培训指南（2019 版）》并于2019 年7 月发布。该指南对于培训对象、培训时长、培训内容及课程模块等都作出了详细的规定，其中所指的“外派人员”仅限于中资企业派驻一般风险国家或地区 6 个月以上、高风险国家或地区 1 个月以上的人员。具体的培训对象包括境外企业本部及其所属驻外项目的各级管理人员，以及境外企业驻外项目一线现场操作人员。②

当前，外交部等中央政府部门、各级地方政府、大中型企业、高校等都积极开展有关海外安全风险的宣传和培训活动。例如，应急管理部举办境外中资企业安全生产能力提升培训班，紧扣境外中资企业安全生产风险防控工作重点，以境外安全生产法律法规、境外项目安全管理实践、境外中资企业安全突发事件应急处置案例等为主要内容。③ 在外交部领事司的指导下，北京市政府外办自 2018 年起联合首都精神文明办、市文化和旅游局、市侨办、团市委联合主办了六届“祖国在你身后”情景剧大赛。参赛作品通过领事保护、海外安全、防诈反诈等不同题材情景剧的生动演绎，宣传普及领保知识，增进广大市民与机构对领保工作了解，提高海外安全风险防范意识与能力。④ 近年来，外交部和中国驻外使领馆也非常重视相关法律法规的宣传和培训工作。中国驻外使领馆邀请驻在国政府的执法部门为领区内的华侨、留学生和中资企业代表等讲解法律法规，以及违法案

---

① 《关于印发〈境外中资企业机构和人员安全管理规定〉的通知》，2010 年 8 月 13 日，中国商务部网站，http：//www. mofcom. gov. cn/aarticle/b/bf/201008/2010080 70 87099. html。

② 《公安部办公厅等部门关于印发〈境外企业外派人员安全培训指南（2019 版）〉的通知》，北京市商务局网，2019 年 8 月 22 日，http：//sw. beijing. gov. cn/zt/dwhzzt/tzgg_1918/201912/P020191219575410489885. pdf。

③ 《应急管理部在浙江温州举办第二期境外中资企业安全生产能力提升培训班》，中国应急管理部网，2023 年 7 月 20 日，https：//www. mem. gov. cn/xw/yjglbgzdt/202307/t20230720_456756. shtml。

④ 《晋级！6 部作品入围 2023 年领事保护情景剧大赛决赛》，北京市政府外事办公室网，2023 年 7 月 28 日，http：//wb. beijing. gov. cn/home/index/wsjx/202307/t2023 0728_3210039. html。

例等，旨在增强他们对法律的了解，避免其因不熟悉法律法规而遭遇安全风险。

四、海外安全风险预防监督体系

海外中国公民、机构和项目承建方等是海外安全风险防范的第一责任人，应积极主动采取安全风险预防措施。《中华人民共和国领事保护与协助条例》规定，在国外的中国法人、非法人组织“应当根据所在国的安全形势，建立安全防范和应急处置机制，保障有关经费，加强安全防范教育和应急知识培训，根据需要设立专门安全管理机构、配备人员”①。按照《境外中资企业机构和人员安全管理规定》，“对外投资合作企业要制订派出人员行为守则，规范驻外人员行为方式，要求派出人员遵守当地法律法规，尊重当地风俗习惯”。“对外投资合作企业要制订境外安全管理制度，建立境外安全突发事件应急处置机制，指导派出企业机构制订安全防范措施和应急预案”，“对外投资合作企业应要求其境外中资企业机构认真履行社会责任，做好环境保护、解决当地就业、积极参与公益事业等工作，为其开展对外投资合作营造良好的外部环境”。②

与此同时，相关政府部门和驻外使领馆也须对此进行监督，确保各项预防措施落到实处。根据《境外中资企业机构和人员安全管理规定》，“商务部根据需要会同外交部、国家发展改革委、公安部、国资委、安全监管总局和工商联组成境外安全巡查工作组，对境外重点项目进行安全检查和指导，排查项目安全隐患，检查相关应急预案制定和实施情况，协助解决存在的问题”；“各地商务主管部门也可根据需要会同外事、发展改革、公安、国有资产管理、安全监管部门和工商联开展境外安全巡查”；还应“会同外事、发展改革、公安、安全监管部门指导本地区对外投资合作企业完善境外安全管理制度并监督检查”；“会同外事、发展改革、公安、国有资产管理、安全监管部门和工商联对本地区对外投资合作企业的境外安全教育培训工作进行监督检查”。此外，“国有资产管理部门指导国有对外

---

① 《中华人民共和国领事保护与协助条例》，中国政府网，https：//www.gov.cn/zhengceku/202307/content_6891761.html。

② 《中华人民共和国领事保护与协助条例》，中国政府网，https：//www.gov.cn/zhengceku/202307/content_6891761.html。

投资合作企业完善境外安全管理制度并监督检查。工商联配合有关部门指导对外投资合作民营企业完善境外安全管理制度”。[①]

驻外使领馆也应在海外安全风险预防监督体系中发挥重要作用。根据《境外中资企业机构和人员安全管理规定》,“各驻外使领馆要加强对境外中资企业机构和人员安全工作的一线指导和管理,及时传达国内的指示要求,通报相关安全信息,定期到企业和项目现场进行安全巡查”,“指导境外中资企业商(协)会帮助会员企业制订安全风险防范措施,增强风险防范和处置能力”。根据《中华人民共和国领事保护与协助条例》,“驻外外交机构应当结合当地安全形势、法律环境、风俗习惯等情况,建立领事保护与协助工作安全预警和应急处置机制,开展安全风险评估,对履责区域内的中国公民、法人、非法人组织进行安全宣传,指导其开展突发事件应对、日常安全保护等工作”。[②]

在实际工作中,商务部和各地商务部门、中国驻外使领馆等也按照法律法规要求积极开展安全巡视,查找安全隐患并及早开展整治。

总体看来,海外中国公民、机构和项目等面临的安全风险是多方面的,要做好海外安全风险防控,需要多方努力,多管齐下,不断改进和完善海外安全风险防范体系,切实做好海外中国公民、机构和项目的安全保护工作。

案例:中非中国金矿被袭击

一、基本情况

2023 年 3 月 19 日西非时间凌晨 5 点(北京时间 12 点),距中非班巴里镇 25 公里处由中资民营企业管理的钦博洛金矿遭遇不明身份武装分子袭击,造成中国公民 9 人死亡、2 人重伤。这被西方媒体称为“班巴里镇金矿屠杀事件”。

---

① 《关于印发〈境外中资企业机构和人员安全管理规定〉的通知》,中国商务部网站,2010 年 8 月 13 日,http://www.mofcom.gov.cn/aarticle/b/bf/201008/20100807087099.html。

② 《中华人民共和国领事保护与协助条例》,中国政府网,https://www.gov.cn/zhengceku/202307/content_6891761.html。

二、后续发展

（一）关于幕后元凶众说纷纭

中非总理菲利克斯·莫卢瓦和班巴里镇镇长阿贝尔·马蒂帕塔认为，反政府武装组织“爱国者变革联盟”是本次事件的幕后黑手。

“爱国者变革联盟”于2023年3月19日发布声明否认外界指控，在未提供任何证据的情况下，指控瓦格纳集团（Wagner Group，或译华格纳集团，是西方对一俄罗斯私人军事服务网络的代号。根据美国《外交政策》杂志报道，并无任何一家注册公司真的以“瓦格纳”为名，但此代号被各界广泛使用来指描述各种“与俄裔佣兵活动委托有关的商业网络”），以及曾为武装组织“为了中非和平联盟”领导人的中非畜牧业和动物卫生部部长哈桑·布巴应当为该事件负责。班巴里镇副镇长也认为“为了中非和平联盟”的成员可能是本事件的凶手。

中非共和国国民议会副主席埃瓦里斯特·恩加马纳在一份声明中指责袭击事件的幕后黑手是与“几个世纪以来在我国行使暴力”的国家有关联的“外国雇佣军”。

（二）中国领导人高度重视，各方积极行动

习近平总书记对此高度重视并作出重要指示，要求全力救治伤员，及时做好善后，依法严惩凶手，确保中国公民安全。外交部贯彻落实习近平总书记重要指示，第一时间启动领事保护应急机制，24小时值守，向中非驻华使馆提出交涉。中国驻中非大使紧急做中非方工作，驻中非使馆工作组火速赶往事发地点，协调各方处置后续事宜。

三、影响与启示

（一）应建立中国官方发布的安全提醒的落实机制

中非安全形势严峻，涉及中国公民的安全事件频发，中国外交部和中国使馆屡次发布安全提醒，要求中国公民不要前往首都班吉以外的地区，但仍然有不少人对此置若罔闻。

中非共和国作为世界上最不发达国家之一，仍处于经济发展靠援助、安全靠维和的阶段，境内存在数支甚至更多非法及非政府武装，中非政府有效控制区域只有首都及周边地区。独立的60多年来，中非共发生过5次

政变，此外，大大小小的流产政变、军事哗变和武装冲突难有准确统计。虽然中非政府于2022年底举行了4个武装团体的解武仪式，和平进程迈出重要一步，但是首都班吉以外地区活跃着关系复杂的武装团体和反政府武装，经常同联合国维和部队和政府军等爆发冲突。首都班吉的犯罪率居高不下，曾发生数起中国公民被盗抢事件。

2018年以来，中国外交部领事司和中国驻中非共和国大使馆已连续多次发布安全提醒，要求中国公民暂勿前往中非首都班吉以外地区。在中非采金、采钻面临极高的经济与安全风险，但部分中国人仍不顾中国外交部领事提醒，继续开展相关活动采矿。2018年10月，一家中国采金企业请当地一名青年首领陪同前往卡代伊河边一处矿场，途中船只倾覆，造成中非青年失踪，事后3名中国人在宪兵队做笔录时遭当地人暴力袭击而身亡。2019年，中国采金企业污染环境引发争议，当地民众强烈不满，导致有关中国民营企业车辆被烧毁，险酿人员伤亡。

2023年是中非共和国地方选举年，安全局势依然紧张，西部地区接连发生爆炸事件。2月10日，一辆货车在中非西部地区博祖姆地区触雷引发爆炸。2月5日以来，西北部博祖姆至巴加兰卡地段已发生6起触地雷爆炸事件。

此类事件的发生再次凸显了建立相关机制、落实海外安全提醒，以及使其发挥真正效用的必要性。对于违反安全提醒的中国企业和公民个人也应建立相应的惩戒措施。

（二）我国在局势动荡地区保护海外利益的手段有待丰富

2023年3月19日，中国驻中非使馆在官网发布信息，题为“中非外省安全事件频发，请中非首都班吉以外地区的中国公民立刻撤离”，称近期中非共和国外省安全事件频发，已出现多起针对外国矿企工人的恶性安全事件，造成人员伤亡。鉴于当前外省地区安全风险，中国驻中非大使馆再次郑重提醒旅中非中国机构和公民以及有意前往中非的中国公民严格遵守中国外交部领事司和使馆的有关提醒，勿前往中非首都班吉以外地区。请尚在首都班吉以外地区的中国公民立即向使馆进行个人信息报备并立刻撤离。中国外交部呼吁所有在中非共和国除首都班吉以外的中国公民立刻撤离。

不可否认，在当前形势下，撤离是安全保护的最佳方式。但从长远看，中国在局势动荡地区维护海外利益的手段有待丰富，比如以外交手段和军事手段相结合的方式，震慑窥视中国利益的不法之徒。

思考题

1. 当前我国海外人员、机构和项目面临的主要安全风险包括哪些？
2. 当前我国海外人员、机构和项目安全风险的主要成因是什么？
3. 如何建立有效的海外安全风险防控机制？

参考文献：

[1] 钞鹏：《对外投资的政治风险研究综述》，《经济问题探索》2012 年第 11 期。

[2] 陈定定、张子轩、金子真：《中国企业海外经营的政治风险——以缅甸与巴布亚新几内亚为例》，《国际经济评论》2020 年第 5 期。

[3] 黄河：《中国企业跨国经营的政治风险：基于案例与对策的分析》，《国际展望》2014 年第 3 期。

[4] 敬云川、解辰阳：《"一带一路" 案例实践与风险防范研究：法律篇》，海洋出版社 2017 年版。

[5] 王涛、鲍家政：《恐怖主义动荡弧：基于体系视角的解读》，《西亚非洲》2019 年第 1 期。

[6] 袁广林、蒋凌峰：《基于公共治理理论的电信网络诈骗犯罪多元共治》，《中国刑警学院学报》2019 年第 1 期。

[7] 夏莉萍：《海外中国公民安全风险与保护》，《国际政治研究》2013 年第 2 期。

[8] 夏莉萍：《海外中国公民与中资企业安全风险与保护》，当代世界出版社 2023 年版。

[9] 馨阳：《防控海外风险，筑牢 "一带一路" 安全基石》，《国际工程与劳务》2021 年第 10 期。

[10] Robock, S. H., "Political Risk: Identification and Assessment", Columbia Journal of World Business, Vol. 6, 1971.

[11] Ghiselli, Andrea, "Protecting China's Interests Overseas, Securitization and Foreign Policy", Oxford: Oxford University Press, 2021.

第四章　海外金融安全

海外利益是国家利益的重要组成部分，是国家发展利益的海外延伸，即在国土之外的国家利益。自 1978 年改革开放以来，我国开始不断加强中外经贸合作。1979 年 8 月，国务院明确提出了“出国办企业”，将发展对外投资作为国家政策，从此拉开了中国企业对外直接投资的序幕。1979 年 10 月，荣毅仁创办了中国国际信托投资公司（中信集团前身），可视为中国真正意义上的跨国公司。[①] 1979 年 11 月，北京市友谊商业服务总公司与日本东京丸一商事株式会社在东京举办了第一家海外合资经营企业——“京和股份有限公司”。[②] 随着改革开放的深入和中国国际政治经济地位的不断攀升，越来越多的中国企业和公民开始走向海外。2000 年 10 月，党的十五届五中全会正式提出实施“走出去”战略。2001 年 11 月，中国加入了世界贸易组织，中国企业“走出去”步伐开始加快，积极融入国际经济大循环。

中国企业充分利用国内和国外“两个市场、两种资源”，通过对外直接投资、对外工程承包和对外劳务合作等形式积极参与国际市场竞争与合作。中国公民和企业在海外的数量快速增长，在境外的活动范围和影响也逐步扩大，中国国家利益的国际化趋势日益明显。据统计，2022 年中国出入境人员达 1.157 亿人次，出国留学人员总数为 66.21 万人。截至 2021 年底，我国对外直接投资存量约 2.79 万亿美元（详见表 4－1），中国境内投资者在全球 190 个国家及地区设立对外直接投资企业 4.6 万家，2021 年

---

① 卢进勇、杨国亮、杨立强等编著：《中外跨国公司发展史》（上卷），对外经济贸易大学出版社 2016 年版，第 291 页。

② 卢进勇、杨国亮、杨立强等编著：《中外跨国公司发展史》（上卷），对外经济贸易大学出版社 2016 年版，第 308 页。

末，中国境外企业资产总额达 8.5 万亿美元，雇佣外方员工达 239.4 万人。[①] 一个颇具规模的“海外中国”正逐渐成型，中国企业的海外经济利益规模不断上升。但世界并不太平，世界经济波动性加大，区域性和全球性金融危机频繁发生，不仅严重冲击了当事国的经济发展，也给中国的海外经营企业造成了严重损失，海外金融安全已成为影响国家安全的重要因素之一。在经济全球化时代，中国必须对海外金融安全形成全面认识，以有效维护国家企业的海外利益。

表 4－1　2002—2021 年中国对外直接投资概况

年份	流量			存量	
	金额（亿美元）	全球位次	比上年增长（%）	金额（亿美元）	全球位次
2002	27.0	26	—	299.0	25
2003	28.5	21	5.6	332.0	25
2004	55.0	20	93.0	448.0	27
2005	122.6	17	122.9	572.0	24
2006	211.6	13	72.6	906.3	23
2007	265.1	17	25.3	1179.1	22
2008	559.1	12	110.9	1839.7	18
2009	565.3	5	1.1	2457.5	16
2010	688.1	5	21.7	3172.1	17
2011	746.5	6	8.5	4247.8	13
2012	878.0	3	17.6	5319.4	13
2013	1078.4	3	22.8	6604.8	11
2014	1231.2	2	14.2	8826.4	8
2015	1456.7	2	18.3	10978.6	8
2016	1961.5	2	34.7	13573.9	6
2017	1582.9	3	－19.3	18090.4	2
2018	1430.4	2	－9.6	19822.7	3
2019	1369.1	2	－4.3	21988.8	3

① 中华人民共和国商务部、国家统计局、国家外汇管理局编：《2021 年度中国对外直接投资统计公报》，中国商务出版社 2021 年版，第 4、6 页。

续表

年份	流量			存量	
	金额（亿美元）	全球位次	比上年增长（%）	金额（亿美元）	全球位次
2020	1537.1	1	12.3	25806.6	3
2021	1788.2	2	16.3	27851.5	3

资料来源：《2021 年度中国对外直接投资统计公报》。

金融是现代经济的核心，是实体经济的血液，安全是金融业永恒的话题。关于国家金融安全与金融治理，习近平总书记高度重视金融在经济发展和社会生活中的重要作用，高度重视金融安全。2017 年 4 月，习近平总书记在中共中央政治局第四十次集体学习时强调，“维护金融安全，是关系我国经济社会发展全局的一件带有战略性、根本性的大事。金融活，经济活；金融稳，经济稳”①。2017 年 7 月，习近平总书记在第五次全国金融工作会议上指出，“金融是国家重要的核心竞争力，金融安全是国家安全的重要组成部分，金融制度是经济社会发展中重要的基础性制度”②。习近平总书记在党的十九大报告中明确指出，“健全金融监管体系，守住不发生系统性金融风险的底线”，这是满足人民日益增长的美好生活的重要途径。

第一节　海外金融安全的定义

金融安全是经济安全的重要组成部分，经济安全是国家安全的重要组成部分。为了理解海外金融安全的定义，首先需要了解安全的概念。据《现代汉语词典》的解释，安全是指没有危险、不受威胁、不出事故。③ 阿诺德·沃尔弗斯提出，安全在客观的意义上表明对所获得价值不存在威

① 《习近平主持中共中央政治局第四十次集体学习》，中国政府网，2017 年 4 月 26 日，https://www.gov.cn/xinwen/2017-04/26/content_5189103.htm。

② 《习近平在全国金融工作会议上强调　服务实体经济防控金融风险深化金融改革 促进经济和金融良性循环健康发展》，央广网，2017 年 7 月 15 日，https://news.cnr.cn/native/gd/20170715/t20170715_523851731.shtml。

③ 周道许：《金融安全学概论》，中国法治出版社 2022 年版，第 3 页。

胁，在主观的意义上表明不存在价值会受到攻击的恐惧。[①] 安全状态是一种人们免遭不可接受风险的状态，实际就是没有事故的状态，这里的事故是指人们不期望发生的造成损失的意外事件。[②] 国家不受侵犯和威胁或潜在威胁是国家安全的主要因素，国家安全包括国家外部安全和国家内部安全两类，是指保卫国家生存和发展的基础不受侵犯和威胁，并在战略态势上保卫国家不受潜在的威胁。[③]

关于经济安全概念，部分西方学者认为，经济安全兼具安全和发展的双重意义，取决于国际安全条件和国内安全条件，是一国经济发展的重要支撑性因素。国内一些学者认为，经济安全反映的是一个国家的经济竞争力和各种能力，反映一国实现其经济发展既定目标的保障手段和过程。部分国际关系学者将经济安全定义为，具有代表性经济福利不受被严重剥夺的威胁。金融安全是经济安全的重要组成部分。张幼文认为，国家经济安全是指一个国家的经济整体处于不受各种因素尤其是外部因素的冲击，或即便受到冲击也能保持经济利益不受重大损害的状态。[④] 王元龙认为，经济安全是指在经济全球化发展条件下，一国在其经济发展过程中具备抵御国内外各种干扰、威胁和侵袭的能力，从而保证经济主权不受侵害，并使国民经济保持持续、快速、健康发展的一种态势。[⑤]

关于金融安全概念，王元龙从金融的实质角度出发，认为金融安全就是货币资金融通的安全，凡是与货币流通以及信用直接相关的经济活动都属于金融安全的范畴，并将金融安全界定为：在金融全球化条件下，一国在其金融发展过程中具备抵御国内外各种威胁、侵袭的能力，确保其金融体系、金融主权不受侵害，并使其金融体系保持正常运行与发展的一种态势。[⑥] 梁勇从国际关系学角度出发，认为金融安全是对“核心金融价值”的维护，包括维护价值的实际能力和对此能力的信心两个紧密相关

---

① ［美］阿诺德·沃尔弗斯著，于铁军译：《纷争与协作——国际政治论集》，世界知识出版社 2006 年版，第 132 页。

② 傅贵：《安全概念的中美对比》，《中国科学报》2012 年 10 月 26 日。

③ 王元龙：《中国金融安全论》，知识产权出版社 2019 年版，第 64 页。

④ 张幼文：《国家经济安全问题的性质与研究要点》，《世界经济研究》1999 年第 3 期，第 6 页。

⑤ 王元龙：《中国金融安全论》，知识产权出版社 2019 年版，第 65 页。

⑥ 王元龙：《中国金融安全论》，知识产权出版社 2019 年版，第 70 页。

的方面。[①] 张炳辉认为，金融安全是指国家享有金融主权，国内金融体系能安全运行和发展，并且能够经受住来自国内外的冲击，面对冲击，能够迅速调整到新的安全状态。[②] 王洪章认为，国家金融安全是指一个国家所拥有的金融价值（金融体制、体制机制、金融机构等）及其基础（粮食、能源、实体、企业等）不被威胁和不受威胁的一种状态。[③] 关于海外金融安全概念尚未形成统一共识，还没有给出明确定义。海外金融安全与国家的海外利益息息相关，顾名思义，海外金融安全是指一国拥有的海外金融价值不被威胁和不受威胁的一种状态，即使经受冲击也能保持海外金融价值不受重大损害。

第二节　海外金融安全的风险识别

如前所述，海外金融安全主要是指海外金融价值免受或少受威胁，海外金融安全与东道国的政治经济制度息息相关，有效识别海外金融风险是保证海外金融安全的重要前提。东道国金融市场稳定安全运行，保持适度规模、结构合理的外债，拥有完善的金融监管体制，实施有效的金融监管，是有效防范金融风险的重要手段，也是海外金融安全的重要考核指标，是海外经营企业利益的重要保障。海外经营企业须高度重视海外金融安全，切实维护自身合法经济利益。

一、东道国金融市场的稳定性问题

根据《中国金融稳定报告（2005）》，金融稳定是指金融体系处于能够有效发挥其关键功能的状态。在这种状态下，宏观经济健康运行，货币和财政政策稳健有效，金融生态环境不断改善，金融机构、金融市场和金融基础设施能够发挥资源配置、风险管理、支付结算等关键功能，而且在受

---

① 梁勇主编：《开放的难题：发展中国家的金融安全》，高等教育出版社 1999 年版，第 8 页。

② 张炳辉主编：《金融安全概论》，中国金融出版社 2018 年版，第 3 页。

③ 王洪章主编：《国家金融安全：风险预警与边界构建》，北京大学出版社 2023 年版，第 2 页。

到内外部因素冲击时，金融体系整体上仍然能够平稳运行。[①] 刘锡良和罗得志认为，金融稳定是指金融市场的均衡，即在外部条件不改变的前提下，利率、汇率、货币供给量和官方储备等变量处于和谐共存的状态。该均衡是非瓦尔拉斯长期动态均衡，由实体经济与金融发展水平的关联度、金融制度的稳定力和对外国资本的依赖及防范三个主要因素构成。[②] 何德旭和娄峰认为金融稳定可归纳为三个维度：金融机构和金融市场的正常平稳运行，金融机构风险处于可控范围之内；金融市场能有效地承受住各种较大的外部冲击；经济中的实物资产或金融资产的相对价格变化相对稳定，不出现剧烈波动。[③]

20 世纪以来，经济金融危机频繁爆发，给相关国家造成了严重经济损失，严重影响世界经济的稳定运行，我国金融市场也面临内外部压力和冲击。金融市场是一国金融体系的重要组成部分，一般由货币市场、股票市场、债券市场、金融衍生品市场和外汇市场等多个子市场组成。金融市场具有资源配置的功能，在一个安全稳定的金融市场中，良好的市场环境和价格信号能够迅速、有效地引导资金在不同时期、地区、产业和企业之间合理流动，从而提高资源配置的效率。反之，当金融市场处于不稳定或不安全状态时，则资源配置的功能无法得到正常发挥，进而造成风险的不断聚集和最终爆发。金融市场具有定价功能，我们常说金融市场价格的波动和变化是经济活动的晴雨表便是这个道理。当金融市场处于稳定的安全状态时，其定价功能能够得到正常发挥，金融市场价格变化也能有效反映经济形势变化。金融市场稳定安全能够帮助实现风险分散和风险转移，从而实现市场经济运行中风险配置的优化，能够有效分散各类金融风险，使风险资源在整个经济系统中得以合理分配。金融市场还为金融管理部门的金融调控提供了有利条件，一个稳定安全的金融市场是国家宏观调控的有力保障。宏观调控所采用的货币政策和财政政策，其有效实施都与金融市场息息相关。

---

① 中国人民银行金融稳定分析小组：《中国金融稳定报告（2005）》，中国金融出版社 2005 年版，第 3 页。

② 刘锡良、罗得志：《金融制度变迁与金融稳定》，《财贸经济》2000 年第 3 期，第 23 页。

③ 何德旭、娄峰：《中国金融稳定指数的构建及测度分析》，《中国社会科学院研究生院学报》2011 年第 7 期，第 16 页。

随着金融全球化的深入发展，金融市场运行的不稳定性增强，经济金融危机频发，20 世纪 90 年代以来便已发生过多次，如 1994 年爆发的墨西哥债务危机、1997 年爆发的东南亚金融危机、2008 年由美国次贷危机引发的全球金融危机、2009 年爆发的欧洲债务危机等。经济金融危机往往会严重冲击相关国家经济，世界经济也会因此蒙上阴影，从某种意义上讲，目前世界经济仍未完全从 2008 年全球金融危机中走出。有效维护金融市场安全对于维护金融安全、保证金融体系稳健运行至关重要。海外经营企业深受东道国经济状况尤其是金融市场的影响，东道国金融市场的稳定安全运行是海外经营企业健康发展的必要条件，一旦东道国金融市场受到冲击甚至爆发金融危机，必将使海外企业运营经受冲击，使海外企业蒙受严重经济损失。

二、东道国债务违约问题

根据国际货币基金组织、世界银行和国际清算银行于 1984 年召开的国际审计员会议确定的外债定义，对外债务是指存在制约性偿还责任的负债，包括一切对非当地居民的外国货币或本国货币为计价单位的有偿还责任的负债，不包括直接投资、企业股本和本国居民之间的外币负债。① 根据国家外汇管理局发布的《外债统计监测暂行规定》，外债是指中国境内的机关、团体、企事业单位、金融机构或者其他机构对中国境外的国际金融组织、外国政府、金融机构、企业或者其他机构用外国货币承担的具有契约性偿还义务的全部债务。②

经济全球化时代，外债往往在一国经济发展过程中发挥着重要作用，举借外债是一国筹措建设资金的重要手段，对于广大发展中国家尤其如此，举借外债可以弥补国内资金不足，增加国内投资，促进国际贸易和国际投资，支持社会事业发展，增进人民福祉，促进经济现代化和经济发展，还可以弥补暂时的外汇短缺，缓解财政赤字的不利影响，改善国际收支平衡，提高金融市场的效率和稳定性，维护一国的货币稳定。大部分发

---

① 乔瑞：《谈中国外债统计监测系统的建立和运行》，《国际金融研究》1988 年第 5 期，第 7—8 页。

② 国家外汇管理局：《外债统计监测暂行规定》，1987 年 8 月 27 日，http：//www. safe. gov. cn/safe/1987/0827/5590. html。

展中国家因其自身建设资金严重不足，而且其技术和管理经验严重匮乏，往往通过举借外债来促进本国经济发展。

一般而言，适度规模的外债可以促进经济发展，加速一国的经济增长，降低外债偿还压力，从而形成良性循环；可外债规模一旦超出了国力承受极限，便会面临很大的还本付息压力，国内的相当一部分资源将被用来偿还外债，从而用于本国经济建设的资源会相应减少，不利于一国的经济增长和长远发展，甚至还会因此而陷入“债务陷阱”，从而形成恶性循环。此外，外债增长过快还会对一国的进出口贸易和国际收支平衡造成不良影响，恶化该国的财政状况。与发达国家相比，发展中国家面临的主权债务问题更为严峻，正如经济学家艾肯格林和豪斯曼所提到的那样，发展中经济体无法利用本国货币在海外市场借款，这是发展中经济体在经济发展道路上的“原罪”。①

很多新兴市场国家和发展中经济体的经济结构比较单一，其经济脆弱性较高，对外债务中的绝大部分是美元债务，受美元周期影响很大，在美元开始启动加息周期的情况下，全球美元流动性趋紧，加剧了新兴经济体和发展中国家的美元债务利息负担和融资难度，甚至引发债务违约或债务危机，历史上发展中国家曾发生过多次债务违约，如 20 世纪 80 年代拉美债务危机、1998 年俄罗斯债务违约、2009 年迪拜债务危机、2001 年阿根廷债务危机等，严重冲击了相关国家经济。东道国债务违约或债务危机将严重恶化东道国的营商环境，在相关国家投资的外资企业面临的金融风险急剧升高，大量外资会选择“外逃”离开危机爆发国。在国际债务链条的传导之下，还可能导致全球债务违约风险升高，极易引发全球系统性金融风险。据国际金融协会发布的《全球债务监测》季度报告，2023 年前三个月全球债务达到 304.9 万亿美元，债务与 GDP 之比高达 335%，引发人们对金融系统杠杆率的担忧。

三、东道国金融监管制度

顾名思义，金融监管是金融监督和金融管理的合称。具体而言，金融

① Barry Eichengreen, Ricardo Hausmann, “Other People’s Money: Debt Denomination and Finacial Instability in Emerging Market Economies”, Chicago: University of Chicago Press, 2005.

监管是指一国政府根据经济金融体系稳定、有效、安全运行的客观需要，同时受经济主体公共利益的驱使，通过特定的组织（中央银行或其他金融监管当局）运用法律、经济、行政等手段，对金融体系中各金融行为主体和金融市场实施的监督与管理措施。旨在保护存款人利益，促进和保证金融体系及其中微观机体的稳定、效率与安全，确保金融市场的公平竞争、高效稳健运行和一体化发展。①

从国际经验来看，世界各国的金融监管体制大致可以分为三种类型：一是以美国为代表的多元化金融监管体制，二是以日本为代表的二元化金融监管体制，三是以英国和韩国为代表的一元化金融监管体制。2003 年中国银行业监督管理委员会成立，中国建立起以分业监管为基本特征的现行金融监管体制，但随着金融监管环境的不断变化和金融新业态的不断兴起，原有的分业监管体制已很难满足监管需求，我国也进行了多次金融监管体制改革。2017 年中国成立国务院金融稳定委员会，2018 年中国银行业监督管理委员会和中国保险监督管理委员会合并，成为中国银行保险监督管理委员会，2023 年中国成立国家金融监督管理总局，自此中国金融监管体系由“一行两会”迈入“一行一总局一会”新格局。

金融监管通常包括三种类型：系统性监管、审慎性监管和功能性监管。系统性监管关注整个金融体系的健康，由国家（地区）的央行或货币当局承担，主要为防范系统性金融风险；审慎性监管则更加关注微观金融机构的健康状况，往往会构建起一套审慎性监管指标体系，通过风控体系、信息披露和外部监督等手段来防范微观个体金融风险，防止个别金融机构倒闭冲击整个经济体系；功能性监管主要是为适应金融业混业经营、金融科技和金融创新不断涌现的趋势而设立，更加强调金融监管的穿透性，以及跨产品、跨机构、跨市场的协调监管。

随着金融全球化的发展，全球性金融危机频繁发生，给世界经济造成了严重损失，跨国金融监管开始引起世界各国关注。世界各国为防范国际银行业风险，建立国际银行业监管规范与准则——《巴塞尔协议》，截至 2023 年底已经发布了 3 个版本，目前采用的是 2010 年发布的第三版《巴塞尔协议》，在防范国际银行风险方面发挥重要作用。但目前的国际金融监管体系还很不完善，2008 年全球金融危机爆发之前，金融监管体系失

---

① 李杨主编：《金融学大辞典》，中国金融出版社 2014 年版，第 1239—1240 页。

灵，未能提前发出金融危机预警，因此建立类似于《巴塞尔协议》的国际金融监管统一规则十分必要。东道国拥有完善的金融监管体制并能实施有效金融监管，对于海外经营企业非常重要，金融监管安全是维护金融安全的重要手段，是防范金融系统性风险的重要保障，是应对金融全球化、维护东道国金融安全的重要手段，也有利于提升东道国金融体系的效率、防止金融过度创新。

第三节　海外金融安全风险防控体系与保障能力

与国内企业相比，海外经营企业面临更加纷繁复杂的海外环境，不确定性和不稳定性更高，经常遭受海外金融风险的冲击，因此亟待构建海外金融安全风险防控体系与保障能力来维护海外企业利益。海外经营企业需要构建海外金融风险预警体系，提前采取防控措施，争取把损失降到最低；应高度重视海外金融风险防范和控制，亟待构建风险防控体系；应加强“合规”建设，构建海外企业“合规”体系，避免因不“合规”而蒙受损失；要高度重视海外金融安全保障能力建设，与东道国加强多双边合作。

一、海外金融风险预警体系

预警（或称预先警报），一般是指在危险出现前发出的警报，其中包括信息处理系统的供应链管理，以及包括传感、决策等系统。预警的目的是尽可能多地为决策反应单位提供时间，用以最大程度减少生命财产损失。我们经常采用预警分级的方式来区分警报的紧急程度，并根据不同分级来制定相应的应对措施，如我们可以根据危险的程度以及问题的棘手程度进行警报分级，常用的有红色警报、橙色警报、黄色警报等等，一般而言，颜色越深表示紧急程度越高。预警在自然科学、工程技术和军事科学当中应用广泛，如灾害天气预警、地震预警、重大传染病预警和军事科学中的“空中大脑”预警机等。

近年来，在经济金融领域也开始广泛采用预警方法，一些国际组织构建了预警体系来防范各种经济金融风险，比较著名的预警体系有国际货币基金组织开发的新兴经济体脆弱性预警体系、发达经济体脆弱性预警体系、低收入经济体脆弱性预警体系，以及亚洲开发银行开发的经济和金融监测的脆弱性指标及早期预警系统等，在防范经济金融风险方面发挥着重要作用。

世界正经历百年未有之大变局，国际政治经济格局深度调整，外部环境复杂多变。当前世界经济复苏动力不足，全球通胀仍处高位，国际金融市场跌宕起伏，贸易保护主义明显抬头，经济全球化遭遇逆流，海外金融风险不断上升，亟待进行全方位的“扫描预警”。金融安全是国家经济安全的核心，构建完善的金融风险保障体系非常必要。由于金融风险往往存在很强的突发性、隐匿性和外溢性，因此无论如何强调金融风险预警都不过分，有效可靠的金融风险预警体系是防范和化解金融风险的强有力技术支撑。

从近些年爆发的区域性和全球性经济金融危机来看，无论是 1997 年东南亚金融危机、2008 年全球金融危机，还是 2009 年欧洲债务危机，无疑都表明金融风险具有很强的跨境传染性，依靠单个国家力量是很难应对的，需要世界各国的共同协作，建立起跨境金融风险预防预警体系，构建起“宏观审慎 + 微观审慎”相结合的风险管理体系，充分利用现代信息技术，密切监测世界各经济体的经济和金融发展动态，确保能及时发出准确有效的预警，做到早发现、早预警、早处置，这是区域性、全球性经济金融合作能否顺利开展的重要保障。

如前所述，已有的跨境金融风险预警体系在保障世界经济稳健发展过程中发挥着重要作用，海外经营企业要高度关注相关风险预警信息，并及时做出应对措施，从而降低金融风险对自身利益的影响和冲击，但已有跨境金融风险预警体系较少考虑风险在不同经济体之间的传导性，对各经济体之间风险溢出效应的识别、监测和预警关注不够，金融风险预警效率不高，这在 2008 年全球金融危机爆发时没有发出相关预警便可见一斑，这为进一步完善跨境金融风险预警系统指明了重要方向。

除了国际组织构建的跨境金融风险预警体系之外，世界重要发达经济体也大都建立起了自己的金融风险预警体系，如美国、英国、德国等欧美发达国家，以及亚洲的日本、新加坡等，它们的金融体制比较健全，构建的金融风险预警体系具有较强的借鉴意义，我们应该在借鉴这些发达经济体金融风险预警体系的基础上，结合自身的特点和优势，构建起中国特色的金融风险预警体系，为有效防范系统性金融风险创造条件，为海外经营企业保驾护航。

二、出海企业风险防控体系

随着改革开放的不断深入，中国企业的海外事业稳步推进，赴海外投资规模不断扩大，中国派驻到境外的员工数量不断增多。但近年来，国际政治经济形势波谲云诡，大国战略博弈此消彼长，中国境外项目面临的风险呈现多元和高发态势，中国的海外利益保护存在诸如高风险、低安保、损失惨、救济弱、轻反思、缺监管等现象，[①] 海外利益保护力度还远远不够，金融风险一旦发生，中国企业将面临严重损失。出海企业面临的风险当中，金融风险因其突发性强和损失率高的特点格外引人注目，出海企业必须引起足够重视，应该具备底线思维，建立起切实可行的风险防控体系，做到防微杜渐，从而有效保障中国的海外利益安全。

针对企业海外经营风险远高于国内的实际情况，出海企业更应高度重视风险防控，应组建专门的风险防控部门，努力提高自身的风险识别和防范能力。出海企业要不断加强与国际接轨，通过各种渠道广泛搜集目标国家的信息资料，掌握国际通行的跨国投资规则，以及风险发生时国际通行的风险防控措施，出海经营企业需要学习借鉴知名跨国公司的风险防控经验，并结合自身实际情况，选择合适的指标构建起适合自己的风险防控体系，尽量做到防患于未然，降低出海企业可能面临的风险和冲击。

关于出海项目的风险管控实践，应鼓励出海企业树立起全流程风险管控理念，企业重要负责人须时刻绷紧一根风险防范弦，建立起相比国内更为严格的风险管控制度。在项目投资的各个阶段，无论是项目的投资前、投资中还是投资后都需要做好风险管控工作。在进行投资决策前，要高度重视投前的风险尽职调查，风险尽职调查要细致、全面、深入实际。风险尽职调查做得越细致，后期投资可能面临的风险就越少，针对可能出现的风险点做好各种应对预案。在项目投资过程中，要加强与东道国企业和第三方企业的金融合作，尽量规避投融资过程中的风险。项目投资完成后，还要持续关注项目的后续运营问题，必要时可以为东道国政府提供运营辅

---

① 梅建明：《论新时期中国海外利益保护面临的挑战与对策》，《中国人民公安大学学报》2019 年第 5 期，第 3 页。

助，如辅助非洲国家铁路运营等，防范后续项目运营面临的风险。

三、海外企业合规体系

合规（compliance）一般是指“遵循”“遵守”“遵从”。不同部门给出的合规定义各有不同：据国务院国有资产监督管理委员会2022年发布的《中央企业合规管理办法》规定，合规是指企业经营管理行为和员工履职行为符合国家法律法规、监管规定、行业准则和国际条约、规则，以及公司章程、相关规章制度等要求；① 据中国银行业监督管理委员会2006年发布的《商业银行合规风险管理指引》规定，合规是指使商业银行的经营活动与法律、规则和准则相一致。其中所称的法律、规则和准则，是指适用于银行业经营活动的法律、行政法规、部门规章及其他规范性文件、经营规则、自律性组织的行业准则、行为守则和职业操守；② 据国家发展改革委等部门2018年联合发布的《企业境外经营合规管理指引》规定，合规是指企业及其员工的经营管理行为符合有关法律法规、国际条约、监管规定、行业准则、商业惯例、道德规范和企业依法制定的章程及规章制度等要求。③

强化企业的合规管理是全面依法治国战略的必然要求，习近平总书记在中央全面依法治国委员会第二次会议上指出，“强化企业合规意识，保障和服务高水平对外开放”④。出海企业要想在全球市场做大做强，必须遵守国际市场规律和规则以及东道国法律法规，做到诚实守信、合规经营，积极履行企业的社会责任。合规意识既是海外投资企业的必备素质之一，也是能在国际竞争中站稳脚跟的重要保障。中国高度重视企业合规，2021年发布的《中华人民共和国国民经济和社会发展第十四个五年规划和二〇三

---

① 国务院国有资产监督管理委员会：《中央企业合规管理办法》，2022年9月16日，http：//www. sasac. gov. cn/n2588035/n22302962/n22302967/c26018430/content. html。

② 中国银行业监督管理委员会：《商业银行合规风险管理指引》，2006年10月25日，http：//www. cbirc. gov. cn/cn/view/pages/ItemDetail. html? docId = 436&itemId = 928&generaltype = 0。

③ 国家发展改革委等：《企业境外经营合规管理指引》，2018年12月16日，https：//www. ndrc. gov. cn/fggz/lywzjw/zcfg/201812/t20181229_1047064. html。

④ 《习近平主持召开中央全面依法治国委员会第二次会议》，央广网，2019年2月26日，https：//m. cnr. cn/news/20190226/t20190226_524521747. html。

五年远景目标纲要》和《法治中国建设规划（2020—2025 年）》，以及 2020 年发布的《法治社会建设实施纲要（2020—2025 年）》等文件，均对企业合规意识及合规经营提出了明确要求。

如前所述，出海企业进行合规管理非常必要。从被动的角度来讲，合规管理是由外部法律和规则强制性要求的，因为一旦出海企业的合规出了问题不仅企业将面临巨额罚款，进而引发企业经营危机，而且企业高管也可能因此面临刑事责任；从主动的角度来说，合规管理一方面可以确保出海企业和个人行为的确定性，增强出海企业的市场竞争力，而且有利于突破东道国更高的市场准入门槛，得以进入更多国际市场。对于出海企业而言，“规”无处不在，主要包括：联合国决议、各国法律法规、条例；中国政府及各部门、各地方政府规章、条例；中国最高人民法院及各级人民法院司法解释。从合规的领域来看，主要包括：贸易合规和金融合规两个方面，其中，贸易合规主要涉及瓦森纳协定、欧盟出口管制条例、美国出口管制条例等；金融合规主要涉及联合国安理会制裁决议、伊朗交易和制裁条例、美国财政部海外资产管理办公室制裁等。

出海企业要树立起系统“大合规”理念，并构建起全面合规管理体系，对企业海外运营进行有效合规管理，以更好防范海外运营所面临的各类风险。具体来说，企业合规管理体系主要包括制度制定、风险识别、合规审查、风险应对、责任追究、考核评价与合规培训等方面。[①] 出海企业的各个业务部门、子公司、分支机构与附属机构要承担海外合规风险的直接管理责任；出海企业的合规、内控、人力资源和信息科技等部门，要负责开展海外合规风险的监测和管理，出海企业的审计稽核、纪检、清算等部门，要负责对海外合规管理进行独立的监督与评价，出海企业的董事、监事与高级管理部门是海外合规管理的最后防线，而且各部门之间还需相互密切配合与协调，唯有如此才能保证企业合规体系发挥有效作用。

四、海外金融安全保障能力建设

随着大量中国企业“走出去”开拓海外市场，我国境外投资快速增长，中资企业在海外市场不断做大做强，中国海外利益规模得以迅速拓

① 张国勋：《建设海外业务合规体系为企业发展保驾护航》，《海外投资与出口信贷》2019 年第 5 期，第 45—48 页。

展。与此同时，与欧美发达国家相比，我国大部分出海企业的国际竞争经验不足，境外金融投资的风险防控意识相对欠缺，国内相关部门对海外主体的监管还存在薄弱环节，中国涉外法律法规制度还不健全，再加上中国跨国金融投资人才缺乏，中国的海外利益面临严峻的海外金融风险考验。海外金融风险主要包括国家信用风险、投资回收风险、汇率风险、法律风险和金融制裁等，中国亟待建设海外金融安全保障能力，构建具有中国特色的跨境金融安全体系，有效保护中国的海外资产安全。

保持国内金融稳定运行是海外金融安全的前提和基础，是有效抵御境外金融冲击和参与海外金融博弈的先决条件。金融是实体经济的血脉，是国家重要的核心竞争力，维护金融安全关系着国家经济社会发展的全局，防止发生系统性金融风险是金融工作永恒的主题。针对国内系统性金融风险正逐步累积且存在上升趋势，股市、债市和汇市风险不断显现的实际情况，要高度重视金融风险防范工作，要把主动防范化解系统性金融风险放在更加重要的位置，增强金融风险防范意识，不断完善金融安全防线和风险应急处置机制，构建防范金融风险的常态化工作机制。面对纷繁复杂的国内外形势，必须始终保持高度警惕，既要高度警惕“黑天鹅”事件，也要防范“灰犀牛”事件，不能忽视任何一个风险，也不能放过任何一个隐患。中国货币金融政策要在关注短期逆周期调节的基础上，注重跨周期调节，为实体经济中长期发展创造稳定的金融环境，促进经济金融稳定健康发展。

与东道国加强多边和双边合作机制建设。全球不确定性、不稳定性增加，海外经营企业面临严峻的金融风险考验。相对于欧美发达国家，中国在金融领域的国际影响力还相对有限，一旦东道国爆发经济金融危机，中国能采取的海外利益保护手段不多，在这种不利的形势下，与东道国加强多边和双边合作机制建设是比较有效的手段，完善的多双边合作机制可以在很大程度上保护中国海外金融利益，如与更多国家开展双边投资协定谈判并商签双边投资协定协议，与更多友好国家开展自由贸易协定谈判，升级现有的自由贸易协定并商签更多自由贸易协定。在金砖国家峰会、上海合作组织及亚洲基础设施投资银行等框架下与更多国家进行深入金融合作，与“一带一路”共建国家一起高质量共建“一带一路”，与广大发展中国家一起努力推动世界贸易组织、世界银行和国际货币基金组织改革，积极践行多边主义。

与东道国加强法律协作与司法合作。与国内市场相比，境外市场的营商环境更为复杂多变，对海外企业的法律风险防范提出了更高要求。海外企业不仅需要遵循国际市场规则，更要敬畏东道国的法律法规，对企业的合规性经营要求也更高。中国要不断加强涉外法律体系建设，尤其要加快对外投资的立法工作，统一制定《中华人民共和国对外投资法》，不断完善中国涉外法律体系。加强与驻在国的法律协作与司法合作，共同推进国际合作案件的办理，增进双方对彼此法律制度和司法状况的了解，为海外提供法律服务和咨询，协调解决涉外法律纠纷。积极培育多元化、专业化和国际化的法律服务机构，支持与东道国开展深度法律协作和司法合作。

第四节 海外金融安全国际合作

随着世界经济联系的增强，全球金融系统已深度依存，海外金融风险的国际联动性不断上升，一国爆发金融动荡将很快影响周边甚至全球国家，从历次金融危机的发展过程来看，金融危机爆发后很短时间内便快速外溢，形成区域性金融危机乃至全球金融危机，因此需要世界各国团结协作，共同防范金融危机的不利影响。世界各国需要加强国际金融监管合作，共同构建国际金融信息共享系统建设，以及加强国际金融紧急救助合作，共同维护国际金融系统的繁荣稳定。

一、国际金融监管合作

随着经济全球化程度的加深，跨境监管合作的重要性日益凸显，2020年瑞幸咖啡的财务造假行为引起市场对跨境监管合作的高度关注。中国十分重视资本市场的跨境监管合作，多次修订《中华人民共和国证券法》并颁布相关规定，与国外证监会组织开展合作，对跨境金融监管合作进行规范，如1994年颁布了《国务院关于股份有限公司境外募集股份及上市的特别规定》，2005年和2019年两次修订《中华人民共和国证券法》，2014年印发了《国务院关于进一步促进资本市场健康发展的若干意见》，1995年中国证监会加入了国际证监会组织，2007年签署了国际证监会组织《磋商、合作及信息交换多边谅解备忘录》，2014年中国证监会与中国香港证监会签署《沪港通项目下加强监管执法合作备忘录》，2016年中国证监会与中国香港证监会签署《内地与香港股票市场交易互联互通机制下中国证监会与香港证监会加强监管执法合作备忘录》等，中国在跨境监管合作上取得很大进步，有利于降低国家扩大金融开放中的各种风险，促进国家资本市场的健康发展，彰显负责任大国风范和担当。

金融风险无国界。现代金融风险具有很强的跨境传染性。巴塞尔委员会认识到构建监测和控制流动性风险统一标准的重要性，并提出了覆盖流动性风险管理的指标。金融监管全球化是金融全球化在宏观层次的现实需要，需要构建一个统一、协调的国际金融监管机制，实现金融规则、监管机制、会计准则和信息披露的透明度标准统一化。国际金融监管领域应该建立联动机制，推动跨境金融监管深度合作，强化信息沟通和数据共享，共同维护国际金融安全。①

在全球开放的环境下，必须加强预判重大国际经济金融风险，提升经济金融风险监测手段，完善资本管理政策工具，加大跨境监管合作的力度。2019 年 2 月，习近平总书记强调，要“适时动态监管线上线下、国内国际的资金流向流量，使所有资金流动都置于金融监管机构的监督视野之内”②。与境外主要跨境资金交易国家（地区）签署谅解备忘录，构建异常交易信息互换机制，重点关注异常跨境资金流动，防范热钱大进大出的不利影响。与世界主要经济体一道构建跨境监管协作制度，积极探索和改革现有跨境金融监管机制，与更多国家签署多双边监管合作谅解备忘录，形成多层次国际金融监管合作与协调安排，完善跨境金融违规违法行为监管处罚制度。为满足跨境金融监管的专业化、国际化人才要求，要不断加强跨境金融监管人才培养和队伍建设。积极参与国际组织的监管合作活动，弥补当前中国在自贸协定中监管合作程度低的问题。

二、国际金融信息共享系统建设合作

数字经济时代，数据已成为关键生产要素，是国家核心战略资源和社会重要财富。数字经济发展规律表明，静态的数据价值相对有限，只有确

---

① 周道许：《金融安全学》，中国法制出版社 2022 年版，第 200 页。

② 《习近平：深化金融供给侧结构性改革　增强金融服务实体经济能力》，央广网，2019 年 2 月 24 日，http：//china.cnr.cn/news/20190224/t20190224_524519971.shtml。

保数据开放流动，金融机构才能结合数字技术获得更好的发展，并在国际竞争中占据主动。数据共享是开发、利用数据不可或缺的重要手段，可以提高数据的利用率和创新能力，有力打破数据孤岛壁垒，打通数据互通共享，促进产业升级和转型，推动社会和经济的发展。金融是数据密集型行业，金融机构一直是现代信息技术的积极应用者，“数据大集中”已成为金融业重要发展趋势。金融机构能以较低收集成本聚合尽可能多的金融数据，不仅可以提升自身金融产品的竞争力，而且大量金融数据还是公共管理机构用来防范、惩处欺诈和洗钱等不法行为的重要抓手。但与此同时，在各国的金融实践中，出现了大量因金融数据共享而导致的信息泄露、信息不当使用等一系列问题，侵害了个人金融信息权益，危害国家金融信息安全，必须有效监管国际金融信息共享，保障金融数据信息安全与个人隐私不受侵害。

作为银行互联网化后金融业的重要变革，金融数据共享被视为一场银行业“革命”，足以颠覆传统银行模式，《经济学人》杂志更是直接将其描述为银行业的“地震”。在金融数据共享领域，欧洲和美国走在了前列，其中，英国竞争和市场管理局于 2016 年开始主导开放的银行服务计划，并于 2018 年开始在英国的大银行逐步实施，实现了个人和小企业主与银行及其他第三方服务安全共享数据。欧盟于 2016 年通过了“支付服务规划 2”法令，规定于 2018 年 1 月 13 日起欧洲银行必须把支付服务和相关客户数据开放给第三方服务商。[①] 美国在《多德－弗兰克法案》基础上成立了消费者金融保护局，并于 2016 年发布了关于金融数据共享的 9 条指导意见，引导和促进美国金融科技公司之间开展自下而上的数据共享。澳大利亚、新加坡、日本和韩国追随英国和欧盟的模式，即采用政府主导自上而下推动金融数据共享；美国采用的是自下而上的市场主导金融数据共享模式。在金融数据共享方面，我国金融业要明显滞后于欧美发达国家，目前我国银行业大而不强，还处在快速追赶欧美发达国家的进程中。

金融数据共享和开放体现了互联网精神的精髓，共享金融数据的新模式将给金融服务业带来巨大变化，部分银行将因失去客户和数据的垄断优势致使利润严重受损而终被淘汰，而积极拥抱新模式的银行将可能转型成

---

① 袁进明：《大数据视角下的开放银行数据共享模式与监管研究》，《海南金融》2021 年第 5 期，第 47 页。

为金融服务基础平台，如美国的花旗银行等。金融科技公司将受益良多，它们不用申请金融牌照便可开展金融业务，获得大量数据和用户，优化技术和用户体验。受益最大的是广大用户，他们可以采用同一账户来统一管理多种金融服务，实现多种金融服务和场景的无缝衔接，享受现代金融服务的便捷化和智能化。通过金融数据共享，推动传统银行和金融科技公司更深层次地展开协作与竞争，最终追求用户利益最大化。我国正努力提高国家金融基础数据库实用功能，不断努力做好金融统计数据生产和调查分析基础研究工作，不断下大力气扩大金融信息共享，但与欧美发达国家相比还有不小差距。

进入金融全球化时代，金融科技和金融创新层出不穷，跨境资本流动越来越频繁，对跨境金融监管提出了更高要求。各国之间的金融数据不公开形成了数据孤岛，不仅降低了全球金融运行效率，提高了世界各国的社会成本，还给跨境金融监管造成了严重障碍。全面、准确、及时的信息数据是实现金融业有效监管和系统性金融风险监测的基础与保证。宏观审慎政策要求在一国乃至全球范围内建立开放的、标准化的金融数据体系。中国应该与全球重要经济体一起为建设国际金融信息共享系统而不断努力，首先要在现有世界经济秩序中发挥建设性作用，积极推动国际金融共享系统建设；其次是在中国主导的国际组织或倡议中积极推动国际金融信息共享，如在金砖国家峰会、共建“一带一路”倡议等推动国际金融信息共享系统建设；最后是升级现有的自由贸易协定，加入更多金融数据共享的相关条款。

三、国际金融紧急救助合作

从历史上看，经济金融危机通常表现为货币危机、债务危机和地产危机。1973 年 2 月，布雷顿森林体系正式瓦解，国际货币体系迈入牙买加时代，全球货币体系变得更不稳定，周期性的货币危机频繁发生，如 1992 年英镑危机和 1997 年东南亚金融危机表现为货币危机，20 世纪 80 年代拉美债务危机、1994 年墨西哥债务危机、1998 年俄罗斯债务危机、2001 年阿根廷债务危机和 2010 年欧洲债务危机等表现为债务危机。2008 年全球金融危机则由美国地产行业危机（次贷危机）所引发。经济金融危机的破坏力惊人，往往会给当事国乃至全球经济造成严重破坏，世界各国及国际金融组织往往会采取国际金融紧急救助措施，但从以往危机的救助情况来看，效果并不尽如人意。

当前全球经济金融体系相较以前更加脆弱，新兴市场国家的债务水平高企、外向性特征明显，以及自身安全体系薄弱，非常容易受外围政策环境的扰动，如美元加息往往对新兴市场国家流动性造成很大冲击，新兴金融市场波动性加剧。发达经济体的政府债务率大都比较高，执行积极扩张的财政政策的空间有限、可持续性较差，经常采取宽松货币政策应对不利局面，如2008年全球金融危机后发达经济体普遍采取量化宽松货币政策。世界各国的债务资产质量恶化是不可忽视的重要因素，尤其是金融与地产行业最为明显，是金融危机或债务危机的重要“导火索”，如1997年泰国银行资产质量问题给国际投机者以可乘之机，2008年全球金融危机因次级贷款而引发。金融危机另一个重要外在推动力为美元周期及地缘政治博弈，20世纪80年代的拉美债务危机和2008年全球金融危机便是由美元加息周期直接引爆，三次石油危机也引发了多次经济金融危机。

经济金融危机的破坏力惊人，一旦爆发将造成极其严重的经济损失，绝大部分当事国若仅凭自身力量往往难以走出困境，大都需要得到国际金融紧急救助，主要是寻求国际货币基金组织和世界银行等国际金融组织的支持，但往往需要债务国付出相当大的代价，如拉美债务危机的解决，初期阶段在国际货币基金组织的监督下，拉美债务国执行以紧缩为特征的应急性经济调整，以牺牲国内经济为代价恢复外部平衡，但未能解决债务问题，到后期阶段，重心逐步转向经济发展，通过修复偿债能力来缓解债务危机，但仍未能彻底摆脱牺牲债务国经济换取危机解决的固有思路，很多拉美国家因此陷入中等收入陷阱。

2020年新冠疫情暴发以后，疫情防控对非洲国家薄弱的公共卫生体系、有限的财政金融资源和社会民生保障工作构成了严峻考验，非洲国家面临非常大的偿债压力，近30个国家向国际金融组织提出紧急性纾困贷款，向国际社会表达债务救助或债务免除的诉求。二十国集团、国际货币基金组织和世界银行通过“暂缓最贫困国家债务偿付倡议”、灾害救助基金、紧急救助基金和纾困贷款等方式提供金融支持。[①] 我国积极执行“暂缓最贫困国家债务偿付倡议”，并进一步通过援助、贸易和投资等继续加

① 周玉渊：《新冠肺炎疫情下国际社会对非债务救助与中国的角色》，《当代世界》2020年第9期，第72页。

大对非洲国家的支持。作为全球第二大经济体和最大的发展中国家，中国会继续在国际金融紧急救助合作中发挥积极作用，加大与巴黎俱乐部国家合作，借鉴巴黎俱乐部在债务救助方面的经验；积极参与二十国集团、国际货币基金组织和世界银行等国际组织的债务救助行动，在力所能及的基础上，在国际金融紧急救助方面发挥建设性作用。

案例：东南亚金融危机及各国应对

1997 年之前，东南亚地区在高利率环境和金融自由化共同作用下，吸引大量国际资本流入股市和楼市当中，因此催生了资产价格泡沫，东南亚各国的外债增长速度过快，金融风险不断积聚，但当时东南亚国家的外汇储备并不充足，东南亚各国的经济基本面也相对较为脆弱，东南亚各国在仍实行固定汇率制的情况下过早放开资本项目管制，给以索罗斯为代表的国际金融炒家以可乘之机。[①]

1994 年初，美联储开始新一轮加息周期，资本开始回流美国，美元开始升值，固定汇率下美元升值导致东南亚地区出口增速放缓，经济增长减速，进而引发国际投资者担忧，国际资本开始撤离东南亚地区。1997 年 2 月起以索罗斯为首的国际游资做空，狙击执行固定汇率的泰铢，最终刺破资产价格泡沫，导致东南亚地区的固定汇率制崩盘和货币贬值，在当时高外债环境下引发了货币危机和金融危机，并迅速传染到邻国，形成地区性金融危机和经济危机[②]。

东南亚金融危机爆发后，东南亚各国的金融系统严重受挫，金融机构大量倒闭，资产价格大幅缩水；东南亚地区经济衰退，经济损失严重。而后该地区各国接受国际货币基金组织的国际援助，在国际货币基金组织的监督下，先期执行紧缩政策但效果欠佳，后期执行扩张政策，对金融业和企业进行重整，在付出惨痛代价之后完成“自我救赎”，大多数东南亚国

---

① 安毅、常清、付文阁：《历次国际金融危机与世界经济格局变化探析——兼谈中国的未来出路和应对之策》，《经济社会体制比较》2009 年第 5 期，第 74—77 页。

② 马蓉：《金融危机的起源与治理——评彼得 · 蒙蒂尔的〈十大危机〉》，《国外理论动态》2015 年第 2 期，第 140—144 页。

家因此而落入中等收入陷阱。东南亚金融危机期间，中国主要通过推动去产能、去杠杆和结构转型来应对冲击，并坚持人民币不贬值，减轻了东南亚国家的经济压力。中国以牺牲出口利益为代价，确保整个东亚地区，尤其是东南亚地区的稳定，展现了负责任大国的担当。

思考题

1. 简述海外金融安全的含义。
2. 简述国际金融监管的主要内容。
3. 简述海外投资企业合规管理内容。

参考文献：

［1］［美］阿诺德·沃尔弗斯著，于铁军译：《纷争与协作——国际政治论集》，世界知识出版社 2006 年版。

［2］傅贵：《安全概念的中美对比》，《中国科学报》2012 年 10 月 26 日。

［3］袁进明：《大数据视角下的开放银行数据共享模式与监管研究》，《海南金融》2021 年第 5 期。

［4］中华人民共和国商务部、国家统计局、国家外汇管理局编：《2021 年度中国对外直接投资统计公报》，中国商务出版社 2021 年版。

［5］王洪章主编：《国家金融安全：风险预警与边界构建》，北京大学出版社 2023 年版。

［6］张幼文：《国家经济安全问题的性质与研究要点》，《世界经济研究》1999 年第 3 期。

［7］张国勋：《建设海外业务合规体系为企业发展保驾护航》，《海外投资与出口信贷》2019 年第 5 期。

［8］张炳辉主编：《金融安全概论》，中国金融出版社 2018 年版。

［9］周道许主编：《金融安全学概论》，中国法治出版社 2022 年版。

［10］马蓉：《金融危机的起源与治理——评彼得·蒙蒂尔的〈十大危

机〉》，《国外理论动态》2015 年第 2 期。

[11] 李杨主编：《金融学大辞典》，中国金融出版社 2014 年版。

[12] 刘锡良、罗得志：《金融制度变迁与金融稳定》，《财贸经济》2000 年第 3 期。

[13] 梁勇主编：《开放的难题：发展中国家的金融安全》，高等教育出版社 1999 年版。

[14] 安毅、常清、付文阁：《历次国际金融危机与世界经济格局变化探析——兼谈中国的未来出路和应对之策》，《经济社会体制比较》2009 年第 5 期。

[15] 梅建明：《论新时期中国海外利益保护面临的挑战与对策》，《中国人民公安大学学报》2019 年第 5 期。

[16] 国家发展改革委等：《企业境外经营合规管理指引》，2018 年 12 月 16 日，https：//www. ndrc. gov. cn/fggz/lywzjw/zcfg/201812/t20181229_1047064. html。

[17] 中国银行业监督管理委员会：《商业银行合规风险管理指引》，2006 年 10 月 25 日，http：//www. cbirc. gov. cn/cn/view/pages/ItemDetail. html？docId = 436&itemId = 928&generaltype = 0。

[18] 乔瑞：《谈中国外债统计监测系统的建立和运行》，《国际金融研究》1988 年第 5 期。

[19] 国家外汇管理局：《外债统计监测暂行规定》，1987 年 8 月 27 日，http：//www. safe. gov. cn/safe/1987/0827/5590. html。

[20]《习近平主持召开中央全面依法治国委员会第二次会议》，央广网，2019 年 2 月 26 日，https：//m. cnr. cn/news/20190226/t20190226_524521747. html。

[21]《习近平主持中共中央政治局第四十次集体学习》，中国政府网，2017 年 4 月 26 日，https：//www. gov. cn/xinwen/2017 – 04/26/content_5189103. htm。

[22]《习近平在全国金融工作会议上强调 服务实体经济防控金融风险深化金融改革 促进经济和金融良性循环健康发展》，央广网，2017 年 7 月 15 日，https：//news. cnr. cn/native/gd/20170715/t20170715_523851731. shtml。

[23]《习近平：深化金融供给侧结构性改革 增强金融服务实体经济

能力》，央广网，2019 年 2 月 24 日，http：//china. cnr. cn/news/20190224/t2019 0224_524519971. shtml。

［24］周玉渊：《新冠肺炎疫情下国际社会对非债务救助与中国的角色》，《当代世界》2020 年第 9 期。

［25］王元龙：《中国金融安全论》，知识产权出版社 2019 年版。

［26］中国人民银行金融稳定分析小组：《中国金融稳定报告（2005）》，中国金融出版社 2005 年版。

［27］何德旭、娄峰：《中国金融稳定指数的构建及测度分析》，《中国社会科学院研究生院学报》2011 年第 7 期。

［28］卢进勇、杨国亮、杨立强等编著：《中外跨国公司发展史》（上卷），对外经济贸易大学出版社 2016 年版。

［29］国务院国有资产监督管理委员会：《中央企业合规管理办法》，2022 年 9 月 16 日，http：//www. sasac. gov. cn/n2588035/n22302962/n22302967/c26018430/content. html。

［30］Barry Eichengreen，Ricardo Hausmann，"Other People's Money：Debt Denomination and Finacial Instability in Emerging Market Economies"，Chicago：University of Chicago Press，2005.

第五章 海外投资安全

海外投资利益是海外利益的重要内容，对于包括中国在内的海外投资大国而言尤为重要。中国的海外投资规模巨大、分布广泛、行业多元，进一步凸显了海外投资安全这一议题的重要性。本章将从概念界定、风险识别、风险防控体系与保障能力和国际合作四个方面对海外投资安全进行分析阐述。

第一节 海外投资安全的定义

一、海外投资

海外投资是一个相对成熟且被广泛认可的全球性议题，又称外国直接投资、对外直接投资、境外投资等，虽然在概念阐述上略有差异，但基本内容是一致的。

根据经济合作与发展组织（OECD，以下简称经合组织）《关于外国直接投资基准定义（第四版）》，外国直接投资是一个国家的居民（直接投资者）在其所在国之外的另一个国家的居民（直接投资企业）进行的以获得持久利益为目的的活动。①

根据商务部《2022 年度中国对外直接投资统计公报》，对外直接投资是境内投资者以控制国（境）外企业的经营管理权为核心的经济活动，体现在一经济体通过投资于另一经济体而实现其持久利益的目标。

根据国家发展改革委《企业境外投资管理办法》，境外投资是指境内

---

① 鉴于中西方表达习惯的差异性，本书所讨论的海外投资等同于“Outward FDI”直译过来的“外向直接投资”或“外国直接投资流出”。

企业直接或通过其控制的境外企业，以投入资产、权益或提供融资、担保等方式，获得境外所有权、控制权、经营管理权及其他相关权益的投资活动。

截至2022年底，中国2.9万家境内投资者在国（境）外共设立对外直接投资企业4.66万家，分布在全球190个国家（地区），年末境外企业资产总额8.4万亿美元，对外直接投资累计净额27548.1亿美元。①

二、海外投资安全

海外投资利益中的“利益”二字，可以理解为权利和收益，海外投资企业在国际化经营过程中，合情合理、合法合规地享有在国（境）外的相关权利和经营收益。当合法利益受到损害，或遇到了相关风险挑战，这时候就出现了海外投资安全的问题。海外投资利益、海外投资风险和海外投资安全三者之间有很大的关联性，虽没有严格意义上的概念界定和对比分析，但约定俗成的常识性理解还是可以被广泛认可。

海外投资安全是指海外投资企业在海外经营过程中，由于政治、经济等领域的风险因素或突发事件，使得正常的商业活动受到阻碍，导致其海外投资利益受到损害，资产市值、利润回报和人员安全也无法得到保障。

第二节　海外投资安全的风险识别

海外投资是一项长期投资，其安全性和稳定性至关重要，只有保障了安全性和稳定性，才有可能实现营利性的最终目标，因此海外投资的安全议题备受关注，这就要求海外投资企业针对安全隐患做好风险识别。

影响海外投资安全的风险因素有很多，既有宏观层面的国家风险，也有企业层面的操作风险，既包括政治风险和经济风险，也包括社会风险和文化风险。如表5-1所示，目前关于海外投资安全的风险分类有很多种，而本节着重从宏观层面讨论风险识别。

---

① 中华人民共和国商务部、国家统计局、国家外汇管理局：《2022年度中国对外直接投资统计公报》，中国商务出版社2023年版。

表 5－1　海外投资安全的风险分类

相关机构	风险分类
商务部	政治风险、经济风险、政策风险、自然风险等
商务部	政治风险、经济风险、自然灾害风险、医疗卫生风险、恐怖活动风险、社会治安风险等
中华全国归国华侨联合会	目标公司风险、东道国政治和环境风险、竞争对手风险、整合风险、后疫情时代投资环境风险等
普华永道	政治风险、外汇风险、运营风险、资产保值增值风险、税务风险、合规风险、人员风险等
金杜律师事务所	国家安全审查、单边制裁、刑事指控、政府机构调查、多边开发银行调查与制裁、强制退市等

资料来源：商务部：《对外投资合作境外安全风险预警和信息通报制度》，2010 年；商务部：《境外中资企业机构和人员安全管理指南》，2023 年；中华全国归国华侨联合会：《中国企业海外投资安全防范指南》，2021 年；普华永道：《境外投资风险管理白皮书》，2020 年；金杜律师事务所：《中国投资者海外投资合规经营和权益保护实用指南》，2022 年。

一、政治风险

政治风险包括政局动荡、政策变动、法律与监管歧视、政府违约与征收、双边关系紧张等。

政治稳定既是双边经贸关系的重要保障，又是影响海外投资安全的重要因素，一旦出现政局动荡，海外投资利益就会受到严重影响，典型事件有阿富汗战争、利比亚冲突、乌克兰危机等。

政策变动是指当地政府在财政、货币、外汇、税收、环保、劳工、资源等领域的政策调整和国有化征收等。政策变动是由政治决策者带来的，因此也归类为政治风险，导致营商环境的恶化，影响到海外企业的投资决策和商业利益，在现实中反映为外商投资政策、法律环境缺乏延续性和稳定性。

海外投资安全需要法律法规和政府监管，这是必要的保障，但歧视性的法律条款与监管却事与愿违，会增加海外投资风险，影响海外投资利益，典型案例是近年来欧美国家不断升级的国家安全审查制度。

政治风险涵盖的因素有很多，根据美国政治服务集团国际国家风险评估指南（ICGR），政治风险指标从政府稳定性、社会经济条件、投资执行

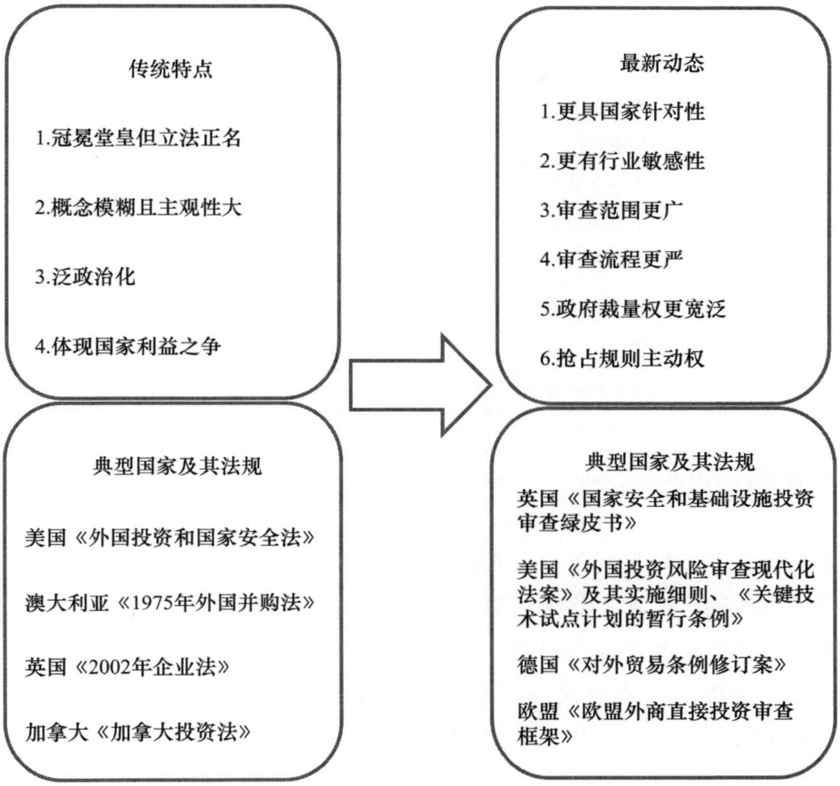

图 5－1　国家安全审查制度的今昔国别对比

资料来源：李锋：《美国外国投资安全审查制度发展态势》，《国际经济合作》2020 年第 5 期，第 54 页。

情况、内部冲突和外部冲突、腐败状况、军事干预政治等 12 个方面进行打分并综合权衡。

表 5－2　ICRG 政治风险的细分指标及衡量权重

细分指标	衡量权重（最大分值）
政府稳定性	12
社会经济条件	12
投资执行情况	12

续表

细分指标	衡量权重（最大分值）
内部冲突	12
外部冲突	12
腐败状况	6
军事干预政治	6
宗教紧张局势	6
法律和秩序	6
民族紧张关系	6
民主责任	6
行政机构质量	4
合计总分	100

资料来源：PRS Group，https：//www. prsgroup. com/explore - our - products/icrg/。

不管是学界还是实务界，政治风险都被认为是影响海外投资安全的最重要风险类别。根据普华永道2020年的《境外投资风险管理白皮书》，政治风险是最受企业关注的风险，其调研结果显示有75%的用户反馈企业在境外投资过程中面临该风险，是第一大风险，但由于其“突发且难以控制”的风险特征，政治风险备受瞩目，而且一旦发生，往往是重大的甚至是毁灭性的打击。

二、社会风险

社会风险包括社会治安风险、文化冲突风险等。

社会治安风险指影响社会治安的各种矛盾因素。社会治安是指社会在一定的法律、法规及制度的约束下而呈现的一种安定、有秩序的状态或状况。具体而言，社会治安风险包括纠纷、抢劫、勒索、绑架、汽车劫持、盗窃、诈骗等。

文化冲突风险既来自意识形态的对立和大国博弈的竞合，又归因于语言文化和社会习惯的差异，还体现在与当地社区民众和工会组织的矛盾，更细化为千差万别的社会商业习惯和企业经营理念。

三、市场风险

市场风险包括宏观经济风险、市场失灵风险、市场波动风险等。

宏观经济风险指经济危机、金融市场动荡、主权债务危机、通胀、利率汇率变动等宏观经济形势变化。根据普华永道 2020 年的《境外投资风险管理白皮书》，外汇风险仅次于政治风险，是最受企业关注的第二大风险，有 66% 的用户反馈企业在境外投资过程中面临该风险，通常表现为外汇管制导致境外资金难以回收，或货币汇率出现不利变动导致汇兑损失。

市场失灵风险指危害市场秩序的相关因素和事件，如垄断行为与反垄断监管不力、价格控制与行政干预、竞争对手的恶意竞争等。

市场波动风险指由于国际形势和供需关系变动，导致相关行业行情和产品价格的剧烈波动，继而影响到海外投资活动的正常运营。

第三节　海外投资安全风险防控体系与保障能力

为了稳步推进“走出去”战略，进一步维护海外投资利益，确保海外投资安全，国家层面的宏观指引和政策保障势在必行，风险防控的宏观体系和企业能力必不可缺。

一、法律保障体系

无规矩不成方圆。法律法规是维护市场秩序、保护商业利益、保障海外安全的基础性工具，欧美国家已有相对成熟的做法和法律体系。美国在对外投资合作方面先后通过《经济合作法》（1948 年）、《对外援助法》（1948 年）、《共同安全法》（1951 年）、《对外贸易与对外投资法》（1972 年）等有关法律，不断扩大对本国对外投资安全和利益的保护。美国还通过立法确立了对外投资促进和保护的专职机构：《经济合作法》指定经济合作署为促进机构，根据《共同安全法》成立共同安全署、国外事务管理署，根据《对外援助法》成立国际合作署/国际开发署，根据《对外援助法》成立海外私人投资公司，负责海外投资保险业务。

随着海外投资的快速发展，中国在海外投资监管和法律规范方面也做出了卓有成效的努力，表 5－3 列出相关政策法规和指导文件，中国的海外投资安全的法律保障体系正在不断完善。

表5－3　中国颁布的海外投资安全相关政策法规和指导文件

年份	名称	机构
2005	《关于建立境外投资重点项目风险保障机制有关问题的通知》	国家发展改革委、中国出口信用保险公司
2010	《境外中资企业机构和人员安全管理规定》	商务部、外交部、国家发展改革委、公安部等
2010	《对外投资合作境外安全风险预警和信息通报制度》	商务部
2011	《中国企业海外安全风险防范指南》	外交部
2012	《境外中资企业机构和人员安全管理指南》	商务部
2013	《对外投资合作境外安全事件应急响应和处置规定》	商务部、外交部、住房城乡建设部等
2014	《境外投资管理办法》	商务部
2014	《关于进一步加强境外中资企业安全生产监督管理工作的通知》	商务部、外交部、国家发展改革委等
2015	《中华人民共和国国家安全法》	中华人民共和国第十二届全国人民代表大会常务委员会
2017	《关于改进境外企业和对外投资安全工作的若干意见》	中央全面深化改革领导小组
2017	《关于规范银行业服务企业走出去　加强风险防控的指导意见》	国家金融监督管理总局
2017	《中央企业境外投资监督管理办法》	国务院国有资产监督管理委员会
2017	《企业境外投资管理办法》	国家发展改革委
2018	《关于建立“一带一路”国际商事争端解决机制和机构的意见》	中共中央办公厅、国务院办公厅
2018	《境外中资企业机构和人员安全管理指南》	商务部
2018	《中国领事保护和协助指南》	外交部
2021	《阻断外国法律与措施不当域外适用办法》	商务部
2021	《中国企业海外投资安全防范指南》	中华全国归国华侨联合会
2023	《中华人民共和国领事保护与协助条例》	国务院
2023	《中国领事保护与协助指南》	外交部
2023	第三版《境外中资企业机构和人员安全管理指南》	商务部

资料来源：根据相关政策法规和指导文件信息整合。

二、信息服务体系

为了加强对中国企业对外直接投资的引导和信息服务，中国商务部定期发布《对外投资合作国别（地区）指南》《中国对外投资合作发展报告》《中国对外投资发展报告》《国别投资经营状况便利化报告》等专题咨询研究报告和指导文件。《中国对外直接投资统计公报》作为中国商务部、国家统计局和国家外汇管理局共同完成的统计公报已坚持多年公开发布。公共信息服务网站（“走出去”公共服务平台、中国投资指南网）、展会平台和中介服务组织等方面的信息服务体系建设也取得较大进展。[①] 此外，中国国际贸易促进委员会也定期发布《企业对外投资国别（地区）营商环境指南》，为中国海外投资企业提供必要的信息咨询服务。

在美国，由美国政府机构或政府出资创办的全国性对外投资咨询中心都是为美国企业和公民（尤其是投资规模较小的企业和个人）的对外直接投资提供信息和技术援助服务，主要包括以下措施：提供纯粹的信息服务、投资机会、可行性分析，以及为本国小型企业在项目开发初期提供诸如准备法律文书、提供融资咨询、改进技术以适应东道国特殊要求和人员培训等方面的技术援助。

在英国，小企业服务局隶属贸工部，是英国贸易和投资促进的一个官方辅助性机构，依托英国商务联系网为企业提供咨询、信息及各种服务。英国小企业服务局在英格兰设有45个企业联系中心，负责为企业提供咨询的专家可以面对面服务，告诫企业应吸收外部意见和信息，提出其在经济、技术和金融方面存在的问题，提供融资服务、分析同行业竞争情况等服务，并代表政府为企业提供各种信息，告诉企业哪些项目可以投资，帮助企业设计投资方向。[②]

三、风险防范机制

风险防范机制主要体现在风险预警和保险保障两个方面。

---

① 卢进勇、闫实强：《中国对外投资促进与服务体系建设的演进、成绩和前景展望》，《国际贸易》2012年第1期，第18—22页。

② 商务部跨国经营管理人才培训教材编写组编：《中外对外投资合作政策比较》，中国商务出版社2009年版。

早在2010年，中国商务部就制定了《对外投资合作境外安全风险预警和信息通报制度》。各驻外经商机构、各地商务主管部门和有关商（协）会负责收集涉及驻在国、本地区和本行业企业的境外安全风险信息，整理、分析和评估有关信息对中国对外投资合作造成的影响，及时向驻在国中资企业、本地区、本行业相关企业发布预警并将有关情况报送商务部。商务部汇总各类境外安全风险信息，视情向全国进行预警或通报，并在“走出去”公共服务平台专门开设“境外安全风险防范”专栏，通过“商务部安全提醒”和“特别提醒”等渠道发布预警和通报。

通过中国出口信用保险公司，中国为海外投资者提供保险保障，具体指的是海外投资保险，为投资者及金融机构因投资所在国发生的征收、汇兑限制、战争，以及政治暴乱、违约等政治风险造成的经济损失提供风险保障，承保业务的保险期限不超过20年。

表5-4　中国的海外投资保险

承保风险	征收	东道国采取国有化、没收、征用等方式，剥夺投资项目的所有权和经营权，或投资项目资金、资产的使用权和控制权
	汇兑限制	东道国阻碍、限制投资者换汇自由，或抬高换汇成本，以及阻止货币汇出该国
	战争及政治暴乱	东道国发生革命、骚乱、政变、内战、叛乱、恐怖活动以及其他类似战争的行为，导致投资企业资产损失或永久无法经营
	违约	东道国政府或经保险人认可的其他主体违反或不履行与投资项目有关的协议，且拒绝赔偿
赔偿比例	最高不超过95%	

资料来源：中国出口信用保险公司网站，https：//sinosure. com. cn/ywjs/xmxcp/hwtzbx/hwtz_gq_bx/index. shtml。

四、企业防控能力

企业是市场参与（包括海外投资）的主体，需要充分发挥自身的主观能动因素，谋求内外部多种可利用资源，采取最合理有效的风险控制措施，不断提升企业自身的风险防控能力。

2018年的《境外中资企业机构和人员安全管理指南》指出，中资企业在境外安全管理领域，可行的主要措施是损失控制和风险转移，海外投资风险管理措施和实施步骤包括企业境外安全管理战略、安全风险管理、安全管理措施、安全审核、突发事件应急管理、境外安全培训、安保服务供应方的使用与管理等。

2011 年的《中国企业海外安全风险防范指南》指出，境外投资企业应当主动加强业务工作，提升防控能力，可以从以下几个领域入手，包括组织领导、员工选派和雇佣、安全培训、风险评估、安全软环境建设、安保硬件投入、日常管理和应急处置等。

第四节　海外投资安全国际合作

为保障海外投资安全，国际合作势在必行，而合作机制和规则制度是国际合作的重要内容，尤其是不断推陈出新的经贸规则，是维护海外投资安全的重要制度性保障。

一、双边合作机制

双边合作机制包括双边对话、高层互访、定期论坛等多种渠道。双边合作机制的典型是双边投资协定，指的是资本输出国与资本输入国之间签订的，旨在鼓励、保护和促进两国间私人直接投资活动的双边协定与条约的总称。在国际投资法律体系中，双边投资协定占据重要地位。在保护与促进私人直接投资活动方面，它是迄今为止最有效的国际法制。根据《2023 年世界投资报告》，截至 2022 年底，全球共有 2830 项双边投资协定。

目前双边投资协定主要有四种类型：第一种为投资保证协定，由美国创立，后被某些设有海外投资保险制度的国家所仿效，所以也称美国式双边投资协定。它的特点是重在对国际投资活动中的政策风险提供保障，其主要内容包括承保范围、代位求偿权和争端解决等。第二种为促进与保护投资协定，由联邦德国首创，也称联邦德国式投资协定。它的特点是内容详尽具体，以促进和保护两国间私人国际直接投资为中心内容，既包含促进和保护投资的实体性规定，也有关于代位求偿权、争端解决等的程序性规定。第三种为友好通商航海条约，是指在相互友好的政治前提下，针对通商航海等事宜全面规定两国间经济、贸易关系的一种贸易条约。这种条约本来不属于双边投资协定，但是自 20 世纪 60 年代以后，在美国等国家的推动下，这种条约中增加了保护国际投资的原则性规定。第四种为双边税收协定，与国际直接投资有直接关系，主要作用是协调不同国家间在处理跨国纳税人征税事务和其他有关方面的税收关系。

双边投资协定是国际投资法的重要组成部分，在保护外国投资方面发挥着重要作用：双边投资协定因缔约国只有两方，较之谋求多国间利益平衡的多边投资条约，它易于在平等互利的基础上顾及双方国家的利益而达成一致，所以为许多国家广泛采用；其可以为东道国创设良好的投资环境，还可以加强或保证国内法的效力；双边投资协定（如促进与保护投资协定）既含有关于缔约方权利和义务的实体性规定，又有关于代位权、解决投资争议的程序性规定，为缔约国双方的私人海外投资者预先规定建立投资关系所应遵守的法律规范和框架，从而可以保证投资关系稳定，减少与避免法律障碍；不仅规定了缔约国之间因条约的解释、履行而产生争议的解决途径与程序，还规定了外国投资者与东道国政府间因投资而产生争议的解决途径与程序，为投资争议的妥善解决提供有力保障。

双边投资协定（如促进与保护投资协定）的主要内容有：受保护的投资、收益和投资者；关于外国投资的待遇，包括公正与合理待遇、最惠国待遇和国民待遇；关于政治风险的保证，包括征用和国有化（国有化的条件、征用和国有化的方式与补偿）、汇兑与转移；关于代位求偿权，应确保在特定情况下一方可代以代表另一方行使权利；争端与仲裁等。

二、区域合作机制

区域合作机制表现为定期的高级别会晤磋商和常态化的论坛会议。区域合作机制更重要的是，其体现为具有法律约束力的区域投资协定，指的是特定区域内国家间或区域性的经济组织签署的旨在促进和保护相互投资的协定与条约的总称。区域投资协定的签订既可以强化对相互间投资的保护与促进，也可以有力地推动区域内国际投资的自由化。

区域投资协定本身是区域经济一体化不断深化的产物，是区域经济一体化的必要组成部分，也是区域经济组织成员国间进行投资合作的推进器。根据《2023 年世界投资报告》，截至 2022 年底，全球共有 435 项含有投资规定的条约。

区域投资协定主要分为两种类型：一种是专门针对国际直接投资的协议或协定，如经合组织于 1976 年制定的《国际投资与跨国企业宣言》、安第斯条约组织于 1970 年制定的《安第斯共同市场外国投资规则》，以及东南亚国家联盟于 1990 年制定的《东南亚国家联盟促进和保护投资协定》；另一种是内容涉及国际直接投资的协议或协定，有的是区域性自由贸易协定，如《北美自由贸易协定》，有的则是区域性的经济协定，如《加强东盟经济合作的框架协议》、亚太经济合作组织的《茂物宣言》和《大阪行动议程》、欧盟的《建立欧洲共同体条约》和《欧洲联盟条约》等。《北美自由贸易协定》虽然属于自由贸易方面的协定，但其内容涉及不少投资问题，如投资与服务、投资保护、争端解决机制、知识产权保护、原产地规则等条款。

区域投资协定的主要内容包括投资准入问题、投资政策自由化、投资鼓励措施、外商投资企业的待遇标准、投资保护、投资争端解决，以及技术转让、竞争和环境保护与跨国投资相关的问题。区域投资协定的特点主要是：区域投资协定追求的目标比双边投资协定高；区域投资协定涉及更为广泛的与投资相关的内容，如自由化和保护方面的内容不断增多，越来越多的区域协定中规定进入与开业条款；近年来，区域投资协定开始重视投资者与东道国争端的解决。

三、多边合作机制

二战结束以来，不少国际经济组织都曾花费精力用于制定涉及投资方面的多边投资协定，但令人遗憾的是真正付诸实施并具有约束力的协定并不多。目前付诸实施的主要是以下 3 个：《多边投资担保机构公约》《关于解决各国与其他国家国民之间投资争端的公约》和《与贸易有关的投资措施协议》。另外，经合组织和世界贸易组织共同起草、谈判的《多边投资协议（框架）》[①] 影响也很大，但都未能成功。目前世界贸易组织正在推进《投资便利化协定》的谈判磋商和落地生效，也将在一定程度上保障海外投资安全。

（一）《关于解决各国与其他国家国民之间投资争端的公约》

20 世纪 50 年代后，一些发展中国家开展规模较大的国有化运动，使

---

① OECD，“Multilateral Agreement on Investment”，oecd. org/daf/mai/index. htm。

得国际投资争端大量产生。同时，发达国家与发展中国家不能就投资争端的解决方式及原则达成一致，对国际间资本的流动产生很大影响。为了解决此类问题，世界银行于1965年3月主持签订《关于解决各国与其他国家国民之间投资争端的公约》（也称《华盛顿公约》），并于1966年10月生效。根据该公约设立的解决投资争端国际中心，用以专门处理各国与其他国家国民之间的投资争议。该中心的法律地位与多边投资担保机构相同，也具有完全法律人格，并同样有资格订立合同、取得及处置动产和不动产，进行法律诉讼。其设有一个行政理事会和一个秘书处，秘书处由秘书长负责。中国于1990年2月签署该公约，于1993年2月正式加入。

该公约第二十五条第一款规定：解决投资争端国际中心的管辖适用于缔约国与另一缔约国国民之间直接因投资而产生并经双方书面同意提交给该中心的任何法律争端。当双方表示同意后，任何一方不得单方面撤销其意见。由此可见，该中心的管辖条件包括：一是争端必须发生在缔约国国民或机构与另一缔约国国民或机构之间，二是必须是由直接因投资引起的法律争端，三是争议双方书面同意将争端提交至该中心。该中心管辖还具有排他性，主要表现在两个方面。一方面是排除其他救济方法。公约规定，双方同意根据公约交付仲裁，应视为同意排除任何其他救济方法。另一方面是排除外交保护。即缔约国对于其国民和另一缔约国根据公约已同意交付或已交付仲裁的争端，不得给予外交保护或提出国际诉讼，除非另一缔约国未能遵守和履行对此项争端所作出的裁决。在这里，外交保护不包括纯粹为促进争端的解决而进行的非正式的外交层面上的交往。

（二）《多边投资担保机构公约》

为降低在发展中国家投资的政治风险（非商业性风险），促进国际资本流向发展中国家，加快发展中国家的经济发展，世界银行草拟《多边投资担保机构协议》（也称《汉城公约》），于1985年10月在世界银行年会上通过，于1988年4月12日起正式生效。同时，还成立了多边投资担保机构作为世界银行下属分支机构，它是具有完全法人资格的独立国际组织。中国于1988年4月加入该公约，且为该公约的创始国。

依照《多边投资担保机构公约》第二条的规定，多边投资担保机构的目标和宗旨是鼓励会员国（特别是发展中国家）之间的生产性投资，以补充国际复兴开发银行、国际金融公司以及其他国际开发金融机构的活动。为了达到这些目标，多边投资担保机构应履行下列职能：对会员国内来自另一会员国的投资的非商业性风险提供担保，包括共同保险和再保险；开展恰当的补充性活动，以促进投资向发展中国家会员国流动及在发展中国家会员国之间流动；为推进其目标行使其他必要的或适宜的附带权利。

多边投资担保机构承保的险别主要是：货币汇兑险，即东道国政府采取的任何限制外国投资者将货币兑换成可供自由使用的货币或可接收的另一种货币并汇出东道国境外的措施，包括东道国政府未能在合理的时间对投资者提出的此类汇兑申请做出回复而可能造成的风险；征收和类似措施险，指东道国政府采取的任何立法或者行政措施或懈怠行为，剥夺了投资者对其投资或投资收益的所有权或控制权，但东道国政府为管理其境内的经济活动而通常采取的普遍适用的非歧视性措施不在此列；违约险，指东道国政府拒绝履行合同或违反与投资者签订的合同，导致投资者可能造成损失的风险；战争和内乱险，即由于东道国领土内任何军事行动或民事动乱而给投资者造成损失的风险。

多边投资担保机构的作用。首先，它鼓励会员国之间的生产性投资，尤其注重资本在发展中国家的流动，并充分考虑到发展中国家的利益，促进发展中国家的经济增长。其次，它不仅承保货币汇兑险、征收和类似措施险、战争和内乱险，还另设违约险，对其他投资担保机构的业务起到补充作用。再次，它通过向发展中国家提供用于吸引外商直接投资的工具、方法和技能，帮助各国推销投资机会。最后，它有利于东道国和投资者之间投资争端的非政治性解决。

（三）《与贸易有关的投资措施协定》

《与贸易有关的投资措施协议》是乌拉圭回合多边贸易谈判的三个新议题之一。《与贸易有关的投资措施协议》列举影响国际贸易自由进行的投资方面的措施，要求成员国在一定时期内将其取消。随着世界贸易组织的成立和运作，这一协议已在其成员间生效，也已成为一项国际经贸方面的通行规则和惯例。

《与贸易有关的投资措施协议》的产生涉及三个相互关联的因素：一是国际直接投资的迅速发展，二是东道国政府对国际直接投资采取相应措施，三是此类措施对贸易产生限制和扭曲效应。与贸易有关的投资措施同时涉及国际投资和国际贸易两类经济活动，制定此类措施的主要目的在于使外国投资者尤其是跨国公司，在经济活动中遵循东道国国家发展目标和产业与经济政策。国际直接投资是与贸易有关的投资措施产生和发展的经济基础，东道国政府为了贯彻其发展目标和产业与经济政策而对外国公司行为加以规范，是与贸易有关的投资措施产生的直接原因。

《与贸易有关的投资措施协议》是截至目前在国际范围内第一个正式实施的有关国际投资方面的多边协议，其扩大了多边贸易体系的管辖范围，将与贸易有关的投资措施纳入多边贸易体系之中，对国际投资和国际贸易的自由化发展起到推动作用。由于《与贸易有关的投资措施协议》构成对与贸易有关的投资措施的有力的约束和限制，所以东道国对国际投资的管制将放松，政策法规的透明度增强，投资环境改善，因而为国际直接投资的发展提供更大空间，要求成员在过渡期内取消通报的限制性投资措施，有助于增强协议效率的确定性。由于已经认识到贸易、投资和竞争政策的相关性在不断加强，因此，在未来的多边贸易体系中将涉及更多投资与竞争政策问题。

四、经济外交斡旋

除了常态化的沟通磋商机制和有约束力的经贸投资规则之外，借助经济外交，参与经济治理也能在一定程度上有助于保障海外投资安全，包括《二十国集团全球投资指导原则》、发展中国家投资谈判年度论坛等。当然，经济外交的形式多种多样，更细化到日常的外交对话，尤其是出现海外投资纠纷或国际投资争端的时候，国际发声和外交介入也是有必要的。

案例：三一集团胜诉美国总统奥巴马[①]

2014 年 7 月 15 日，美国联邦上诉法院就三一集团在美关联公司罗尔斯因俄勒冈州 Butter Creek 风电项目（以下简称 BC 项目）被禁止诉美国外资委员会（以下简称 CFIUS）和奥巴马总统案作出判决，认定：第一，罗尔斯公司在 BC 项目中具有受宪法程序正义保护的财产权；第二，奥巴马总统下达的禁止 BC 项目的总统令违反程序正义，剥夺了罗尔斯在 BC 项目中受宪法保护的财产权；第三，美国政府需要向罗尔斯提供相应的程序正

---

① 朱兴龙、李锋：《透过三一胜诉奥巴马案探析中国企业海外投资利益的保护》，《国际贸易》2014 年第 8 期，第 38—40 页。

义，包括 CFIUS 和总统做出相关决定所依赖的非保密信息和在了解相关信息后回应的机会。

三一集团起诉奥巴马，这桩原本不被看好的诉讼历经近两年的曲折，暂时以三一集团的阶段性胜利而告一段落，这是史上第一个中资企业胜诉白宫的法律案件，也是中国制造企业第一次拿起法律武器对美国投资保护主义说“不”，其过程远重于结果，其意义不限于个案，其经验更值得借鉴。

表 5－5　三一集团胜诉奥巴马的案情始末

时间	案情进展
2012 年 4 月	三一集团在美关联公司罗尔斯公司收购 BC 项目
2012 年 7 月、8 月	CFIUS 先后颁布两道禁令
2012 年 9 月	罗尔斯公司把 CFIUS 告上法庭
2012 年 10 月	奥巴马签署总统令，以威胁国家安全为由禁止 BC 项目
2012 年 11 月	罗尔斯公司把奥巴马追加为被告
2012 年 11 月	首场动议听证会
2013 年 2 月	联邦上诉法院正式受理
2013 年 10 月	联邦上诉法院作出初审判决，认定美国政府以国家安全为由禁止 BC 项目并没有违反美国宪法，罗尔斯公司随后递交上诉通知
2014 年 7 月	联邦上诉法院作出裁决，三一集团阶段性获胜

一、三一集团胜诉案的重要意义

三一集团胜诉奥巴马，其重要意义不仅在于胜诉的结果，更在于为中国企业维护海外投资利益开辟了一条新路，为 CFIUS 滥用“国家安全”加了一道“紧箍咒”。

（一）有示范效应，为中资企业海外利益维权开辟新路

近年来，我国在海外投资利益受损的案件屡见不鲜，美国 CFIUS 更是频频以“国家安全”为由拒绝中资企业的在美投资。与三一集团不同的是，大部分中资企业都选择了忍气吞声的回避策略，在 CFIUS 面前毫无还手之力，顶多是发布公告召示自己的清白，海外维权更是无从谈起。

三一集团胜诉案给中国企业海外利益维权增加了新的选项。面对 CFI-

US 和奥巴马的行政禁令，三一集团没有回避问题，而是直接利用法律的手段来处理，开启了中资企业在美维权的先河，对中国其他企业在美国维护其海外投资利益起到了示范作用。

(二) 用法律手段解决问题，引导观念上和真正意义的国际化

在国家“走出去”战略的指引下，中国的海外投资在近十年迎来高速发展的黄金时期。但中国企业花重金在国外建新厂、购旧厂，并不是真正的国际化，真正的国际化需要企业管理制度的国际化、文化理念的国际化。

党的十八届三中全会提出要“确立企业及个人对外投资主体地位，允许发挥自身优势到境外开展投资合作”。“对外投资主体地位”的确立，需要有全方位的国际化理念，而运用法律手段维护自身合理的海外利益可以从一个侧面反映出海外投资国际化的要求，因为在国外用法律解决问题才是一种主流选择。但中国几千年的传统文化告诉我们“强龙不压地头蛇”，告诫我们“大事化小小事化了”，因此中国企业都潜移默化地尽量避免在异国他乡动用法律武器。但恰恰在这一点上，只有用法律手段来解决争端，学会运用东道国的司法程序解决争议，才是在文化和观念上真正实现了国际化。

(三) 起到警示作用，给 CFIUS 的暗箱操作敲响警钟

三一集团胜诉奥巴马并不能改变以前 BC 项目受阻的最终结果，但是这将给美国海外投资委员会原先完全不对外曝光的审查过程增加一些透明度，意味着美国政府今后以威胁“国家安全”为由来阻止外资公司收购美国商业项目的做法面临挑战。

联邦上诉法院判决强调程序正义，虽没有动摇 CFIUS 和美国总统否决外来投资的权力，但将削弱 CFIUS 暗箱操作和秘密审查的权力，要求 CFIUS 必须公布不涉密的依据资料，由此将倒逼美国政府有关机构提高工作透明度。

CFIUS 和奥巴马的禁令不仅缺乏足够的透明度，而且带有对中资企业赤裸裸的歧视。在三一集团收购 BC 项目之前，已有丹麦、德国、印度、希腊等国风电企业在当地运营，而且并未受到以国家安全为由的干涉。随后，CFIUS 以国家安全为由命令三一集团撤离美国，且没有给出任何解释，并明确表示无任何赔偿。

表 5－6　CFIUS 的歧视性禁令

时间	禁令或修改令	备注
2012 年 7 月 25 日	1. 停止建设 2. 撤出所有设备 3. 禁止中国人进入项目区域	1. 即便是要撤出设备，中国人也不得进入项目区域 2. 针对禁令，三一集团的对策是将项目转让给美国公司，但随后引发了 8 月 2 日的禁令
2012 年 8 月 2 日	1. 禁止使用三一集团设备 2. 禁止转让，直至移出设备 3. 必须告知买方信息	1. 转让必须要先移出设备，不能随意转让，而且转让时要向 CFIUS 公开所有信息 2. 两道禁令反映了对中国公司赤裸裸的歧视和敌意

（四）促进投资规则的拨乱反正，对中美双边投资协定谈判有重要启示

目前中美双边投资协定谈判正紧锣密鼓地进行，谈判焦点除了负面清单，还包括国民待遇。现如今国际上普遍流行的双边投资协定模式是“准入前国民待遇＋负面清单”。但 BC 项目的受阻反映出中资企业在美投资连准入后国民待遇都无法享有。因此，未来的中美双边投资协定谈判，首先应该保证最基本的国民待遇（包括准入前和准入后），其次才是负面清单的确定。另外，国家安全和安全例外条款也是中美双边投资协定谈判的重要内容，三一集团胜诉案对中美双边投资协定谈判的安全例外条款有重要启示。

不仅是三一集团胜诉奥巴马的个案，而且整个中美投资关系的健康发展都要求美方平等公正地对待中资企业的在美投资，改变其原有的单方面投资审批规则。

（五）促使中国尽快建立类似 CFIUS 的机构，搭建对等交流平台

三一集团虽然暂时胜诉了，但付出的时间和金钱成本是巨大的，最后换来的经济效益也是非常有限的。这不禁让我们反思，中国也应该尽快建立类似 CFIUS 的跨部门协调机构，搭建与美方对等交流的平台，避免中资企业形单影只地“孤军奋战”。

2013 年底，我国成立中央国家安全委员会，虽然该委员会负责国家经济安全，但却不是负责审查外来投资对中国经济安全影响的专设机构。为此，中国政府有必要专设或在中央国家安全委员会下设一个机构，一方面

从国家安全的角度审核外来投资，另一方面在 CFIUS 禁止中资企业在美投资时进行国际协调。

二、三一集团胜诉案的经验总结

（一）入乡随俗，用美国方式解决美国问题

美国的特点是自由、民主和法制，因此到美国投资一是要主动争取合法权利，二是要学会用法律武器来维护自身权利和合法利益。CFIUS 和总统奥巴马在没有任何告知、意见听取、证据或解释的情况下下令剥夺和拆除罗尔斯公司的私有财产，这是违反程序正义的。三一集团起诉奥巴马不是为了挑战美国政府的权威，而是相信美国的法制，相信只要是合法投资就能够得到美国宪法保护。任何一家成熟的跨国公司都应该有这样的心态，即充分学习东道国的法律体系，善于运用司法途径争取权利、赢得声誉。

（二）主动出击，积极应对

遭遇 CFIUS 的禁令，三一集团绝非第一家中资企业，但却是第一个敢于起诉的中资企业。谦逊和忍让是中华民族的优良传统，我们应当传承，但在海外投资等商业领域并不完全适配。无论是在国际贸易还是海外投资领域，中国企业都遭受着保护主义的侵害，而且大部分中资企业都选择了忍气吞声。三一集团胜诉案告诫我们，忍让是解决不了投资纠纷的，我国企业唯有积极应对才能维护其合法的海外投资利益，消极避让只会招致更大的损失。中资企业对待海外投资要保持积极乐观的心态，对待海外投资纠纷更应该保持积极乐观的心态，切莫消极回避问题。

（三）据理力争，持之以恒

海外投资是一项长期工程，三一集团胜诉案也一波三折，从起诉、听证到法院正式受理，从撤案驳回到继续上诉，从庭审再到裁决，正是三一集团的坚持换来了阶段性的胜利。“有理走遍天下，无理寸步难行。”在海外投资这项长期工程中，投资纠纷难免不会发生，那么中国要做的是应该有理有据有节地维护自身利益，将海外利益维权进行到底。

（四）专业团队的当地化

国际化战略要求当地化运作，三一集团胜诉案在一定程度上也要归功于当地化，尤其是专业律师团队的当地化。为了更好地维护自身利益，更

有效地打赢这场诉讼案，三一集团不惜重金打造豪华律师团队，聘请了小布什时期的总检察长、副总检察长、白宫副法务长，克林顿时期海军部的首席律师等，他们既是前政府官员，了解美国的行政司法体系，也是当地知名人士，有一定的人脉资源。三一集团之所以能胜诉，当地化的专业律师团队功不可没。

思考题

1. 影响海外投资安全的风险类型有哪些?
2. 国家层面如何构建海外投资的风险防控体系?
3. 企业层面如何提升海外投资的风险防控能力?
4. 可以从哪些领域开展海外投资安全的国际合作?
5. 如何看待经贸规则对维护海外投资安全的作用?

参考文献：

[1] 李银珠、龚炯、陈乾：《中国海外经济利益及其与东道国国家风险关系研究》,《亚太经济》2023 年第 4 期。

[2] 卢进勇、杜奇华、李锋主编：《国际经济合作教程》（第六版），首都经济贸易大学出版社 2023 年版。

[3] 商务部、国家统计局、国家外汇管理局编：《2022 年度中国对外直接投资统计公报》，中国商务出版社 2023 年版。

[4] United Nations Conference on Trade and Development, “World Investment Report 2023”, https://unctad.org/publication/world-investment-report-2023.

第六章 海外能源和资源安全

能源和资源安全是国家安全中具有全局性、战略性的关键构成要素，能源和资源安全问题已经成为21世纪各国面对的重要议题。随着全球化的发展，包括能源和资源安全在内的非传统安全威胁日益突出；全球能源和资源的储量有限性和分布不均衡性，以及南北经济发展的差异，使得能源和资源生产国和消费国在地理上出现分离现象。因此，海外能源和资源的保障和安全，对于国家繁荣发展、人民生活改善、社会长治久安显得越发重要。本章从海外能源和资源安全的概念界定出发，深入分析各类海外能源和资源安全风险，围绕构建防控体系与保障能力以及开展国际合作进行探讨。

第一节 海外能源和资源安全的定义

作为海外利益安全的重要内容，海外能源和资源安全概念呈现立体性和多维性。海外能源和资源安全在内容上涵盖供给安全、输送安全和环境安全。随着全球气候变化以及低碳发展转型加快，海外能源和资源安全的内涵将不断扩展，更多涉及经济、政治、使用和环境等方面。

一、海外能源和资源安全的界定

能源安全是在20世纪70年代第一次石油危机之后提出的。1974年，国际能源署提出以稳定石油供应和价格为中心的能源安全概念，能源供应安全成为西方发达国家和新兴经济体能源政策的核心。进入21世纪，战略性新兴产业所需矿产的争夺日益加剧，各国纷纷制定并发布战略报告，抢占新一轮矿产资源争夺的制高点，矿产资源安全成为各国关注重点。国内外学者经过理论研究和实践总结，从多个维度对海外能源和资源安全进行了界定，主要观点如下：

梅森·威尔里奇在1975年出版的《能源与世界政治》一书中第一次提出“能源安全”概念，认为能源安全分为进口国能源安全和出口国能源安全。① 能源安全是进口国与出口国直接互动的结果。进口国希望获得充足的海外能源供应以维持国家经济增长，出口国则希望寻求市场安全和投资安全。② 汉斯·W. 毛尔把能源安全界定为能源的经济安全（供给安全）与能源的生态环境安全（使用安全）的统一。③ 伯特·克鲁伊特等从能源的可得性、可利用性、供应成本与环境可持续成本定义能源安全④，而梁骏楷认为能源消费安全和能源供应安全是能源安全的主要因素。⑤

魏臻博和刘欣则认为能源安全的概念是国际关系发展的产物，是在石油危机的背景下产生的。能源安全是国家安全体系的组成部分，属于非传统安全范畴，是参与国际竞争需要和可持续发展的需要。⑥ 邹艳芬认为国家能源安全包括能源供应安全和使用安全两个有机组成部分，其中能源供应安全包括国内供应安全和海外供应安全。⑦ 沈镭和薛静静提出通过多维度分析能源安全，根据不同国家能源使用时间或能源来源差异的特殊性，认为能源安全包含能源供给安全、能源生产和使用安全、能源运输安全、能源环境安全及能源安全预警机制。⑧

---

① Mason Willrich, “Energy and World Politics”, New York: The Free Press, 1975, pp. 65 - 66.

② 闫世刚：《低碳经济下北京市新能源发展模式、战略与国际合作机制研究》，对外经济贸易大学出版社2017年版。

③ Hanns W. Maull, “Raw Materials, Energy and Western Security”, London: The Macmillan Press Ltd, 1984.

④ Bert Kruyt, D. P. van Vuuren, H. J. M. de Vries and H. Groenenberg, “Indicators for Energy Security”, Energy Policy, Vol. 37, No. 6, 2009, pp. 2166 - 2181.

⑤ Guy C. K. Leung, “China's Energy Security: Perception and Reality”, Energy Policy, Vol. 39, No. 3, 2011, pp. 1330 - 1337.

⑥ 魏臻博、刘欣：《我国能源安全现状及对策研究》，《知识经济》2007年第9期，第58—60页。

⑦ 邹艳芬：《中国能源安全的战略模式导向》，《经济问题探索》2008年第5期，第7—11页。

⑧ 沈镭、薛静静：《中国能源安全的路径选择与战略框架》，《中国人口·资源与环境》2011年第11期，第49—54页。

进入21世纪，世界银行将锂、钴、镍和稀土等17种矿产定义为清洁能源矿产。发达经济体在21世纪初就已经把该类资源列为关键矿产，并将其供应问题提升到关乎国家安全和全球新能源产业制高点争夺的战略高度。张锐和洪涛认为关键矿产资源安全来源于可获取性和环境安全性；①李月清提出油气、矿产资源是工业的基础，为实现经济高质量发展，持续性与可靠性是矿产资源安全的前提，而有效性是矿产资源安全的核心。②

由此可见，海外能源和资源安全是一个新型、立体和多元的概念，包括油气、关键矿产资源和新兴资源等众多种类，涵盖供应安全、使用安全、需求安全及综合安全等诸多内容。随着全球气候变化问题日益突出，全球经济向低碳模式转型，海外能源和资源安全内涵将覆盖经济、政治、使用和环境等诸多方面。

二、海外能源和资源安全的主要内容

从传统意义上看，海外能源和资源安全就是确保能源和资源的稳定供应，但这只是消费国或进口国单方面的能源安全观。确保单方能源和资源安全并不能保证全球的能源和资源安全，因此当今世界的能源和资源安全观应指能源供应与能源需求的长期稳定性、持续性，以及双重保证的程度，不仅包括供应与经济安全，也包含使用的环境安全。

（一）供给安全

全球能源资源的分布具有不均衡性，这导致有效供给问题成为海外能源和资源安全的核心矛盾。《BP世界能源统计年鉴2021》数据显示，2020年全球石油探明储量为2444亿吨，储采比为53.5年；全球天然气探明储量为188.1万亿立方米，储采比为48.8年；全球煤炭探明储量为10741.1亿吨，储采比为139年。③ 全球石油和天然气资源主要集中在中东、独联体和北美区域，储量长期维持在全球70%以上的份额，而消费主要在北

---

① 张锐、洪涛：《清洁能源供应链与拜登政府的重塑战略：基于地缘政治视角》，《和平与发展》2022年第1期，第16—37页。

② 李月清：《油气、矿产资源安全重要性愈发凸显》，《中国石油企业》2023年第3期，第42—44页。

③ BP, "Statistical Review of World Energy 2021", https://www.bp.com/content/dam/bp/business-sites/en/global/corporate/pdfs/energy-economics/statistical-review/bp-stats-review-2021-full-report.pdf.

美、欧洲和亚太区域。煤炭资源方面，则以亚太、独联体和北美区域为主，储量占据全球80%以上份额。

新兴大国群体式崛起与独立油气供应国地位增强，正推动能源生产国与能源消费国、传统大国与新兴大国之间向权力相对平衡的多极制衡结构演变。[①] 作为全球主要油气区的中东和独联体区域，由于历史、种族、文化以及现实的政治经济的矛盾复杂交织，成为世界主要的动荡区域。进入21世纪，中东地区的突出特点是地区陷入动荡、失衡和失序之中，区域多极化进程加快。而2022年爆发的俄乌冲突，引发欧美携手加大对俄罗斯能源领域制裁，进而加剧全球油气供给的不确定性和金融风险。

进入21世纪，随着新一轮科技革命的发展推动新能源、新能源汽车等新技术、新产业快速发展和应用，锂、钴、锰、镍、稀土等战略性矿产资源供应成为全球主要国家和经济体关注的焦点。全球锂资源形成亚洲—澳洲和欧洲—美洲这两个主要贸易圈，智利、澳大利亚和阿根廷是主要锂资源供应国，而中国、日本、韩国和欧盟是最大进口方。全球镍矿资源供应主要集中在印尼、菲律宾、加拿大和俄罗斯，全球钴矿资源的80%集中于刚果（金）、澳大利亚、加拿大和俄罗斯等八国。[②] 根据国际能源署预测，在2050年净零排放情景下，2020—2030年，锂、钴、镍、铜、锰和稀土等关键金属的市场规模将增加6倍以上，资源分布不均、储量有限格局下有效供给缺口明显。后疫情时期，美国为首的少数国家以价值观或意识形态为标准，自2022年6月推出所谓“矿产安全伙伴关系”[③]，对关键矿产资源供应链进行重塑，推动全球阵营化、集团化甚至去全球化，是影响全球关键矿产资源供应体系安全、稳定和有序的最大挑战。

（二）输送安全

海外能源和资源的稳定供应既包括供应源提供稳定、充足的供应，也应该包括能源和资源能否安全及时地运达消费地。目前，国际上能源和资

---

① 唐志超：《“9·11”后全球能源外交发展态势》，《现代国际关系》2006年第1期，第32—37页。

② 王安建、王春辉：《国际动荡局势对我国能源资源安全的挑战与应对策略》，《中国科学院院刊》2023年第1期，第72—80页。

③ The U. S. Department of State，“Media Note：Menials Security Partnership”，June 14，2022，https：//www. state. gov/minerals – security – partnership – june – 14 – 2022/.

源运输的方式主要有海洋运输、管道运输和铁路运输等。① 海洋运输是石油和矿产资源运输的主要形式，因为海洋运输运量大、通过能力强、运费低，全球近 2/3 的石油贸易、2/5 的天然气贸易和 1/4 的煤炭贸易通过海洋运输完成。管道运输主要用于陆路，管道具有运量大、安全、方便、运费成本低廉等特点，是各国油田与油港、炼油中心之间运输的纽带，在天然气国际贸易中，管道运输占主导地位。铁路运输是海洋运输和管道运输的重要补充，铁路运量有限且运输成本比较高；在不同国家间运输时，可能由于各国铁路轨距差异，转换铁路后还需要换装，进一步增加了运输成本。

很多国家进行能源和资源贸易过程中，运输采取的是多种方式联运。运输安全首先要面临战争风险。在战争中，油气管道可能成为军事打击的首要目标。比如两伊战争期间，交战双方都把石油生产和运输设施，如油田、管道、港口等作为袭击目标，导致双方的石油出口能力遭到重大破坏。其次是反政府武装组织、海盗和恐怖主义对能源运输的袭击。西非沿岸、索马里海域、马六甲海峡等均为多发地区。再次是运输事故。海运方面事故原因主要来自于海洋地形、风浪和气候变化等多种自然因素以及航道拥挤等因素。目前，适合海上运输特别是超级货轮可以通行的航道，包括霍尔木兹海峡、马六甲海峡和曼德海峡都十分拥挤。对于亚洲国家而言，马六甲海峡是最重要的能源资源生命线，而马六甲海峡的事故率也居高不下。最后是国际政治与竞争风险。海外能源和资源运输要经过多个国家和地区，相关国家之间能否维持良好的政治经济关系直接影响运输通道安全畅通。

（三）环境安全

能源和资源是人类社会赖以生存和发展的重要物质基础，但能源和资源开发利用造成的环境污染是导致环境问题日益严重的主要原因。从能源和资源的使用情况看，煤炭和石油使用过程中排放大量的废气和粉尘是破坏大气环境的主要原因。煤炭和石油等化石能源的燃烧，会导致二氧化碳排放量的增加从而加剧温室效应。燃煤和石油排放的二氧化硫和氮氧化物会形成酸雨，破坏森林植被，造成土壤酸化和农业减产。20 世纪 80 年代

---

① 修光利、侯丽敏编著：《能源与环境安全战略研究》，中国时代经济出版社 2008 年版。

以来，酸雨危害范围不断加大，欧洲、美国和加拿大东部、中国西南部都是酸雨最为严重的地区。燃煤造成的悬浮颗粒物（粉尘、烟雾等）对人体呼吸系统、产品质量和自然景物等均会造成不利影响。锂、钴、锰、镍、稀土等战略性关键矿产资源在开采和加工过程中产生的工业废气、废水和废渣等对环境污染严重，开矿产生的重金属被植物叶面、土壤和水产品吸收后，通过食物链进入人体，严重危害人类健康。①

能源和资源开发利用干扰了人类生活的空间场所，造成居住环境偏离人们理想中的居住环境，破坏生态环境和大气环境最终都会导致人类生存环境的恶化。能源和资源开采对人类居住环境也会产生负面影响，一般来说矿区在环保环境、安全环境、人文环境等方面的建设相对滞后。因为化石燃料的燃烧和矿产资源的冶炼致使二氧化碳、氮氧化合物、细颗粒物（PM2.5）等排放浓度超标，造成空气能见度低，抑制植物生长，进而导致环境质量下降。因此，能源、环境和气候变化问题已经成为全球最高层面政治会晤的首要议题和博弈重点。在全球气候变化挑战下，国际上对能源和资源关注焦点逐步发生重大转变，全球主要国家积极发展新能源，逐步建立起低碳的能源系统，以此作为应对气候变化和协调社会经济发展的基本途径。

第二节　海外能源和资源安全的风险识别

全面识别海外能源和资源安全的各类风险，有助于理解并应对国家当前以及未来面临的能源和资源安全挑战。在全球能源和资源格局深刻变化的大背景下，海外能源和资源安全主要面临地缘政治、供应链以及市场波动等维度的风险。

一、产区地缘政治冲突风险

产区地缘政治的主要内容涵盖三个方面：其一是能源和资源在各国之

① 修光利、侯丽敏编著：《能源与环境安全战略研究》，中国时代经济出版社2008年版。

间的区域分布及对比，其二是各大国间基于能源和资源的相互竞争和协调，其三是国际政治格局对能源和资源的影响和重新配置。[①]

中东地区拥有丰富的油气能源，尤其是石油储量及出口量均占全球比例的近乎一半。中东作为连接欧亚大陆东西两端的运输网，世界 60% 以上的石油和 1/4 的石油贸易从黑海—地中海—红海—波斯湾—印度洋—马六甲这条海上黄金通道经过，其地缘重要性更趋凸显。同时，中东地区又是世界上政治格局最复杂、社会动荡最激烈的地区之一。世界主要大国均对中东石油有较大依赖，高度重视中东地区的政治安全局势，这使该地区长期成为世界能源地缘政治的焦点。而中东地区内的民族、宗教矛盾又进一步加剧了该地区的地缘政治冲突。[②] 二战后，中东地区大小战事不断，中东战争、海湾战争、伊拉克战争等多次造成国际能源市场剧烈波动。进入 21 世纪，中东地区的突出特点是地区陷入动荡、失衡和失序之中，区域多极化进程加快。埃及内乱、叙利亚内战、伊朗核问题以及卡塔尔断交风波使中东地区格局深度调整，传统热点高温不退。中东的政治博弈继续、宗教与民族矛盾纠葛、伊斯兰教义与世俗力量碰撞等催生各种不可控因素。中东动荡加剧将持续影响全球能源市场格局。

独联体国家的石油、天然气、煤炭资源在全球占有重要地位，苏联解体后俄罗斯与美欧的地缘战略分歧使双方展开激烈的地缘政治博弈，乌克兰成为该区域地缘政治格局的重要节点。自 2014 年 3 月俄罗斯出兵克里米亚以来，乌克兰危机就已经演变为俄罗斯与美欧的角力。2022 年 2 月，俄乌冲突爆发。一方面，美国及北约积极参与并向乌克兰大力提供军事援助，使得俄乌冲突加剧且短时间看不到和平的曙光；另一方面，欧美联合对俄罗斯掀起金融和能源等多领域的制裁，在能源领域美国颁布和实施制裁措施和禁令，重点削弱俄罗斯能源产业和禁止对俄罗斯的能源出口。欧盟对俄罗斯则掀起多轮制裁措施，2022 年底前全面禁止输入俄罗斯石油并设置天然气价格上限。欧美携手加大对俄罗斯能源领域制裁，进一步影响全球油气能源供给格局。

---

① 李红强、王礼茂、郎一环：《能源地缘政治格局的演变态势过程与驱动机制研究》，《世界地理研究》2009 年第 4 期，第 56— 65 页。

② 毛吉康：《中东地缘政治格局演变及对我国能源安全影响》，《和平与发展》2019 年第 4 期，第 117—130 页。

二、供应链风险

进入21世纪，气候变化、新冠疫情和俄乌冲突的复杂系统性危机，对全球经济社会带来的叠加冲击受到国际社会的广泛关注。在受冲击的诸多领域中，能源资源受到的影响最为强烈，突出表现在全球能源资源供应链受阻、能源资源体系的脆弱性加剧等方面。

全球变暖引发气候系统的广泛变化，极端天气事件发生的频率明显增加。自1980年以来，极端天气事件已经增加了两倍，其中包括极端高温、海洋热浪、强降水以及某些地区农业和生态干旱的频率和强度增加，强热带气旋的比例增加。进入21世纪，气候变化成为全人类面临的严峻挑战。2020年12月12日，联合国秘书长古特雷斯呼吁各个国家进入气候紧急状态。气候变化和极端天气能够直接破坏能源设施，全球气温升高导致海平面上升，通过影响港口和沿海运输基础设施，间接影响能源和资源供应。2021年8月，墨西哥湾飓风导致该地区石油和天然气生产中断，直至当年10月才基本恢复原来的产能，由于墨西哥湾原油日产量约为180万桶，占美国总产量的17%，该地区产能下降直接导致国际油价快速攀升。2023年欧洲“生命线”莱茵河、全球最重要贸易路线之一的巴拿马运河先后受干旱枯水影响，面临着运输中断的危机，对欧洲和全球能源资源运输带来严重负面影响。

新冠疫情冲击全球供应链的生产、运输和库存等主要环节，造成能源资源产品供应不足。新冠疫情全球范围内快速蔓延迫使各国采取封锁措施、加强边境管控、企业收缩产能、民众居家隔离，导致全球供应链长时间中断。在生产环节，疫情防控的重点是减少人员聚集，据此要求一些能源开发和加工企业实行轮岗生产，在疫情严重的情况下，还面临关停的风险。封锁措施影响市场情绪，增加投资者对能源供应紧张的担忧，进而促使能源价格上涨。后疫情时期，随着全球经济复苏快速消耗库存，而能源资源供应不及时延缓补库存节奏，美国原油库存、欧洲天然气库存均一度跌至历史低位。受供应链中断的影响，全球范围内的石油、煤炭、天然气等能源产品都出现了供不应求的现象。

俄乌冲突对全球能源资源供应链带来巨大压力，特别是制造清洁能源所需要的锂、钴和镍等关键矿物供应短缺、价格飙涨，使得清洁能源发展所需矿物和材料供应链的安全成为战略议题，引发全球清洁能源供应链重塑。美国积极推动建立美日清洁能源合作伙伴关系，打造美欧绿色技术联盟机制，联合澳大利亚、刚果（金）和赞比亚等10个国家加入《能源资源治理倡议》，组建矿产资源大联盟，构建由美国主导的绿色供应链联盟。以美国为首的少数西方发达国家对全球清洁能源供应链进行重塑，意在强化绿色资源和技术壁垒、打造符合西方价值观的绿色供应体系。① 另外，资源型国家的资源战略也正在发生重大调整。关键矿产资源出口国开始考虑如何利用自身的资源禀赋实现产业升级，摆脱单纯依赖初级产品出口的不利地位，东南亚、拉美、非洲等多个地区国家，出现了新一轮资源民族主义的取向，这势必使得未来的矿产资源贸易复杂化和高成本化。

三、市场波动风险

国际能源和资源市场由供应、需求和国际价格机制构成，石油定价权是国际能源市场机制的核心，也是石油能源舞台各方争夺的焦点。② 目前，全球能源和资源金融市场已经形成石油、天然气和煤炭三种能源产品，以及有色金属交易的复杂、开放性系统，在现货市场、期货市场等交易市场中，使用期货、期权等金融工具进行交易的多元体系。

自1928年形成独立的石油工业定价体系以来，国际石油经历了跨国石油公司定价、石油输出国组织定价和期货定价三个阶段，形成了纽约商业交易所、伦敦国际石油交易所和迪拜商品交易所三大国际主要原油期货交易所，以及美国、西北欧、地中海、加勒比海和新加坡五个主要原油现货市场。国际原油定价机制是由市场供需决定，期货定价成为国际石油价格的主导者。③ 国际天然气市场主要分为北美、欧洲和亚太三大区域市场，形成美国亨利交易中心价格、德国平均进口到岸价、英国国家平衡点天然气价格和日本液化天然气价格四种价格体系。从定价机制来看，北美与英国采用市场定价，进行风险管理的期货合约主要有美国纽约商业交易所和英国伦敦国际石油交易所的天然气期货合约，欧洲市场和日本市场采用天

---

① 张锐、洪涛：《清洁能源供应链与拜登政府的重塑战略：基于地缘政治视角》，《和平与发展》2022年第1期，第16—37页。

② 徐建山：《论油权——初探石油地缘政治的核心问题》，《世界经济与政治》2012年第11期，第115—132页。

③ 施训鹏、姬强、张大永：《国际原油定价机制演化及其对我国原油期货的启示》，《环境经济研究》2018年第11期，第121—134页。

然气与油价挂钩的方式。[①] 国际煤炭期货交易自 2001 年才推出，期货交易主要包括美国芝加哥商品交易所、欧洲洲际交易所和澳大利亚证券交易所，现货价格则包括西北欧现货价格、美国阿巴拉契亚中部地区现货价格、日本动力煤 CIF（指成本、保险费和运费）现货价格与澳大利亚纽卡斯尔动力煤基准现货价格等为主的区域价格体系。有色金属现货市场具有非常明显的寡头垄断特点，由分散的场外市场和集中的由伦敦金属交易所远期市场组成，均以伦敦金属交易所远期合约价格为基准，纽约商业交易所主导美国有色金属市场，而上海期货交易所主导中国有色金属市场。

全球主要能源和资源交易市场被以美国、英国为首的西方发达国家所垄断，英国在全球有色金属交易占据 80% 左右的份额，而美国具备高度发达的金融市场，可以依赖其高度发达的金融市场垄断全球能源期货和期权交易，仅纽约商品交易所的能源期货和期权交易量更占据全球能源衍生品交易量的 50% 以上，并通过释放或紧缩美元流动性来操控能源价格，对美元价值构成强大支撑。自 2020 年 3 月以来，美国在 76 周内释放高达 31 万亿美元的流动性，大量投机资本涌入能源金融市场，使得能源大宗商品价格出现剧烈波动态势。2022 年 2 月俄乌冲突爆发后，出于对俄罗斯制裁升级的担忧，3 月初国际原油价格飙升至 137 美元/桶，达到 14 年来的最高点。全球油气价格的暴涨，加剧了能源有效供应风险，斯里兰卡、孟加拉国、黎巴嫩、罗马尼亚等多国纷纷陷入能源贫困。

第三节　海外能源和资源安全风险防控体系与保障能力

深入洞察全球能源和资源格局，对于全面理解当今世界能源格局、展示国家维护海外能源和资源安全的多方面努力极为关键。世界格局向多极化加速演变，全球能源和资源的市场格局、战略储备与技术转型随之加速演进。国家为应对海外能源和资源安全面临的各类风险，通过外交、跨国公司和军事力量等手段与主体建设风险防控体系、提升风险保障能力。

---

① 邓郁松：《国际天然气定价机制及价格改革启示》，《中国石油企业》2017 年第 12 期，第 31—32 页。

一、海外能源和资源市场

海外能源和资源市场格局的变动与世界格局由单极加速向多极演变的大趋势存在联动关系，同时还受到国际能源权力、开发重心、需求重心转移的重大影响。在国际能源和资源市场格局方面，随着中亚地区、非洲地区、拉美地区能源经济的崛起，形成世界多个地区竞相发展的多中心格局。①

进入 21 世纪，随着西方主要工业国相继步入后工业化时代，经合组织能源消费开始呈现缓慢下降的态势；随着美洲大陆油气生产的崛起，叠加页岩气革命的推动，美国的石油和天然气产量持续增加，使得北美能源日趋独立，而以中国和印度为代表的亚太油气市场的国际地位显著上升。在全球油气市场方面，中东地区、俄罗斯和非洲油气资源一直扮演供应者角色，形成全球油气资源“四圈两系”的市场格局。“四圈”是指中东—亚太贸易圈、俄罗斯—欧洲贸易圈、美洲贸易圈和非洲—南欧—南太贸易圈；“两系”指美洲贸易圈的油气供需一体化体系和其余三圈的油气供需分离体系。油气供应和需求市场相邻、输运设施完备、输运通道通畅和价格经济是“四圈两系”稳定贸易格局形成的基础。供需一体化的美洲贸易圈在现有油气供需体系中比较稳定，供需分离的其他三个贸易圈易受外部因素影响而表现出明显的脆弱性。以俄罗斯—欧洲贸易圈为例，俄乌冲突以来，欧盟相继对俄罗斯石油和天然气限购、限价和限运，并寻求俄罗斯之外来自中东、美国和非洲的油气供应，已经开始改变现有全球能源资源供应和贸易格局。②

全球关键矿产资源生产与消费极不均衡。以锂、钴和镍这三种战略矿产为例，美国、欧盟、中国、日本和韩国是全球重要消费方，供应方则主要来自俄罗斯、非洲和拉丁美洲，地理空间上供应和需求基本处于完全分离状态。全球锂资源市场已经基本形成亚洲—澳洲和欧洲—美洲两个主要贸易圈，澳大利亚、智利、阿根廷等主要锂资源供应国分别与两个不同的贸易圈发生密切关系，中国和澳大利亚已经成为全球最大的锂资源进口国和出口国。美欧国家已经形成较完整的钴资源贸易体系，中国则与全球钴

① 徐梅、张翠珍：《经济外交概论》，经济科学出版社 2022 年版。

② 王安建、王春辉：《国际动荡局势对我国能源资源安全的挑战与应对策略》，《中国科学院院刊》2023 年第 1 期，第 72—80 页。

主要供应国刚果（金）形成中国—刚果（金）贸易圈，中国对刚果（金）钴矿资源供应高度依赖。由于南非、刚果（布）、莫桑比克均有不同数量的钴矿产出，其与东南亚其他国家形成一个较小的贸易圈。全球镍矿资源供应主要集中在印尼、菲律宾、加拿大和俄罗斯。中国具有全球最大、最完整的镍产业链，但上游镍矿和镍铁供应高度依赖印尼和菲律宾。中国是全球稀土重要供应国。近年来，美国持续推动新稀土项目开发，尽全力压缩中国稀土供应链、产业链发展空间。目前，中国稀土供应全球占比已经由 2018 年的 90%，下降到 2021 年的 60%。以价值观或意识形态为标准，推动全球阵营化、集团化甚至去全球化是影响未来世界能源资源供应体系安全、稳定和有序的最大挑战。①

二、能源和资源的战略储备

20 世纪 70 年代的两次石油危机给西方发达国家以沉重的打击，因此，建立能源储备，防范突然中断危险，以及保障国民经济的安全运行已成为国际共识。1974 年，在美国的积极推动下，经合组织成立国际能源署，以加强西方发达国家政府间能源协调与合作，共同应对能源危机。在国际能源署推动下，西方国家的战略石油储备逐步发展成熟，以美国、法国、德国和日本等为代表，建立了完善的国家战略石油储备组织体系和法制体系。其战略石油储备的资金由行政拨款、低息贷款、专项基金、石油税收、政府担保债券和非公开债券等组合而成，形成政府、政府控制的公司和民间储备等组合而成的综合储备主体体系，并加强国际合作，积极参加国际能源组织体系。②

1975 年 12 月，美国发布《能源政策与节约法》，授权能源部建设和管理战略石油储备系统，并明确战略石油储备的目标、管理和运作机制。2009 年 12 月，美国战略石油储备达到 7.266 亿桶的峰值。2022 年俄乌冲突爆发后，拜登政府为抑制高油价从战略储备中应急释放 1.8 亿桶石油，使美国石油储备降至 20 世纪 80 年代以来的最低水平。中国于 2003 年 5 月

---

① 王安建、王春辉：《国际动荡局势对我国能源资源安全的挑战与应对策略》，《中国科学院院刊》2023 年第 1 期，第 72—80 页。

② 陈德胜、雷家骕：《法、德、美、日四国的战略石油储备制度比较与中国借鉴》，《太平洋学报》2006 年第 2 期，第 61—71 页。

成立国家发展改革委石油储备办，开始规划建设首批分别位于大连、青岛、宁波和舟山的四个战略石油储备基地。2008 年制定《国家石油储备中长期规划（2008—2020 年）》，提出用 15 年时间分三期完成国家石油储备基地建设，以及应急储备能力达到 6000 万吨的战略目标。

美国、欧盟和日本等发达经济体均从维护国家安全和经济安全的高度出发，建立较为完善的稀有金属战略储备管理体系。美国早在 1979 年就出台《重要战略材料储备法》，这些储备包括 62 类共 93 种物资，其中 80 种为矿产品。[①] 自 2008 年起，先后制定《矿产、关键矿产和美国经济》（2008 年）、《关键矿产战略》（2011 年）、《关键性矿产评估》（2016 年）、内政部《50 种关键矿产清单》（2022 年）和《国防生产法案》（2023 年）等相关政策文件，加强关键矿产资源的管控和战略储备。欧盟自 2011 年起开始发布其关键矿产清单，每三年发布一次经过调整的关键矿产目录。2023 年 6 月欧盟委员会发布《关键原材料法案》，明确将对关键原材料供应链进行监测，并协调欧盟成员国间的战略原材料库存。中国在 2006 年发布《国土资源“十一五”规划纲要》，提出“建立矿产资源储备机制，启动铁、铜、铝、锰等非能源短缺性矿产和稀土、钨等优势矿产的矿产品战略储备”。2007 年成立中央地质勘查基金管理中心，该中心负责研究实施国家矿产资源战略储备制度。2008 年出台《全国矿产资源规划（2008—2015 年）》，提出“逐步建立适合我国国情的矿产储备体系、建立矿产地储备机制和建立紧缺矿产的矿产品储备机制”。[②] 2016 年制定《全国矿产资源规划（2016—2020 年）》，提出“探索建立矿产资源储备制度”，要“科学合理确定有色金属、稀贵金属等国家战略储备规模、品种、结构，完善储备制度”。[③] 2018 年 4 月，按照《深化党和国家机构改革方案》，国家粮食和物资储备局正式挂牌，该局负责组织实施国家战略和应急储备物资收储，旨在加强国家储备统筹规划，构建统一的国家物资储备体系，提

① 姬长征、田孝光：《我国铂族金属产业现状及战略储备研究》，《中国有色金属》2022 年第 9 期，第 48—49 页。

② 《国土资源部关于发布实施〈全国矿产资源规划（2008—2015 年）〉的通知》，中国自然资源部网站，2009 年 1 月 7 日，https：//www. mnr. gov. cn/gk/tzgg/20090107_1989950. htm。

③ 《全国矿产资源规划（2016—2020 年）》，中国自然资源部网站，2016 年 11 月 15 日，http：//www. mnr. gov. cn/gk/ghjh/201811/P020181101641019499236. doc。

升国家储备应对突发事件能力。

三、技术与新能源变革

在应对气候变化和促进可持续发展的双重需求驱动下，全球能源转型正在发生深刻变化。2008 年全球金融危机爆发后，美国、欧盟、中国和日本等各大经济体均将新能源产业视为新兴战略产业，积极推动新能源发展。2015 年 12 月，第 21 届联合国气候变化大会上通过《巴黎协定》，各缔约方对该协议的高度参与和承诺重申脱离化石能源依赖、引领新能源革命的决心。

新能源不仅包括具有可替代性和可再生性的能源，如太阳能、风能、水能等，还包含具有技术创新性、清洁、低碳特点的能源开发手段，如碳捕捉、碳封存、智能电网等。新能源普遍具有清洁程度高、储量大、技术创新性以及广泛产业关联性等特点，对于解决当今世界严重的环境污染问题和资源（特别是化石能源）枯竭问题具有重要意义。2008 年全球金融危机爆发后，美国、欧盟、中国、日本等各大经济体均将新能源产业放在本国经济刺激计划的重要位置，从战略导向、政策立法、技术支持和资金投入等方面大力扶持新能源产业发展，新能源革命进程进一步加速。[①]《巴黎协定》是继《联合国气候变化框架公约》《京都议定书》之后，人类应对气候变化的第三个里程碑式的国际法律文本，将积极推动全球新能源革命发展新进程。拜登政府上台后推行清洁能源革命，提出到 2050 年实现 100% 清洁能源与碳中和的目标，以提高美国清洁能源实力，将美国打造成全球清洁能源大国。[②] 欧盟于 2021 年颁布《欧洲气候法》，加快推行清洁生产和循环经济的工业发展战略，制定绿色政纲和打造绿色金融体系以推动 2050 年实现近零排放的目标完成。2020 年 9 月 22 日，中国国家主席习近平在第 75 届联合国大会上承诺："中国将提高国家自主贡献力度，采取更加有力的政策和措施，二氧化碳排放力争于 2030 年前达到峰值，努力争取 2060 年前实现碳中和。"[③]"双碳"战略的提出标志着中国新一轮能源

---

① 闫世刚：《低碳经济视角下的中国新能源国际合作》，《外交评论》2012 年第 5 期，第 82—94 页。

② 朱玲玲：《拜登政府的"清洁能源革命"：内容、特点与前景》，《中国石油大学学报（社会科学版）》2022 年第 4 期，第 51—61 页。

③ 《习近平在第七十五届联合国大会一般性辩论上的讲话（全文）》，新华网，2020 年 9 月 22 日，http：//www. xinhuanet. com/politics/leaders/2020 - 09/22/c_1126527652. htm。

革命的到来，这既是顺应全球低碳转型深入发展的举措，也是主动承担大国责任的体现。

世界各国都在大力发展水能、风能、太阳能等新能源，加快技术创新，推进全球能源转型，实现绿色低碳发展。技术创新，包括更高的太阳能光伏模块效率和更先进的风力涡轮机，在加快电力部门可再生能源的部署方面发挥着重要作用。从长远来看，下一代生物燃料和可再生氢利用扩展到越来越多的行业，如航空、航运和重工业。此外，超临界发电、整体煤气化联合循环发电系统、热电联产及碳捕集利用与封存等技术创新进一步提高了能源利用效率。数字化和储能的创新也开辟了新领域，智能电网、物联网、大数据和人工智能等新数字技术正在能源行业得到应用，有助于提高其效率，加速新兴智能发电和配电系统中可再生能源的使用。新能源技术也正在开发用于储能的技术，对风能和太阳能等可变可再生能源至关重要。① 随着蓄电池技术的创新，电动汽车的竞争力逐步提高，各国纷纷布局电动汽车领域。例如德国、挪威和印度提出到2030年禁止销售传统汽车，英国、法国提出到2040年禁止销售传统汽车。而中国新能源汽车产业已经形成了以纯电动汽车、插电式混合动力汽车和燃料电池汽车为主的产业格局，自2015年起成为全球最大的电动汽车市场。

四、海外能源和资源安全保障能力建设

21世纪以来，国际能源资源争夺日趋激烈，全球能源市场格局波动加剧。政府是维护海外能源和资源安全的关键行为体，以外交为手段，以跨国公司为维护海外能源和资源安全的实践者，以军事力量在涉及重大利益时发挥保障作用。

随着国际能源贸易日益扩大、国际能源竞争日益激烈，国际能源活动的外交特性凸显。能源外交的直接任务就是保证海外能源资源安全，理顺国际能源资源关系，谋取最大能源资源利益，服务于国家经济发展。美国能源外交战略在国际政治和能源市场的风云变幻中形成、发展和完善，涵盖政策主体、决策进程、制度保证和法律保障等多个层面。美国能源外交的主要内容则包括鼓励国外广泛能源的开发利用，促进节能、提高能源效

---

① 张所续、马伯永：《世界能源发展趋势与中国能源未来发展方向》，《中国国土资源经济》2019年第10期，第20—27页。

率和替代能源开发，开展国际合作，并建立战略石油储备和国际应急分摊计划。俄罗斯通过能源外交战略积极支持该国大型能源公司走向世界市场，并在符合俄罗斯最大经济利益的条件下，使之获得更多的国外能源资源的份额。[①] 在国际格局大变动、国际秩序大调整的背景下，中国与中东、中亚、独联体区域主要国家外交关系良好，中国积极促进中东和平以便稳定中东能源供应管道；与俄罗斯能源合作步入一体化阶段，与东盟各国能源合作进展顺利。中国以“一带一路”国际合作高峰论坛、中阿合作论坛、上海合作组织峰会和东亚峰会能源部长会议机制等合作机制为平台，积极加强“一带一路”框架下的能源外交，积极保障地区能源安全、促进经济发展的可靠基础。

经济利益是跨国能源资源公司最为关心和最直接的海外利益。跨国公司通过金融、技术、管理等手段掌控海外能源资源，进而获得影响东道国国内政治的能力。美国拥有埃克森美孚、雪佛龙等 8 家石油公司，能够间接操控的石油公司有英国石油公司、壳牌集团、沙特阿美（管理控制）、科威特国家石油公司（管理控制）、阿布扎比国家石油公司 5 家公司，这 13 家公司掌控全球近 30% 的油气资源。法国在非洲的利益和影响力存续多年，能源巨头道达尔集团经过近一个世纪的耕耘长期雄踞非洲油气市场行业第一的宝座；同时该集团作为全球第二大液化天然气运营商，分别在中东（卡塔尔、也门）、非洲（尼日利亚）和大洋洲（澳大利亚）等地拥有天然气液化厂权益。俄罗斯大型石油公司已经参加在越南、老挝、土耳其、伊朗、秘鲁、印尼、阿拉伯国家的能源项目，这样不仅有利于提升自身的能源战略地位，更有助于解决俄罗斯部分地区燃料能源短缺的问题。

军事存在既能直接用武力或威胁使用武力保护本国的海外能源和资源安全，又能通过参与联合国维和、跨国反恐等多边行动为自身在海外的军事行动寻找合法性、提高国际声望。[②] 美国国家安全战略的重点之一是利用海外军事力量投射和海外军事基地部署控制海外资源，保护油气运输通道。二战后美国在全球范围内建立大量的军事基地，成为保护其海外利益的坚强后盾。《2013 财年美军基地结构报告》显示，美国在全球 40 个国家

---

① 徐梅、张翠珍：《经济外交概论》，经济科学出版社 2022 年版。

② 杨娜：《欧洲大国的海外利益保护论析——以法国、英国和德国在非洲的利益保护为例》，《世界经济与政治》2019 年第 5 期，第 103—130 页。

部署了 598 个海外军事基地。[①]，这些海外军事基地主要分布在欧洲、中东—非洲和亚太三大战略区域。美国军事力量扼守包括巴拿马运河、马六甲海峡、波斯湾、苏伊士运河等在内的全球交通要道，不仅能够保障自身海外能源和资源的运输安全，而且是参与全球事务的最重要保障。英国、法国、德国等欧洲国家积极部署海外军事力量以维护海外能源和资源利益。法国最重要的军事基地之一的几内亚湾，不仅地理位置重要，其石油储备更可与波斯湾匹敌。作为大国和反恐、反海盗联合行动的重要成员，中国需要维护自身的国家安全和海外利益。从 2008 年开始，中国海军派遣编队前往亚丁湾进行护航。亚丁湾地区是连接欧洲、亚洲和非洲的重要经济通道，也是海盗和恐怖组织频繁活动地区。亚丁湾护航行动是中国海军走向远洋的重要里程碑，在这一地区的商品通道畅通对促进我国进出口贸易和能源安全发挥积极作用。

第四节　海外能源和资源安全国际合作

“全方位加强国际合作，实现开放条件下能源安全”，是新时代中国能源发展贯彻“四个革命、一个合作”能源安全新战略的一大关键。[②] 中国作为全球能源资源生产、消费与贸易大国，国内面临绿色低碳转型推动高质量发展的新要求，国际面临地缘冲突诱发的全球能源供需版图深度调整[③]与新一轮产业革命催生的关键矿产资源全球竞争。面对百年未有之大变局和步入高质量发展新阶段对能源资源的强劲需求形势，推动海外能源资源安全国际合作，尤其与“一带一路”共建国家深化高质量互利合作，是中国保障海外能源资源安全的必然选择。中国始终保持忧患意识、危机意识，立足国内，着眼全球，构建涵盖能源资源供给利用、储备应急、监

---

① The U. S. Department of Defense, “Base Structure Report Fiscal Year 2013 Baseline (A Summary of the Department of Defense's Real Property Inventory)”, Washington D. C. , September 2012.

② 《〈新时代的中国能源发展〉白皮书》，国务院新闻办公室网，2020 年 12 月，http：//www. scio. gov. cn/ztk/dtzt/42313/44537/index. htm。

③ 章建华：《全面构建现代能源体系　推动新时代能源高质量发展》，《中国电力报》2022 年 5 月 20 日。

督管理、环境生态等各方面的综合保障体系，在国际合作中把保障海外能源资源安全的主动权牢牢掌握在自己手中。①

一、保障供应安全

作为世界百年未有之大变局在能源资源领域加速演进的重要特征，全球能源资源实力与权力结构已发生根本性变化，全球政治经济形势变化也促成全球能源资源形势变化，能源资源优势成为大国博弈的关键砝码。②为保障海外能源资源供应安全，中国在能源安全新战略的引领下构建新时代能源资源外交战略，总体思路立足建设覆盖全球的能源资源伙伴关系，积极应对全球能源全面转型和国际关键矿产资源垄断化、金融化趋势，逐步形成以“一带一路”共建国家以及南南合作为重点的能源资源供应布局。

在传统化石能源领域，俄罗斯—中亚、中东、非洲、东南亚等“一带一路”沿线地区为中国提供约75%的石油进口总量和约60%的天然气进口总量；③ 中国—中亚天然气管道、中俄原油管道、中哈原油管道、中缅油气管道等油气运输标志性项目已先后建成投运；中国与相关国家的能源进口合作协议也逐渐由短期合作转为长效合作机制；中国能源企业通过海外并购、资金入股等方式持续加大海外直接投资力度，以全方位、多渠道国际合作保障中国海外能源供应安全。

在矿产资源领域，尤其是与新能源技术革命密切相关的关键矿产方面，中国国内多数关键矿产资源禀赋不佳，“大头在外”的供应格局短期内难以改变，与位于南半球的发展中国家的南南合作是中国保障海外矿产资源供应安全国际合作的主要途径。④ 进一步提升关键矿产的全球配置能力，是中国当下保障矿产资源供应安全的一项紧迫而艰巨的任务。

---

① 国家发展改革委：《能源生产和消费革命战略（2016—2030）（公开发布稿）》，2016 年 12 月，第 28—31 页。

② 许勤华：《新时代中国能源外交战略研究》，《人民论坛·学术前沿》2023 年第 13 期，第 40—49 页。

③ 赵烁：《我国能源国际合作机制建设——基于“一带一路”视角》，《中国国土资源经济》2023 年第 9 期，第 47—55 页。

④ 龚韵洁：《南南合作视角下的战略性矿产资源安全——以中国与阿根廷锂业合作为例》，《拉丁美洲研究》2023 年第 3 期，第 86—105 页。

二、保障储备安全

联合石油储备是全球各国围绕保障海外能源资源储备安全开展国际合作最成熟的领域。联合石油储备可分为战略储备和商业储备，其独特性在于能够以低成本方式快速扩大石油进口国的战略石油储备规模，从而为石油进口国提供有形的能源安全。国际能源署战略石油储备协调应急响应机制是经合组织成员国之间的能源安全多边合作框架，也是目前唯一具有约束力的战略石油联合储备多边协议。在相关研究文献中，加强战略石油储备可提高能源安全的案例仍备受争议，[①] 然而在实践中，韩国、日本、印度、中国等亚洲石油进口大国始终致力于建立并加强自身战略石油储备。

与国际能源署协调应急响应机制类似，东亚国家间也曾探讨石油储备合作。日本、韩国两个同为经合组织成员国的东亚国家曾于2007年签订双边战略储备性质的“石油储备共享协议”;[②] 除此之外，无论在东盟内部、东盟+中日韩（10+3）合作机制还是中国、俄罗斯、朝鲜、韩国、蒙古等国参与的大图们江次区域合作框架下，东亚国家都未能在多边层面实质形成联合石油储备协议。[③]

与经合组织成员国之间公共产品性质的应急联合石油储备不同，中东产油国与亚洲石油进口国之间的联合石油储备作为一种远期商业储备模式，将东道国储油设施用于商业储油，通过明确东道国在遭遇石油危机时的优先购买权兼顾加强东道国战略石油储备。联合石油储备协议已逐步成为中东与亚洲相关国家石油公司之间互惠互利的重要商业合作模式。科威特、阿联酋、沙特、伊朗等多个海湾国家已先后与韩国、日本、印度等亚洲国家实施或签订多项百万桶量级的联合石油储备协议。

作为双边能源合作的重要组成部分，中国与海湾国家开展联合石油储

---

① 张庭婷、王德华编著：《“一带一路”与中国石油储备——中国与海湾六国能源合作研究》，上海交通大学出版社2018年版，第154页。

② 韩天云：《东北亚区域能源合作：一种共同战略石油储备的视角》，《理论界》2013年第7期，第164—166页。

③ 张健：《东北亚能源合作的路径研究》，吉林大学博士学位论文，2019年。

备谈判。其中，伊朗曾于2014年起在大连港租赁储油设施。① 2023年3月27日，沙特阿美入股浙江荣盛石化股份有限公司，其一揽子协议包含原油储存合作，这是中沙两国自2006年围绕联合石油储备初步交换意见以来首次合作落地，② 标志着中国保障能源资源储备安全国际合作迈入新阶段。展望未来，中国在关键矿产等其他能源资源领域探索效仿联合石油储备的双多边国际合作模式，推动全球能源资源安全治理格局向公平、共赢和可持续方向不断发展，将为建设全球能源资源命运共同体贡献中国智慧。

三、保障环境安全

共建"一带一路"倡议提出以来，特别是习近平总书记于2016年提出建设"绿色丝绸之路"以来，③ 共建"一带一路"绿色发展等国际合作宗旨、"一带一路"能源合作伙伴关系等国际合作平台为保障能源与矿产资源的环境安全取得积极进展，理念引领不断增强，交流机制不断完善，务实合作不断深化。④ 中国在"绿色丝绸之路"能源合作框架内，创新运用"传统化石能源低碳利用与大力发展绿色能源"双轮驱动模式，⑤ 融入多边能源资源治理体系，推动全球绿色低碳转型，塑造全球生态环境安全共同体。⑥ 在保障自身海外能源资源环境安全的同时，为解决全球能源资源与生态问题贡献中国方案。

---

① Reuters, "Iran Leases Oil Storage in China, Ships Crude to India from There Sources", November 20, 2014, https: //www. reuters. com/article/us - iran - china - storage - idUSKCN0J40VI20141120.

② Reuters, "Saudi's China Refinery Deal Covers Crude Oil Storage and Petrochemical Supplies", March 29, 2023, https: //www. reuters. com/markets/deals/saudis - china - refinery - deal - covers - crude - oil - storage - petrochemical - supplies - 2023 - 03 - 29/.

③ 《习近平在乌兹别克斯坦最高会议立法院的演讲（全文）》，新华网，2016年6月23日，http: //www. xinhuanet. com/world/2016 - 06/23/c_1119094900. htm。

④ 陆娅楠：《推进共建"一带一路"绿色发展》，《人民日报》2022年4月1日。

⑤ 庞昌伟：《绿色转型开创中国能源国际合作新格局》，人民论坛网，2022年9月1日，http: //www. rmlt. com. cn/2022/0901/655302. shtml。

⑥ 李昕蕾：《全球生态文明建设中的中国新能源外交》，《人民论坛·学术前沿》2021年第14期，第97—105页。

案例："一带一路"能源合作伙伴关系

能源合作是共建"一带一路"的重点领域。共建"一带一路"倡议提出以来，在能源领域所取得的斐然成绩与中国的相关制度贡献密切相关。共建"一带一路"倡议赋予国际能源合作新的制度生命力，特别是其能源合作伙伴关系的建立不仅成为"一带一路"建设的五大支撑机制之一，也为国际能源合作提供了重要制度平台。

2018 年 10 月 18 日，首届"一带一路"能源部长会议在江苏苏州召开，会议期间，中国与 17 个"一带一路"沿线国家共同发布建立"一带一路"能源合作伙伴关系部长联合宣言。2019 年 4 月 25 日，第二届"一带一路"国际合作高峰论坛期间，"一带一路"能源合作伙伴关系在北京正式成立。30 个伙伴关系成员国的能源部长、驻华大使、能源主管部门高级别代表出席成立仪式，共同对外发布《"一带一路"能源合作伙伴关系合作原则与务实行动》。同年 4 月 27 日，伙伴关系正式纳入《第二届"一带一路"国际合作高峰论坛圆桌峰会联合公报》。作为一个开放性平台，该伙伴关系致力于成为推动国际能源务实合作新的国际公共产品。

"一带一路"能源部长会议和"一带一路"能源合作伙伴关系论坛是建立高质量能源合作伙伴关系的重要合作机制。首届"一带一路"能源合作伙伴关系论坛于 2019 年 12 月在京召开，聚焦清洁能源合作，旨在高质量推动"一带一路"能源合作走深走实，实现绿色发展，促进能源合作示范项目落地。第二届"一带一路"能源合作伙伴关系论坛于 2020 年 12 月在京召开，以"绿色能源投资推动经济包容性复苏"为主题，聚焦新冠疫情后全球能源转型与绿色发展，推动"一带一路"沿线国家经济包容性复苏，实现可持续发展目标。第二届"一带一路"能源部长会议于 2021 年 10 月在山东青岛举办，与会各方围绕"一带一路"绿色能源合作开展深入交流，达成广泛共识，取得丰硕成果。会议期间，"一带一路"能源合作伙伴关系成员国共同举行扩员仪式和合作网络成立仪式、通过《"一带一路"能源合作伙伴关系章程》、发布《"一带一路"绿色能源合作青岛倡议》和能源国际合作最佳实践。《"一带一路"能源合作伙伴关系章程》的发布标志着"一带一路"能源合作伙伴关系已进入实质性运行阶段。

第三届能源合作伙伴关系论坛于2023年5月在福建厦门召开，以“迈向能源高质量发展之路”为主题，围绕“加强高质量‘一带一路’能源合作，携手应对能源发展的共同挑战”等重要议题进行充分交流，达成广泛共识，为后续务实合作奠定基础。论坛期间，举办“‘一带一路’能源合作十周年回顾与展望”主题展览，观看“‘一带一路’能源合作这十年”主题视频，发布伙伴关系合作网络代表单位与智库的最新研究成果与倡议。会议一系列成果，集中展示“一带一路”能源合作10年取得的重大标志性成就，切实增强“一带一路”能源合作的国际吸引力、影响力、感召力。

截至2023年底，“一带一路”能源合作伙伴关系成员国数量达到33个，包括中国与阿富汗、阿尔及利亚、阿塞拜疆、玻利维亚、柬埔寨、佛得角、乍得、东帝汶、赤道几内亚、冈比亚、匈牙利、伊拉克、科威特、吉尔吉斯斯坦、老挝、马耳他、蒙古、缅甸、尼泊尔、尼日尔、巴基斯坦、刚果（布）、塞尔维亚、苏丹、苏里南、塔吉克斯坦、泰国、汤加、土耳其、委内瑞拉、古巴、摩洛哥。

“一带一路”能源合作伙伴关系是能源合作中的重大制度创新，开启了国际能源合作新的制度创新平台，改变了传统国际能源合作中的消极认知，为中国在“一带一路”沿线维护海外能源安全提供有力制度保障。

思考题

1. 怎样全面认识海外能源和资源安全的概念内涵？

2. 如何理解能源转型与关键矿产带给海外能源和资源安全的新特征与新趋势？

3. 高质量共建“一带一路”对中国海外能源和资源安全具有哪些制度意义与现实意义？

参考文献：

［1］陈德胜、雷家骕：《法、德、美、日四国的战略石油储备制度比较与中国借鉴》，《太平洋学报》2006 年第 2 期。

［2］邓郁松：《国际天然气定价机制及价格改革启示》，《中国石油企业》2017 年第 12 期。

［3］龚韵洁：《南南合作视角下的战略性矿产资源安全——以中国与阿根廷锂业合作为例》，《拉丁美洲研究》2023 年第 3 期。

［4］《国土资源部关于发布实施〈全国矿产资源规划（2008—2015 年）〉的通知》，中国自然资源部网站，2009 年 1 月 7 日，https：//www.mnr.gov.cn/gk/tzgg/20090107_1989950.htm。

［5］韩天云：《东北亚区域能源合作：一种共同战略石油储备的视角》，《理论界》2013 年第 7 期。

［6］姬长征、田孝光：《我国铂族金属产业现状及战略储备研究》，《中国有色金属》2022 年第 9 期。

［7］李红强、王礼茂、郎一环：《能源地缘政治格局的演变态势过程与驱动机制研究》，《世界地理研究》2009 年第 4 期。

［8］李昕蕾：《全球生态文明建设中的中国新能源外交》，《人民论坛·学术前沿》2021 年第 14 期。

［9］李月清：《油气、矿产资源安全重要性愈发凸显》，《中国石油企业》2023 年第 3 期。

［10］陆娅楠：《推进共建“一带一路”绿色发展》，《人民日报》2022 年 4 月 1 日。

［11］毛吉康：《中东地缘政治格局演变及对我国能源安全影响》，《和平与发展》2019 年第 4 期。

［12］国家发展改革委：《能源生产和消费革命战略（2016—2030）（公开发布稿）》，2016 年 12 月。

［13］庞昌伟：《绿色转型开创中国能源国际合作新格局》，人民论坛网，2022 年 9 月 1 日，http：//www.rmlt.com.cn/2022/0901/655302.shtml。

［14］《全国矿产资源规划（2016—2020 年）》，中国自然资源部网站，2016 年 11 月 15 日，http：//www.mnr.gov.cn/gk/ghjh/201811/P020181101641019499236.doc。

［15］沈镭、薛静静：《中国能源安全的路径选择与战略框架》，《中国

人口·资源与环境》2011 年第 11 期。

[16] 施训鹏、姬强、张大永：《国际原油定价机制演化及其对我国原油期货的启示》，《环境经济研究》2018 年第 11 期。

[17] 唐志超：《“9·11”后全球能源外交发展态势》，《现代国际关系》2006 年第 1 期。

[18] 王安建、王春辉：《国际动荡局势对我国能源资源安全的挑战与应对策略》，《中国科学院院刊》2023 年第 1 期。

[19] 魏臻博、刘欣：《我国能源安全现状及对策研究》，《知识经济》2007 年第 9 期。

[20]《习近平在第七十五届联合国大会一般性辩论上的讲话（全文）》，新华网，2020 年 9 月 22 日，http：//www.xinhuanet.com/politics/leaders/2020－09/22/c_1126527652.htm。

[21]《习近平在乌兹别克斯坦最高会议立法院的演讲（全文）》，新华网，2016 年 6 月 23 日，http：//www.xinhuanet.com/world/2016－06/23/c_1119094900.htm。

[22]《〈新时代的中国能源发展〉白皮书》，国务院新闻办公室网，2020 年 12 月，http：//www.scio.gov.cn/ztk/dtzt/42313/44537/index.htm。

[23] 修光利、侯丽敏编著：《能源与环境安全战略研究》，中国时代经济出版社 2008 年版。

[24] 徐建山：《论油权——初探石油地缘政治的核心问题》，《世界经济与政治》2012 年第 11 期。

[25] 徐梅、张翠珍：《经济外交概论》，经济科学出版社 2022 年版。

[26] 许勤华：《新时代中国能源外交战略研究》，《人民论坛·学术前沿》2023 年第 13 期。

[27] 闫世刚：《低碳经济视角下的中国新能源国际合作》，《外交评论》2012 年第 5 期，第 82—94 页。

[28] 闫世刚：《低碳经济下北京市新能源发展模式、战略与国际合作机制研究》，对外经济贸易大学出版社 2017 年版。

[29] 杨娜：《欧洲大国的海外利益保护论析——以法国、英国和德国在非洲的利益保护为例》，《世界经济与政治》2019 年第 5 期。

[30] 章建华：《全面构建现代能源体系　推动新时代能源高质量发展》，《中国电力报》2022 年 5 月 20 日。

[31] 张健：《东北亚能源合作的路径研究》，吉林大学博士学位论文，2019 年 5 月。

[32] 张锐、洪涛：《清洁能源供应链与拜登政府的重塑战略：基于地缘政治视角》，《和平与发展》2022 年第 1 期。

[33] 张所续、马伯永：《世界能源发展趋势与中国能源未来发展方向》，《中国国土资源经济》2019 年第 10 期。

[34] 张庭婷、王德华编著：《“一带一路”与中国石油储备——中国与海湾六国能源合作研究》，上海交通大学出版社 2018 年版。

[35] 赵烁：《我国能源国际合作机制建设——基于“一带一路”视角》，《中国国土资源经济》2023 年第 9 期。

[36] 朱玲玲：《拜登政府的“清洁能源革命”：内容、特点与前景》，《中国石油大学学报（社会科学版）》2022 年第 4 期。

[37] 邹艳芬：《中国能源安全的战略模式导向》，《经济问题探索》2008 年第 5 期。

[38] Bert Kruyt, D. P. van Vuuren, H. J. M. de Vries and H. Groenenberg, “Indicators for Energy Security”, Energy Policy, Vol. 37, No. 6, 2009.

[39] BP, “Statistical Review of World Energy 2021”, https://www.bp.com/content/dam/bp/business-sites/en/global/corporate/pdfs/energy-economics/statistical-review/bp-stats-review-2021-full-report.pdf.

[40] Guy C. K. Leung, “China's Energy Security: Perception and Reality”, Energy Policy, Vol. 39, No. 3, 2011.

[41] Hanns W. Maull, “Raw Materials, Energy and Western Security”, London: The Macmillan Press Ltd, 1984.

[42] Mason Willrich, “Energy and World Politics”, New York: The Free Press, 1975.

[43] Reuters, “Iran Leases Oil Storage in China, Ships Crude to India from There Sources”, November 20, 2014, https://www.reuters.com/article/us-iran-china-storage-idUSKCN0J40VI20141120.

[44] Reuters, “Saudi's ChinaRefinery Deal Covers Crude Oil Storage and Petrochemical Supplies”, March 29, 2023, https://www.reuters.com/markets/deals/saudis-china-refinery-deal-covers-crude-oil-storage-petrochemical-supplies-2023-03-29/.

[45] The U. S. Department of Defense, "Base Structure Report Fiscal Year 2013 Baseline (A Summary of the Department of Defense's Real Property Inventory)", Washington D. C., September 2012.

[46] The U. S. Department of State, "Media Note: Menials Security Partnership", June 14, 2022, https://www.state.gov/minerals-security-partnership-june-14-2022/.

第七章　海上通道安全

中国海外利益巨大且处于不断快速增长之中。在中国经济、社会、文化与世界高频互动的过程中，各类风险、挑战和冲突在所难免。在一些局势动荡的国家或地区，中国海外利益经常受到政权更迭、地缘政治冲突、战争等传统安全因素的影响，以及恐怖主义和跨国犯罪等非传统安全的威胁。在这种情况下，中国迫切需要维护海外经济利益和公民权益的有力手段。海洋是联系这些利益与中国大陆的主要纽带，是国际运输和对外贸易的大动脉。海上通道是一国的生命线，确保海上通道畅通无阻，维护机动兵力和战略物资运输的快速便捷，关乎国家安全。海上通道安全是国家综合国力作用在海上的延伸。

在当今动荡变革期，发展和利用海上权力，保障海上通道安全，维护国家主权、发展和安全利益，保障中国企业、各类组织和海外公民的利益和安全，已成为影响中国未来发展的牵一发而动全身的重大课题。中国从战略全局和国家安全的高度重视海上通道安全，既要明确海上通道安全利益和识别风险，加强海上通道安全风险防控体系与保障能力建设，积极谋划，消除隐患；也要推动海上通道安全国际合作，共建全球和区域海洋秩序，与国际社会一道维护海上通道的和平与安全。

第一节　海上通道安全的概念界定

海洋对于国际政治的首要意义就在于通道，通过控制重要通道，进而影响或干预海上和陆上的权力分配是国际海洋政治的最原始内涵。当今世界海洋通道攸关整个全球开放经济体系的维系，因而美国、英国等传统海洋强国无一例外，都将世界主要通道的安全视为自己的核心利益之一。

一、海上通道

关于“海上通道”，目前少有明确的定义，英文统称“海上交通线”（Sea Lines of Communication，SLOCs）或“海洋航线”（Shipping Lane）。顾名思义，海上通道是人类所开辟的通过海、洋连结世界各地的航道，其涉及“人类”这一主体之相关活动及“航道”这一现实客体之基本情况两方面内容，是连接世界主要经济资源中心的通道，也是大多数海上航线的必经之地和诸多利益的交汇之处，在经济与安全方面具有重大的战略价值。①

在海、陆、空三种运输方式中，海上运输跨越的区域广阔、连接的国家众多、承载的物流巨大，同时又拥有方便、快捷、廉价等优点，因而在国际贸易中占据主导地位。在漫长的海上运输线中，起决定性作用的只是一两处咽喉要地，即具有战略意义的海峡，我们通常把这些重要的海峡称为海上战略运输通道，简称“战略通道”。②

海峡是指位于两块陆地之间连接两个海或洋的狭长水道，一般位于两个大陆、大陆与岛屿或者岛屿之间，它们大多较深，水流湍急，处于特殊的地理位置，成为海上运输必经之地。

一般意义上讲，海峡有两大特点：一是处于两块陆地之间的狭长水域，二是连接两片海域或者连接大洋与海。全世界的海峡数以千计，适合航运的只有 130 多个，起重要作用的仅有 40 多个，其中绝大多数是自然形成的，也有些是人工开凿的，如苏伊士运河、巴拿马运河等。这些海峡中有的是一国领海的重要门户、海上防御的战略屏障，如英吉利海峡；有的则是海上交通运输的生命线，货物贸易的大动脉，如马六甲海峡；有的则是一国对外联系或扩张的出海口，如黑海海峡，对国家的经济发展和影响力的扩大具有极其重要的战略意义。

重要的海峡是海上通道的咽喉要地。大西洋海域的主要战略通道包括

---

① 中国现代国际关系研究院海上通道安全课题组：《海上通道安全与国际合作》，时事出版社 2005 年版，第 46 页；张洁：《海上通道安全与中国战略支点的构建——兼谈 21 世纪海上丝绸之路建设的安全考量》，《国际安全研究》2015 年第 33 期，第 100—118 页。

② 李兵：《海上战略通道博弈——兼论加强海上战略通道安全的国际合作》，《太平洋学报》2010 年第 18 期，第 84—94 页。

黑海海峡、直布罗陀海峡、英吉利—多佛尔海峡、波罗的海诸海峡及基尔运河，太平洋海域的主要战略通道包括马六甲海峡、南海、麦哲伦海峡、宗谷海峡、津轻海峡、朝鲜海峡、巴拿马运河，印度洋海域重要的战略通道包括霍尔木兹海峡、曼德海峡、苏伊士运河，北冰洋海域重要的战略通道包括白令海峡和丹麦海峡。

二、海上通道安全

海上通道安全属于如何安全有效地利用相关航道、维护及实现自身利益的安全范畴，涉及广泛的安全议题。因此，海上通道安全具体是指国际海上运输通道的通畅，是一国维持生存与发展及化解外来入侵、干扰、破坏的能力在海上的延伸，是确保一国经济、贸易活动在海上的延伸空间及拥有的运输便利，也是化解海上安全威胁后所确立的海上和平空间。[①] 海上通道安全的内涵具体包括以下五个方面。

第一，海上通道安全属于国家安全的范畴，与国家利益紧密联系在一起，是国家安全及发展战略的重要组成部分。对于依赖海上通道的国家，确保（单方或多方）海上通道的安全应上升到国家战略层面，为经济发展提供强有力的外部空间与依托。随着国际竞争的日趋激烈，恐怖主义、战争和动荡地区增加，能源安全越来越依靠海上通道，海上通道安全在国家安全战略中的地位和作用日益上升。

第二，海上通道安全包括主权国家或联合国授权的多个国家组成的集团通过有效手段确保海上运输安全的通畅，处理好海上突发事件，包括海上救援、海上避难等，有效打击海上犯罪，包括海盗、走私、贩毒和武器扩散等活动。

第三，海上通道安全在特定时期可以包括控制一国海上通道安全的能力，即海上封锁、拦截、合围。这种行为应有联合国的充分授权，如果缺乏有效的国际法支持及具有广泛意义的国际组织（如联合国）的许可，仍属一种破坏通道安全的行为。因此，海上通道安全建立在一种以国际法为依据的基础之上。当前，美国等海上强国以自己的意志作为国际法，以维护所谓“基于规则的秩序”为借口，扩大海上军事存在，构建海上联盟体

---

① 中国现代国际关系研究院海上通道安全课题组：《海上通道安全与国际合作》，时事出版社 2005 年版，第 9—13 页。

系，煽动地区局势紧张，和平、合法利用海洋的国际秩序正在受到破坏。

第四，海上通道安全与陆上安全能力紧密相关，没有陆地的有效配合，邻海国家对海上通道安全的控制是有限的。但邻海的陆上强国并不一定都能有效控制海洋。兹比格涅夫·布热津斯基在其《大棋局》中断言，大英帝国未能掌握世界霸权，原因在于英国并未征服过欧洲大陆。陆上强权仍是海上霸权的重要制约力量。而美国之所以确立了世界霸权，是因为它有广阔的北美大陆作为依托，凭借强大的军事力量，逐步向海上扩张。①

第五，海上通道安全是相对的，充满不确定性和不可预测性。海洋及其岛屿不断在大国之间易手。二战期间，日本为了建立一个亚洲太平洋岛国，试图控制太平洋和大洋洲岛屿。冷战期间，美国与澳大利亚、新西兰、菲律宾、日本、韩国结成军事战略同盟，并在关岛、夏威夷等美国海外领地上建立军事基地，对太平洋和大洋洲实施有效控制，阻止苏联在这个地区建立海上影响力。冷战结束后，“历史的终结”促使美国大大减少在亚太地区特别是南太平洋的军事存在，与此同时，日本变成这个地区最大的援助捐赠国，韩国也表现出更大的兴趣。2009 年奥巴马政府推出“亚太再平衡”战略，宣布美国“重返亚太”，美国对亚太地区的军事控制重新得到加强。此后，中美在南海等中国周边海域的较量和博弈日渐升级。美国“印太战略”的提出及其引发的一系列海上军事活动，进一步加剧了大国爆发海上冲突的危险。

三、海上战略通道安全

从经济角度讲，国际战略通道是海上交通的走廊和枢纽，也是国际海上运输的捷径，如马六甲海峡位于马来西亚、新加坡和印尼苏门答腊之间，连接印度洋、南中国海和太平洋的通道，是沟通太平洋与印度洋航运的咽喉要道，中国石油进口量的 80%、日本石油进口量的 90% 都途经马六甲海峡，它被认为是中国和日本的“海上生命线”；英吉利—多佛尔海峡号称“世界上最繁忙的海峡”，是欧洲到美洲、非洲航线的必经之路，年通过船只多达 12 万艘；霍尔木兹海峡是世界著名的“石油海峡”，是波斯湾通往阿拉伯海的咽喉，波斯湾沿岸国家石油出口的要道。苏伊士运河的

① ［美］兹比格涅夫·布热津斯基著，中国国际问题研究所译：《大棋局：美国的首要地位及其地缘战略》，上海人民出版社 2015 年版，第 19 页。

开通，使欧洲大西洋沿岸国经苏伊士运河—曼德海峡航线比绕道好望角缩短了5500—8000公里航程；巴拿马运河的通航，使太平洋和大西洋之间的航程比绕道麦哲伦海峡缩短了5000—14000公里航程。

从军事角度讲，国际战略通道是进攻的天堑，防守的依托，隐蔽、伏击的支撑和遏制、封锁的咽喉要地。许多世界著名军事家、战略家都非常重视位于重要航线上的海峡在整个战役、战术中的作用。“海权论”的创始人、美国海军学院前院长马汉曾提出，“战略线中最至关重要的是涉及交通运输的那些线。交通支配战争”①。在波澜壮阔的军事史上，交战双方为了争夺战略通道的控制权，保障海上交通线畅通，进行艰苦鏖战的战例不胜枚举。历史反复证明，扼守住这些咽喉要道，就能控制海上航行的通道和海上补给线，为赢得战争的全局创造条件。相反，如果失去战略通道控制权，就会导致物资补给困难、经济凋敝、战略机动性差，而陷入被动，甚至失败的境地。

第二节　中国海上通道安全

海上通道的畅通与安全是任何主权国家得以生存和发展的必备条件。中国已经是世界第一大贸易国、世界第二大经济体，以及世界第一大能源进口国。中国的和平发展离不开开放的国际贸易体系和畅通的国际海上交通线。在全球化时代下，世界各国维护海上通道安全也离不开中国的参与和合作。

随着中国实力增强，海外利益的拓展，以及与世界交往加深，中国的海上通道安全利益正在不断丰富和拓展。面对动荡变化的世界局势和层出不穷的安全风险，中国必须明确海上通道安全利益，识别风险，为构建海上通道安全体系和增强保障能力奠定基础。

一、国际海上通道对维护国家安全的重要性

国际海运通道承担着我国外贸货物运量的90%以上，是保障我国经济

---

① ［美］艾·塞·马汉著，蔡鸿幹、田常吉译：《海军战略》，商务印书馆2018年版，第158页。

和社会可持续发展的“生命线”，其畅通安全与否已成为关乎国家安全的战略性问题。四条海上国际运输通道涵盖我国海上东向、南向、西向及北向四个方向的通道：一是经日韩两国跨太平洋至美洲的东向通道，是我国外贸集装箱运输的主要通道；二是经东南亚至大洋洲的南向通道，是我国外贸铁矿石、煤炭运输的主要通道，承运量占到约 50%；三是经东南亚、南亚跨印度洋至欧洲和非洲的西向通道，是我国能源、集装箱运输的主要通道，途经的马六甲海峡、霍尔木兹海峡和苏伊士运河对我国具有重要的战略意义；四是跨北冰洋的“冰上丝绸之路”，是连接我国东北部与西北欧最短的海运通道，战略价值越发凸显。

自改革开放以来，伴随着中国由传统的内向型经济转变为外向型经济，决策层和学界对于海上通道的安全认知与战略思考不断发生变化。① 冷战结束后，在全球化浪潮的推动下，全球和区域经贸关系日益繁荣，全球性物流日趋活跃，规模迅速膨胀。发达国家和发展中国家均通过积极寻求扩大贸易来维持本国的发展和安全，全球各国对海上通道安全的重视与日俱增。

金融和石油是国家经济安全的两大概念。一些大国染指并试图控制马六甲海峡的航运通道，因此中国必须从新的战略全局高度，制定新的石油能源发展战略，采取积极措施确保国家能源安全。由此掀起了破解“马六甲困局”的研究热潮。② 《2006 年中国的国防》白皮书首次提到海上运输通道的安全问题。③ 2012 年，中国政府提出“建设海洋强国”的战略目标，这一目标的提出使海上通道安全成为一个时代性很强的命题。

2013 年 9 月和 10 月，习近平主席在出访中亚国家和东南亚国家期间，先后提出“丝绸之路经济带”和“21 世纪海上丝绸之路”的倡议，即共建“一带一路”倡议。这不仅是新型的区域合作计划，更是集合政治、经济、安全、人文在内的中国周边大战略的雏形。④ 其中，21 世纪海上丝绸

---

① 张洁：《海上通道安全与中国战略支点的构建——兼谈 21 世纪海上丝绸之路建设的安全考量》，《国际安全研究》2015 年第 33 期，第 101 页。

② 薛力：《“马六甲困境”内涵辨析与中国的应对》，《世界经济与政治》2010 年第 10 期，第 117—140 页。

③ 《2006 年中国的国防》，中国政府网，2006 年 12 月，https：//www. gov. cn/zhengce/2006 - 12/29/content_2615760. htm。

④ 张洁：《海上通道安全与中国战略支点的构建——兼谈 21 世纪海上丝绸之路建设的安全考量》，《国际安全研究》2015 年第 33 期，第 101 页。

之路的辐射区域与海上通道高度重合。因此，保障海上通道安全不再局限于最初的能源运输安全，而是扩展到综合性海权利益的保障，需要中国从共建“一带一路”倡议的整体架构和国家安全的全局高度去谋篇布局。

海上通道安全是关系到中国经济安全、社会稳定和军事安全等的重大战略问题，也是和平发展进程中必须面对且亟待解决的重大课题。[①] 海上通道畅通与否，直接关系一国的进出口贸易。中国贸易货物运输总量的85%是通过海上运输完成的，早已是高度依赖海洋通道的外向型经济大国。以马六甲海峡为核心的东南亚海域是与中国国家利益最为密切的海上通道。中国80%以上的石油进口量要经过印度洋—马六甲海峡—南海航线，该航线是中国海上贸易和能源供应航线的“咽喉”，是中国经济发展的一条“生命线”。保障其畅通，是保障中国经济持续高速发展的关键。[②]

不论是在和平时期还是在冲突的时期，保障重要海上交通线的安全都应是中国最重要的国家利益。在和平时期，尽管海上通道安全是国际公共产品，一般不存在大规模封锁的情况，但海上交通线的畅通仍然面临各种不确定因素，这需要国家具备保障重要海上交通线安全的能力，同时也要积极参与到公共产品的国际供应中，与国际社会一道确保海上交通线的畅通和安全。中国持续多年的亚丁湾护航行动就是中国以和平方式履行国际海上通道安全国际责任的重要体现。而如果中国与一些国家爆发冲突或对抗，中国海上运输线的脆弱便有可能成为国家安全的重大风险点。中国现在缺乏在全球范围内依靠军事手段维护海上交通线的能力和资源，外交将是保障海洋交通线安全的主要手段，军事能力的保障也越来越重要。[③] 2013 年，国务院新闻办公室发布的《中国武装力量的多样化运用》白皮书中明确将维护国际海上通道安全作为中国军队的重要职能之一。[④] 发展中国海军，保障我国海上通道核心利益，对于新时期的海外利益保护来说至关重要。

---

① 李忠杰、李兵：《抓紧制定中国在国际战略通道问题上的战略对策》，《当代世界与社会主义》2011 年第 5 期，第 108—112 页。

② 王历荣：《印度洋与中国海上通道安全战略》，《南亚研究》2009 年第 3 期，第 46—54 页。

③ 胡波：《后马汉时代的中国海权》，海洋出版社 2018 年版，第 7—8 页。

④ 《中国武装力量的多样化运用》，中国政府网，2013 年 4 月，https：//www.gov.cn/jrzg/2013 – 04/16/content_2379013. htm。

伴随共建“一带一路”倡议的提出，中国企业“走出去”的步伐加快，国家利益需求的日益扩展不断赋予海上通道更多使命。保障海上通道安全的利益内涵从过去的确保能源供给安全，迅速扩展到保障国家政治、外交、经济、军事的综合性安全，成为中国实现世界大国的重要战略支撑。中国在非洲的吉布提设立保障基地，在希腊建设比雷埃夫斯港，与巴基斯坦、斯里兰卡等国合作开发港口，都是为了确保海上通道安全，服务“一带一路”国际合作。2019 年 11 月 11 日，中国国家主席习近平与希腊总理米佐塔斯基共同参观中远海运项目时表示，“我相信比雷埃夫斯港的前景不可限量，合作成果一定会不断惠及两国及地区人民”①。比雷埃夫斯，希腊语意为“扼守通道之地”。该港南面地中海，北靠巴尔干半岛，是欧洲大陆距苏伊士运河至直布罗陀主航线最近的港口之一，陆上直通港区的铁路线延伸至中东欧腹地。以比雷埃夫斯港为枢纽，“一带一路”项目以海铁联运的形式在欧洲实现完美衔接。

二、中国海上通道安全风险的类别

当前，国际环境日趋复杂，不稳定性与不确定性明显增加，新冠疫情影响广泛深远，世界进入动荡变革期。国际海运通道面临海上霸权、海洋权益争端等多种威胁与挑战。西太平洋上呈弧形分布的岛屿及海峡对我国构成“岛链”威胁，存在被封锁切断的危险。我国与多个海上邻国存在海上权益争端，对海上通道安全构成潜在威胁。西向通道途经海盗事件高发的亚丁湾、西非海域等“恐怖水域”，构成的威胁仍处严峻态势。②

（一）传统安全风险

冷战结束后，美国把矛头集中转向中国，试图通过岛链封锁线上设置的防御圈和军事基地，封控中国通往太平洋和印度洋的海上通道，实现对中国的“新月形战略弧线包围”。为了便于实施海上控制和海上作战，美国海军将全球重要的海上咽喉要道划分为相互连接、相互支援的 8 个区域

① 《习近平和希腊总理米佐塔基斯共同参观中远海运比雷埃夫斯港项目》，中国政府网，2019 年 11 月 12 日，https：//www. gov. cn/xinwen/2019 – 11/12/content_5451070. htm。

② United States of America，“The National Security for Maritime Security”，September 2005，https：//georgewbushwhitehouse. archives. gov/homeland/maritime – security. html.

性海峡群，企图长期控制世界海洋。从地缘政治的角度来看，岛链拉近了中美之间的距离，使美国成为中国最大的“邻国”，封锁东亚地区的地缘战略对于美国的全球战略有着十分重要的意义。

1. 加强两条岛链的军事部署

中国海区南北纵长，呈哑铃状，且易被分割，而台湾问题的存在更是加剧了这一不利现状。从奥巴马政府的“亚太再平衡”战略到特朗普政府的“印太战略”，美国逐渐将战略重点转向亚太地区，在两条岛链上部署重兵，在东北亚基地、东南亚基地和关岛基地部署大批先进的海空军装备，对相关海峡水道进行重点侦察，举行军事演习，以显示存在和强化威慑，特别是强化关岛基地的地位和作用，将其建成西太平洋地区的中枢基地和力量投送中心。

2. 控制相关海上战略通道

在和平时期，中国正常使用海上战略通道并无大碍，一旦出现危机，美国作为海洋强国有能力在中国贸易、能源运输和兵力机动的海上必经通道上设置障碍。马六甲海峡是中国海上战略通道的重中之重，每天都有大量船只来往其上，其中很大一部分是涉及中国能源安全的原油运输船只。再如霍尔木兹海峡和曼德海峡，都事关中国从中东和北非的原油运输，这些通道均在美国要控制的16个海上咽喉要道之内，对中国军事、经济活动威胁都很大。①

3. 牵制中国核心利益的维护

台湾问题和南海问题事关中国核心利益，但在短期内不可能得以解决。美国利用这两个问题牵制和威胁中国的海上通道安全。② 台湾是中国走向远洋最便捷的路径，掌握了台湾海峡就有了通往“第一岛链”之外海域的有利通道。同样，南沙群岛处在南海通道上，对监控马六甲海峡和南海通道具有重要的战略价值。随着美国对华进行全面战略竞争，台湾海峡的局势不断升级，美国利用台湾海峡和南海事态威胁中国海上通道安全、阻止中国完成国家统一大业的趋势更加明显。

---

① 梁芳：《海上战略通道论》，时事出版社2011年版，第276—278页。

② John F. Bradford, “The Maritime Strategy of the United States: Implications for Indo - Pacific Sea Lanes”, Contemporary Southeast Asia, Vol. 33, No. 2, 2011, pp. 183 - 208.

4. 构建区域海上联盟

美国拜登政府上台后，加强了“盟友伙伴体系”构建，支持日本、韩国等传统盟友加快军事化武装，提升在菲律宾等国的基地部署，打造“美英澳三边安全伙伴关系”，帮助澳大利亚建造核潜艇，并将印度拉入其中，组建美日印澳“四方安全对话”机制，试图对中国形成弧形的包围圈。美国提出“印太战略”，维护所谓“基于规则的秩序”，挑动区域国家在南海、东海等海域开展军备竞赛，破坏区域国家间的信任和合作进程，其实质是企图孤立和遏制中国，阻遏中国维护其正当的海洋权益。

5. 威胁中国全球海上通道安全

中国多年来在印度洋海域的持续经济投入既使得中国能够依托共建“一带一路”倡议在印度洋发挥独特作用，也导致印度洋成为中国至关重要的海外利益攸关区域。美国则一方面固守传统的霸权主义海权观，试图保持对包括控制印度洋若干水道在内的全球制海权；另一方面将印度洋作为狙击中国经济全球布局的重要战场。双方在印度洋的碰撞尽管并非中美博弈的主战场，但美国对华打压的全面化将不可避免地引起区域性反应，对中国与周边国家的关系造成负面影响。①

（二）非传统安全风险

近年来，国际社会对非传统安全的认识日益加深，海上恐怖主义、海盗活动、海上走私、海上贩毒及贩运人口、海上环境污染、海上有组织犯罪等，使得冷战后的世界海上通道安全至少在局部地区遇到多元化的挑战，对世界海上战略通道安全造成的威胁日渐严重，破坏了国际经贸的正常往来，也对中国海上战略通道安全构成了极大威胁。

1. 海盗

《联合国海洋法公约》第 101 条对海盗行为进行了详细界定：“海盗行为是指私人船舶或私人飞机的船员、机组成员或乘客为私人目的，在公海上或任何国家管辖范围以外的地方，对另一船舶或飞机，或对该船舶或飞机上的人员或财产所实施的任何非法暴力或扣留行为或任何掠夺行为。明知船舶或飞机是海盗船舶或飞机的事实而自愿参加、煽动或故意协助上述

---

① 叶海林：《印度洋地区安全态势与主要行为体策略选择》，《印度洋经济体研究》2021 年第 5 期，第 13 页。

行为者也视为海盗行为。”① 自古以来，海盗行为多发生在重要的航线以及重要的海上咽喉要道上，如在海峡、水道附近发动袭击，这些海峡和水道的狭窄之处，易于海盗进行劫掠和袭击。现代海盗依然出没于世界“五大恐怖水域”——西非海岸、索马里半岛附近海域、连接苏伊士运河的红海和亚丁湾一带、孟加拉湾沿岸以及马六甲海峡和整个东南亚水域。20 世纪 80 年代以来，全球海盗活动日趋猖獗，海盗事件数量逐年上升。特别是“9·11”事件之后，全球海盗事件数量急剧增长，对世界海运和国际贸易构成严重威胁。

中国有广袤的海洋，海洋面积达 300 万平方千米，有着丰富的海上资源。随着我国经济的发展，对海上运输业的依赖也越来越大，尤其是对石油进口的依赖。在我国进口石油和向西方出口产品的航线上分布着世界海盗最猖獗的地区，这就为我国的海事安全和经济可持续发展带来巨大隐患。如马六甲海峡、霍尔木兹海峡、曼德海峡、亚丁湾等重要咽喉要道。其中，亚丁湾、马六甲海峡和尼日利亚沿海并称为“世界三大危险海域”，中国渔船、运输船舶等遭受海上袭击的事件时有发生，中国海上战略通道面临极大的风险。在 20 世纪 90 年代初期，南中国海区域被世界公认为“全球海盗活动最猖獗的地区之一”，特别是从 1990 年起，海盗事件明显增加，仅在 2004 年 5—12 月的 7 个月内，全球发生的 67 起海盗事件中，就有约一半发生在南中国海区域。进入 21 世纪尤其是自 2008 年以来，发生在亚丁湾的海盗事件日益增多，接连发生中国船只遭索马里海盗劫持事件。频繁的海盗活动不仅对世界海运活动造成严重影响，也对我国海上通道安全构成最现实的威胁。

2. 海上恐怖活动

海上恐怖活动是指在海上以正常航行的船舶、船上钻井平台及工作人员等为攻击目标，使用暴力手段、制造恐怖气氛，以期达到特定政治目的的活动。② “9·11”事件后，恐怖主义将目光转向了海上。据 2005 年 9 月美国发布的《国家海上安全战略》评估，恐怖分子可能会以海上运输船为

① The United Nations, “United Nations Convention on the Law of the Sea”, https://www.un.org/depts/los/conventions_agreements/texts/unclos/unclos_e.pdf.

② 李兵：《国际战略通道研究》，中共中央党校博士学位论文，2005 年，第 236 页。

工具，装载脏弹、气弹或化学弹对港口和近海设施展开袭击，恐怖分子还可以利用各种装满爆炸物的自杀式小艇和轻型飞机对船舶、军舰以及油轮等海上作业平台展开快速有效的攻击。恐怖分子只需出动为数不多的“快艇炸弹”，消耗 2 吨普通炸药以攻击南下油轮，便可使马六甲海峡长期陷入瘫痪。其造成的影响将大大超出海盗事件，其防范难度更大，甚至令沿岸国都难以自保。①

就中国海上运输航线安全而言，海盗组织和恐怖分子对中国构成的局部威胁主要表现在三个方面：一是破坏海上通道，二是劫掠海上运输船只，三是破坏海上油井。当前，在中国海军不能提供完全保护的情况下，海盗及海上恐怖分子对我国海运将构成一定的威胁。特别值得注意的是，随着地缘政治的回归，中国未来在海上面临的传统安全形势将更加严峻，这些传统安全威胁如何与海盗活动、海上恐怖主义等非传统安全威胁互动，以及会对中国战略环境产生何种影响，是一个重大研究课题。我国海上战略通道的安全形势有可能更加复杂化，但也有可能给海上通道安全的区域和国际合作带来新机遇。

第三节　中国海上通道安全风险防控体系与保障能力

随着中国海上通道安全利益的扩大，海洋安全威胁的日益多元化和分散化，中国外部战略环境的日益严峻，中国亟须加强国际海运通道安全保障能力建设，提高国际运输应急处突能力，这对于维护我国经济安全及海外利益安全意义重大。

一、海上通道安全风险防范体系

中共中央、国务院印发的《国家综合立体交通网规划纲要》明确提出，要完善面向全球的运输网络，发展多元化国际运输通道，完善 4 条海上国际运输通道，保障原油、铁矿石、粮食、液化天然气等国家重点物资国际运输。要加强国际通道安全保障、海上巡航搜救打捞、远洋深海极地

① 梁芳：《海上战略通道论》，时事出版社 2011 年版，第 285—291 页。

救援能力建设；并提出到 2035 年，基本建成“陆海空天”立体协同的交通安全监管和救助体系，有效保障总体国家安全。①

当前，我国对国际海运通道的安全保障服务主要体现在为船舶提供国际公约规定的通信导航和搜寻救助服务，在全球海域感知、深远海搜救、航海保障等方面与海洋强国相比仍有较大差距。为完善面向全球的运输网络，要充分利用北斗导航、人工智能等先进技术，构建“陆海空天”一体化水上交通安全保障体系，全面提升对国际海运通道的安全保障能力。

第一，加强巡航救助装备建设。国际海运通道海况复杂，应加强适合远海水域的船舶、飞机等装备建设；着重建设吨位大、续航距离远、速度快的高性能巡航救助船，不断提升船舶智能化水平；增加中远程固定翼飞机和无人机的配备，提升有效搜救半径；推进大型航测船、大吨位抢险打捞船、大深度潜水支持船建造，提升航海保障和抢险打捞能力。

第二，提升船舶信息获取能力。卫星技术是深远海交通安全监管和应急搜救的首要选择。可依托船舶远程识别和跟踪系统，按照《联合国海洋法公约》在距离我国 1000 海里范围内全面获取各类目标的船舶远程识别和跟踪系统信息；构建基于卫星的船舶自动识别系统，提高船舶连续跟踪与精准感知能力；推广北斗系统全球化应用，充分发挥其定位、导航、授时和短报文功能，实现船舶动态全球自主获取。同时，将船舶远程识别和跟踪系统、卫星船舶自动识别系统和北斗系统信息进行融合处理，形成全球信息获取能力。

第三，强化全球通信保障能力。我国对国际海运通道的通信覆盖主要通过卫星通信系统和海岸电台高频电路实现，需加强天基通信能力建设，构建自主可控的全球卫星通信系统；推动我国国际海事卫星关口站升级改造，提升甚小口径卫星通信系统交通应急通信服务覆盖范围；开展深远海通信组网能力建设，突破水下—空中应急通信信息链构建，实现多种通信方式的组网融合和智能控制。

第四，布局海外救援保障基地。国际海运通道远离我国大陆，布局建设海外救援保障基地是加强安全保障能力的重要手段。应依托中资企业全球布局的港口资源，采用国际惯例、中长期协议等多元、灵活的方式，由

① 《中共中央国务院印发国家综合立体交通网规划纲要》，中国政府网，2021 年 2 月 24 日，https：//www. gov. cn/zhengce/2021 –02/24/content_5588654. htm。

驻泊点、补给点逐步拓展为应急救助合作中心，建成海上综合保障基地，为我国远洋航行船舶提供保障服务。同时，可为基地所在国家的应急抢险与救援行动提供服务，最大限度地保障其合法性。

第五，积极深化海上国际合作。国际合作是维护国际海运通道安全的重要途径，围绕构建人类命运共同体的总体要求，积极参与全球海上交通安全治理体系，深化与国际运输通道相关国家的交通合作。参照亚丁湾护航模式，加强与重要海运通道所在国家及地区在航海保障、海上搜救等领域的交流合作。积极参与国际应急救援合作，共同维护海上安全。积极参与国际条约的谈判和制定，与国际社会共同构建休戚与共、安危共担的命运共同体。①

二、海上应急救援能力建设

2022 年 9 月 16 日，经国务院同意，交通运输部等 23 个部门和单位联合印发《关于进一步加强海上搜救应急能力建设的意见》。② 该文件贯彻落实了《中华人民共和国海上交通安全法》，并就进一步加强海上搜救应急能力建设指明了方向，提出了要求，明确了目标任务。该文件的出台，有助于有力推动我国海上搜救应急能力提升，为交通强国、海洋强国和社会主义现代化建设提供可靠的海上应急保障。

我国海上应急救援能力建设坚持“人民至上、服务大局，政府主导、多方参与，规划引领、共建共享”的海上搜救应急能力建设原则。“人民至上、服务大局”是首要原则。因为生命救助是海上搜救应急的首要任务。海上遇险人员依法享有获得生命救助的权利。生命救助优先于环境救助和财产救助。“政府主导、多方参与”，是夯实国家救助打捞队伍海上搜救应急主力军、国家队地位，突出专业化、职业化、现代化建设，聚焦急难险重任务，不断提高海上“防大灾、救大险”能力。强化协同力量、社会力量建设，发挥“专群结合、军地结合”优势，提升应急处置合力。

---

① 孙金莹、杨立波、刘胜利：《提升国际海运通道安全保障能力——推动面向全球海上运输网络高质量发展》，中国物流与采购网，2021 年 5 月 20 日，http：//www.chinawuliu. com. cn/xsyj/202105/20/549399. shtml。

② 《〈交通运输部等二十三个部门和单位关于进一步加强海上搜救应急能力建设的意见〉解读》，中国交通运输部网站，2022 年 10 月 12 日，https：//www. mot. gov. cn/2022zhengcejd/202210/t20221011_3693070. html。

“规划引领、共建共享”，是指科学引导各地根据辖区涉海产业现状、能力薄弱环节等，分级加强海上搜救应急能力规划、建设，做到统筹衔接、各有侧重、适度超前、优势互补、形成合力。坚持从源头防范化解重大安全风险，强化事前预防和源头管控，强化气象、地震、海洋灾害全天候、高机动、高精度的综合立体监测能力。同时要聚焦海上人命快速搜救、溢油应急、船载危险化学品险情应急、船舶火灾救援等短板和弱项，强化核心装备配备、核心技能提升等，加快提高快速反应、高效处置的能力。

海上搜救应急能力建设聚焦加快建设交通强国、海洋强国，服务构建新发展格局，提出到 2025 年、2035 年两个阶段的发展目标，推动海上搜救应急能力基本适应社会主义现代化建设需求。具体要落实十三项任务：一是优化指挥体系，强化分级负责、高效处置；二是完善法规预案制度，强化依法依规做好海上搜救应急工作；三是发挥规划引领作用，加快构建统筹衔接、各有侧重、适度超前的规划体系；四是防范化解安全风险，有效落实防胜于救的理念；五是加强海上人命搜救能力建设，突出保障海上遇险人员享有获得生命救助的权利；六是加强海上溢油应急能力建设，切实提升海洋环境救助水平；七是加强船载危险化学品险情应急能力建设，加快补齐海上搜救应急短板；八是加强船舶火灾救援能力建设，有效减少人民群众财产损失；九是建强专业力量，突出国家专业海上搜救队伍的专业化、职业化、现代化建设；十是统筹协同力量，充分发挥军队和政府部门所属涉海有关力量协同处置优势；十一是壮大社会力量，充分发挥商渔船等就近就便处置海上突发事件的重要作用；十二是加强海上搜救交流合作，切实保障我国际航行船舶、船员安全；十三是提高医学救援和善后处理效能，强化海上搜救应急全流程衔接。

三、“陆海空天”一体化水上交通安全保障体系

当今世界正经历百年未有之大变局，海运物流供应链的稳定和畅通，事关经济发展和国家安全，是加快构建以国内大循环为主体、国内国际双循环相互促进新发展格局的重要支撑保障。随着总体国家安全观的全面深化，保障水上交通安全已从传统的安全生产层面，拓展到国家经济安全与国家战略安全层面，“保障战略物资运输安全，保障重要战略通道支点安全，实现物流供应链畅通和海运业高质量发展”已成为新发展阶段海事的重要政治任务，是海事系统贯彻新发展理念，服务新发展格局，扎实做好“六稳”工作、全

面落实“六保”任务，加快建设交通强国的重要抓手之一。

“十四五”时期是全国海事系统在新的历史起点上推动高质量发展，提升海事战略地位，为加快建设交通强国、服务构建新发展格局当好先行的关键五年。作为综合交通运输体系的重要组成部分和国家水上主要行政执法力量，海事要当好“保障战略物资运输安全，保障重要战略通道支点安全，实现物流供应链畅通和海运业高质量发展”的主力军、让航行更安全的国家队、让水域更清洁的捍卫者、让航运更便捷的推动者、让全球海事治理体系更成熟的建设者，围绕“12395”总体工作思路，奋力开创海事现代化发展新格局。其中关键在于推动“陆海空天”一体化水上交通运输安全保障体系建设，着力构建全要素“水上大交管”，并将此作为当前和今后一个时期海事发展的核心主线。

构建“陆海空天”一体化水上交通运输安全保障体系，应明确建设目标和内容。“陆海空天”一体化水上交通运输安全保障体系是利用北斗导航、卫星通信与遥感等技术，构筑全球组网的交通安全应急卫星系统，是以“陆海空天”四个维度完善基础设施，全面提升我国对管辖水域、国际海域的监视、管理、保障能力的重要工程。通过构建“陆海空天”一体化水上交通运输安全保障体系，实现我国管辖水域水上船舶动态的全面掌控、现场执法的指挥高效、重要通道和战略支点的即时感知，实现战略物资运输安全有效保障、交通要素全面协同、应急突发事件有效处置，全面保障海上供应链安全畅通，维护好国家海洋权益。

构建“陆海空天”一体化水上交通运输安全保障体系，应抓好体制机制改革。“陆海空天”一体化水上交通运输安全保障体系，既要包括基础设施的建设和提升，也要包括机制改革、产业服务和国际合作等方面的同步推进，这样才能对“陆海空天”一体化水上交通运输安全保障体系建设形成全面支撑。

一是建设全要素的“水上大交管”。健全水上交通动态管控机构体系，建立跨区域水上交通管理机制，深化监管和服务保障资源的综合利用。畅通指挥调度，加强上下联动，提高应急处置能力。

二是服务建设安全、便捷、高效、绿色、经济的现代综合交通体系。推进江海联运、海铁联运、无水港建设及陆上运输与海上运输安全监管标准的互融互通。以建设各自贸试验区为契机，加强监管服务模式和制度规则方面的探索创新，以包容审慎态度支持智能航运和涉水新兴产业的创新发展，推动高端航运服务业发展。对标我国碳达峰、碳中和重大决策，着力引导船舶使用清洁、绿色、低碳能源，降低碳排放，推动形成航运业与自然和谐共生的绿色发展模式。持续推进以简政放权、“放管服”改革为主的行政管理机制改革，精简航运领域许可事项，优化审批服务方式，放宽市场准入，减少行政干预，提升供应链效率。

三是积极推动构建共商共建共享的海洋命运共同体。积极参与或主导国际标准研制，推动我国海事优势技术与标准成为国际标准，推进中国海事标准国际化。建设海事领域国际合作基地，建立国际海事高端智库与国际化高层次人才培养基地，深化海事领域国际科技合作，提升海事科技创新治理体系和治理能力现代化水平，引领国际海事创新技术发展。

构建“陆海空天”一体化水上交通运输安全保障体系应坚持顶层设计。“陆海空天”一体化水上交通运输安全保障体系是一项系统工程，要加强改革创新、战略统筹、规划引导，正确把握以下几组关系，使其成为保障海上供应链安全畅通的生力军。

一要正确把握整体推进和重点突破的关系。坚持整体推进，增强“陆海空天”各维度装备设施和机制的关联性和耦合性，坚持重点突破，优先采取最能有效保障海上供应链安全畅通的方案举措，实现整体推进和重点突破相统一。

二要正确把握总体谋划和久久为功的关系。构建“陆海空天”一体化水上交通运输安全保障体系不可能毕其功于一役，要做好顶层设计，一张蓝图干到底，以钉钉子精神，脚踏实地抓成效，积小胜为大胜。

三要正确把握破除旧动能和培育新动能的关系。坚持创新驱动、科技引领，破除陈旧过时的建设理念模式，毫不动摇地将机制创新和技术创新作为“陆海空天”一体化水上交通运输安全保障体系建设的有力牵引。

四要正确把握自身发展和协同发展的关系。建设过程中必须树立“一盘棋”思想，将自身发展需求融入国家发展大局之中，实现错位发展、协调发展、有机融合，形成整体合力。①

---

① 曹德胜：《构建“陆海空天”一体化水上交通运输安全保障体系》，中国交通运输部网站，2021 年 2 月 20 日，https：//www. mot. gov. cn/jiaotongyaowen/202102/t20210220_3526246. html。

第四节　中国海上通道安全国际合作

海洋作为不可分割的整体，绝大多数海上通道并非任何一国所有，其安全问题具有跨国性，应由各国共同使用和维护。因此，要保障海上通道安全单靠个别国家的努力远远不够，必须通过整合国际力量，以和平、合作、共赢的方式维护国际战略通道的畅通和安全。

一、加强国际合作保障海上通道安全的必要性

加强国际合作以保障海上通道安全具有必要性。第一，加强国际合作保障海上通道安全是时代发展的需要。在当今世界，虽然在传统意义上对通道控制与反控制之争依然存在，但是在更多情况下，国际社会需要合作来共同维护通道的安全。维护海上通道及运输线的安全，需要建立一整套促进国际合作的体制机制。

第二，加强国际合作维护海上通道安全符合各国的共同利益。海洋是国际贸易的纽带，良好的海上安全秩序有利于维护各国的共同利益，各国需要建立打击海上恐怖主义和有组织跨国犯罪，确保海上航行和人员的生命财产安全。

第三，加强国际合作，维护海上通道安全是中国作为负责任大国应尽之义务，但在责任和能力之间要寻求平衡。影响海上通道安全的因素往往具有复合性、联动性、跨国性等特征，非传统安全和传统安全因素日益紧密交织和相互转换，使得保障海上通道安全并非一国能够独自应对，需要国际社会的密切配合。对于中国而言，只有加强国际合作，才能弥补自身不足，更好地保障海上通道安全。

第四，加强国际合作，维护海上通道安全是中国和平发展的需要。在维护中国战略通道安全上，必须符合走和平发展道路的总体要求，必须同建设和谐世界的理念相一致，必须将中国的利益同世界共同利益结合起来。否则，战略通道安全不仅难以保障，而且会制约中国发展，损害中国

的整体安全环境。①

二、中国积极参与海上通道安全的国际合作

美国曾是海上公共产品的主要提供者，但由于其经济实力的相对下降，以及当今海洋安全威胁的日益多元化、复杂化，美国越来越难以承受领导世界的代价。海上航行自由、海上安全等国际公共产品的供给日益减少，国际社会迫切需要其他海洋强国承担更多的责任和义务。近年来，伴随海上力量的加强，中国政府高度重视并积极参与国际合作来保障海上通道安全。

第一，参与国际海事合作机制。中国在联合国主导下与各类海上通道相关国际组织开展合作，比如与国际海事组织、国际海事局等都加强合作，积极参与有关国际公约的研究、制定和修订工作，实现与国际公约良性互动。中国参加的海上通道相关国际组织还包括国际海道测量组织、国际搜救卫星组织、亚太地区港口国监督谅解备忘录组织、国际船级社协会、国际救助联盟、国际海上救助联合会、国际航标协会、西太平洋海军论坛、亚太安全合作理事会等。

第二，推动形成国际合作共识。中国参加相关领域的重要国际会议，如海岸巡防机关区域合作防制海盗与武装攻击船舶筹备会议、反海盗及武装攻击船舶国际会议、防制海盗与武装攻击船舶专家会议、西北太平洋海事会议、亚洲反海盗与武装攻击船舶会议等，并积极阐述中国立场。在海岸巡防机关区域合作防制海盗与武装攻击船舶筹备会议上，中国提出的建议最终成为共识，即各国必须相互交流并整合有关海盗行为的资讯。

第三，与区域国家开展规则磋商。2002 年，中国和东盟国家共同签署《南海各方行为宣言》，强调在不损害声索国主权和管辖权的前提下探索在南海进行有关海上航行与交通安全、协商搜救行动、努力打击海盗和海上武装抢劫等方面的合作。2002 年和 2004 年，《中国与东盟关于非传统安全领域合作联合宣言》和《关于非传统安全领域合作谅解备忘录》签署，强调双方均应在加深现行的多边、双边合作的基础上，注重加强有关防范和打击海盗、海上恐怖主义等非传统安全领域的合作。2013 年，“南海行为

---

① 史春林、史凯册：《中国加强海上通道安全保障国际合作研究》，《中国水运》2015 年第 2 期，第 26 页。

准则”磋商启动；2017 年，“南海行为准则”框架达成；2018 年，“南海行为准则”单一磋商文本草案形成；2023 年，中国重申并呼吁尽快达成“南海行为准则”，为南海和平与合作提供制度保障。

第四，推动海上通道安全的区域合作。近年来，中国与东盟的海上安全合作逐渐增多。2018 年，东盟十国首次以集体的形式同中国举行海上联合军事演习。在东盟地区论坛机制框架下，中国与区域国家围绕灾害管理与人道主义援助、反恐与打击跨国犯罪、海上安全等开展长期合作，达成多项共识和成果。中国和美国在该机制中也展开了阶段性的海上安全合作。2014 年，中美两度合作主办东盟地区论坛海洋环境安全研讨会，共同推动东盟地区论坛外长会通过《海上溢油事故预防、准备、应对和恢复合作声明》。同年，中美两国还通过新版《海上意外相遇规则》，签署了“两个互信机制”，并多次举行《海上意外相遇规则》联合演练。近年来，在东盟地区论坛框架下，中国积极推动区域国家在海上风险管控和保障航道安全等非传统安全领域的合作。在航行安全问题上，中国作为主要推动方，多次就海上搜救、渡运安全等议题发起研讨和合作。在海洋环境和可持续发展问题上，中国聚焦海洋灾害应急管理、区域气候变化与沿海减灾，以及海洋溢油应急管理与处置合作。①

第五，参与和开展双多边海上联合训练和演习。中国与海洋强国和区域性海洋国家广泛合作。2010 年 5 月，应日本海上保安厅邀请，中国海事巡视船“海巡 21”轮出访日本，并与日本海上保安厅开展综合演练，包括海上人员救助、打击武装走私船只和可疑船只等方面的演练。2010 年 12 月，中国海上搜救中心参加亚洲反海盗及武装抢劫船只区域合作协定信息共享中心组织的由 6 个国家和地区参加的联合通信演习。

第六，推动国际海上通道的能力建设。中国为维护马六甲海峡的安全，给予海峡沿岸国许多实质性支持，包括马六甲海峡的灯标建设、水文站的建设和有毒有害物质数据库的建设等，从而增强了新加坡、马来西亚、印尼等国维护马六甲海峡安全的能力。

---

① 吴琳：《中美制度竞争对东盟中心地位的冲击——以东盟地区论坛（ARF）为例》，《外交评论》2021 年第 5 期，第 88—117 页。

案例：亚丁湾护航行动

2008 年 12 月 26 日，根据联合国有关决议安排和索马里过渡联邦政府请求，中国首次派出由武汉舰、海口舰和微山湖舰组成的海军舰艇编队赴亚丁湾海域执行护航任务。这是中国首次使用军事力量赴海外维护国家战略利益。截至 2023 年 1 月，中国共派出 42 批护航编队执行相关任务，安全护送 1500 多批 7100 余艘次船舶，其中外籍船舶超过 50%，为维护国际重要水道安全作出积极贡献，[①] 也有效捍卫了中国的海外利益。

首先，亚丁湾护航有助于维护中国过往船舶的安全利益。亚丁湾是连接印度洋和地中海乃至大西洋的重要海上通道，也是亚洲国家通往欧洲地区和北美地区贸易航线的必经之路。据统计，每年有 100 多个国家和地区的约 2 万艘船舶通过亚丁湾，货运量约占世界海上货物总运量的 1/5，每年有 1000 多艘中国商船通过亚丁湾经苏伊士运河前往欧洲。[②] 由于亚丁湾周边国家特别是索马里常年政治动荡、经济贫困，因此极易滋生海盗势力。2008 年前后，该海域频繁发生的海盗袭击和劫持过往船舶事件，对海上通道安全构成了严重威胁，极大提升了全球贸易的风险等级。随着中国日益融入全球经济体系，对国际重要水道的依赖程度也不断提高，为中国籍船舶提供安全保护显得尤为迫切。

作为海外利益保护的一种特殊手段，海军护航行动具有较强的有效性、威慑性和象征意义，特别是能在应急情况下及时处置突发事件。2008 年以来，中国海军护航编队数次以武力驱离海盗、营救被困人员，并通过日常巡逻和持续护航对海盗及其他不法分子进行有力威慑。在各国海军的共同努力下，亚丁湾海域的海盗袭击已近乎消失，[③] 为中国开展国际贸易

---

① 黄培昭、马玉彬：《亚丁湾护航展现中国担当》，《人民日报》2023 年 1 月 28 日。

② 张军社：《亚丁湾护航对维护国家战略利益具有重要意义》，《解放军报》2018 年 12 月 21 日。

③ International Maritime Bureau，"ICC – IMB Piracy and Armed Robbery against Ships Report – January – December 2022"，January 2023，p. 6，https：//www. icc – ccs. org/reports/2022%20Annual%20IMB%20Piracy%20and%20Armed%20Robbery%20Report. pdf.

和促进经济社会发展提供了稳定环境。这也体现了中国共产党和中国政府始终奉行人民至上，矢志不渝地捍卫人民群众的生命财产安全。中国海军更是得到了被护船舶的高度赞扬和热情拥护，如 2022 年 11 月，中国商船“海澜之友”号得到海军第 42 批护航编队护送后，其船员自发打出横幅，上书“人民海军为人民”。

其次，亚丁湾护航行动极大地提升了中国的海外利益保护能力。在海外利益保护上，中国长期高度依赖领事和外交保护机制，缺乏维护海外同胞安全和正当权益的硬性手段。借助亚丁湾护航带来的机遇，中国海军不断锤炼远洋作战能力，实现从“黄水海军”到“蓝水海军”的转型。据中国海军第 42 批护航编队参谋王军伟介绍，从军舰伴随护航、前出接应、延伸护航，到特战队随船护卫、直升机空中巡逻，再到舰、艇、机一体化协同，海军护航方式不断拓展，手段也在不断创新。[①] 这为中国海外利益保护提供了坚实保障。

护航编队本身就代表了国家力量的存在，可以为邻近地区的海外利益保护行动提供支撑。例如，在利比亚、也门和苏丹的三次撤侨行动中，亚丁湾护航编队均派出舰艇参与了中外公民撤离任务，为保障人民群众安全作出了重大贡献。特别是在也门撤侨行动中，海军创造了首次中国军舰直接靠泊外国港口撤侨、首次执行外国公民撤离任务、首次在战场炮火威胁下撤侨的纪录，[②] 也为未来的常态化撤侨积累了丰富经验。

最后，亚丁湾护航行动扩大了中国的国际影响力。中国参与亚丁湾护航行动，是遵守联合国相关决议安排的体现。中国也借此向国际社会提供公共产品，充分展现出负责任大国的形象。2008 年以来，中国海军不仅为中国船舶提供护航，也为航经亚丁湾的各国船舶提供公共安全保障。如 2009 年 1 月 29 日，护航编队赴亚丁湾不久便解救了一支被海盗船只围堵的希腊籍商船。同时，中国海军还执行国际组织安排的人道主义救援活动，包括参与马航失联航班搜救、向马尔代夫提供淡水、为世界粮食计划署船只和叙利亚化武海运船只护航等。这些活动有力地维护了各地区乃至

---

① 《十四载接续护航亚丁湾！中国海军彰显大国担当》，中国新闻网，2022 年 12 月 26 日，https：//www. chinanews. com. cn/gn/2022/12 – 26/9921478. shtml。

② 《海军护航史上难忘的瞬间》，中国军视网，2022 年 12 月 26 日，http：//www. js7tv. cn/video/202212_293059. html。

世界海域的和平稳定，得到了国际社会的高度赞扬，2009 年 11 月 23 日，武汉舰、海口舰、深圳舰、黄山舰和微山湖舰被国际海事组织大会授予“航运和人类特别服务奖”。

中国海军护航编队还通过与外军联合护航、联合演练、友好访问等形式相互增进了解，展现中国军队“文明之师”“仁义之师”的良好形象，传播中国积极履行国际责任、不谋求霸权、愿与各国一道建设人类命运共同体的美好愿景。例如，2015 年 4 月，济南舰、益阳舰和千岛湖舰在完成护航任务后，又对 13 个国家进行了历时 309 天的环球访问，有效提升了中国军队和中国的国际影响力。

思考题

1. 如何理解我国面临的“马六甲困局”？随着我国军事现代化发展，“马六甲困局”是否依然存在？

2. 当前我国海上通道安全面临的最大风险挑战是什么？美国所谓的“航行自由”如何影响我国的海上通道安全？

3. 在现有国际环境下，海上通道安全国际合作是否必要？如果有必要，那么我国应如何开展海上通道安全国际合作？

参考文献：

［1］［美］艾·塞·马汉著，蔡鸿幹、田常吉译：《海军战略》，商务印书馆 2018 年版。

［2］［美］兹比格涅夫·布热津斯基著，中国国际问题研究所译：《大棋局：美国的首要地位及其地缘战略》，上海人民出版社 2015 年版。

［3］梁芳：《海上战略通道论》，时事出版社 2011 年版。

［4］中国现代国际关系研究院海上通道安全课题组：《海上通道安全与国际合作》，时事出版社 2005 年版。

［5］胡波：《后马汉时代的中国海权》，海洋出版社 2018 年版。

［6］国家海洋局海洋发展战略研究所：《联合国海洋法公约》，海洋出

版社 2014 年版。

［7］杨泽伟主编：《中国海上能源通道安全的法律保障》，武汉大学出版社 2011 年版。

［8］吕靖等：《保障我国海上通道安全研究》，经济科学出版社 2017 年版。

［9］许可：《当代海盗与中国海上通道安全》，国际文化出版公司 2014 年版。

［10］刘宝银、杨晓梅：《中国海洋连通的全球海上通道特征——航天遥感 融合信息 战略价值》，海洋出版社 2018 年版。

［11］张洁：《海上通道安全与中国战略支点的构建——兼谈 21 世纪海上丝绸之路建设的安全考量》，《国际安全研究》2015 年第 33 期。

［12］李兵：《海上战略通道博弈——兼论加强海上战略通道安全的国际合作》，《太平洋学报》2010 年第 18 期。

［13］李忠杰、李兵：《抓紧制定中国在国际战略通道问题上的战略对策》，《当代世界与社会主义》2011 年第 5 期。

［14］李兵：《国际战略通道研究》，中共中央党校博士学位论文，2005 年。

［15］薛力：《“马六甲困境”内涵辨析与中国的应对》，《世界经济与政治》2010 年第 10 期。

［16］赵宏图：《“马六甲困局”与中国能源安全再思考》，《现代国际关系》2007 年第 6 期。

［17］史春林、史凯册：《中国加强海上通道安全保障国际合作研究》，《中国水运》2015 年第 2 期。

［18］Reynolds B. Peele, “The Importance of Maritime Chokepoints”, Parameters, Vol. 27, No. 2, 1997.

［19］Lieutenant Colonel Reynolds B. Peele, “Maritime Chokepoints: Key Sea Lines and Communication (SLOCs) and Strategy”, USAWC Class of 1997.

［20］Christopher Len, “China's 21st Century Maritime Silk Road Initiative, Energy Security and SLOC Access”, Maritime Affairs: Journal of the National Maritime Foundation of India, Vol. 11, No. 1, Summer 2015.

［21］Joshua H. Ho, “The Security of Sea Lanes in Southeast Asia”, Asian Survey, Vol. 46, No. 4, 2006.

[22] Ian Storey, "Securing Southeast Asia's Sea Lanes: A Work in Progress", Asia Policy, Vol. 6, No. 1, 2008.

[23] John F. Bradford, "The Maritime Strategy of the United States: Implications for Indo – Pacific Sea Lanes", Contemporary Southeast Asia, Vol. 33, No. 2, 2011.

[24] RyanHenry, Christine Osowski, Peter Chalk, James T. Bartis, "Promoting International Energy Security: Volume 3, Sea – Lanes to Asia", RAND Corporation, 2012.

第八章 不同类型国家的海外利益安全

海外利益是各国国家利益的重要组成部分，国家综合运用政治、经济、外交、军事等手段，保障其海外公民、经济、政治等利益的安全。国家的全球存在程度，以及在世界体系中的位置与作用，决定着该国海外利益的构成与规模以及海外利益安全战略与政策、机制与举措。本章以美国、英国、日本和印度为例，探讨不同类型国家海外利益安全保障的特点。

美国是具有全球影响力的国家，其人员、外交与军事设施、市场与生产网络遍布世界；冷战结束后实施全球霸权战略，主导世界经济与政治秩序；维护全球自由经济与政治秩序，以及打击全球恐怖主义，是美国保障海外公民、经济与政治利益安全的主要策略。

英国通过海外扩张建立了曾经的“日不落帝国”，二战后英国衰落，但其人员、政治、经济的全球存在程度依然很高；应对国际恐怖主义、在以开放和公平贸易为核心的强大经济基础上建设“全球英国”，是英国国家安全战略的优先事项。

日本国土面积狭小、能源资源匮乏，进出口贸易成为催动经济发展的重要引擎，生产网络遍布世界，积累了巨量的海外资产；日本海外利益安全战略侧重经济、能源、资源、粮食、海上通道安全等方面。

印度是新兴发展中国家，不同方面走向海外的程度存在差异；印度人走向海外的程度很高，海外印度人代表着印度的主要海外利益，并深刻影响着印度国内的政治与经济，因此印度的海外利益安全战略主要围绕保障印度海外公民权益展开。

第一节 美国海外利益安全保障

美国是具有全球影响力的国家，其人员、外交与军事设施、非营利机构、市场与生产网络遍布世界。美国海外公民估计约为 900 万人，① 派驻海外开展工作的美国政府机构有 27 个，美国军方在 80 个国家建有 625 个基地，美国注册的非营利、学术、宗教或其他组织有许多在境外开展工作，美国海外出口市场约为 2.6 万亿美元，海外直接投资约为 6.4 万亿美元，这些构成美国重要的海外利益。美国海外利益所面临的最大安全风险是全球恐怖主义，以及各种形式的经济保护主义。打击恐怖主义、维护全球自由经济与政治秩序，是美国保障海外利益安全的主要策略。

一、美国海外利益的构成

美国海外公民人数众多，美国国务院领事局 2020 年的估计约为 900 万人。美国联邦投票协助计划通过使用统计模型生成了美国海外公民估算数字，2018 年的估计约为 480 万人，这些公民分布在 186 个国家，其中人数最多的是加拿大（86.1 万），其次是墨西哥（58.7 万），然后是英国（39.1 万）、法国（24.8 万）和以色列（20.5 万）。自 2010 年以来，美国海外公民人数增长最快的是大洋洲，2010—2018 年，大洋洲的美国公民增加了 39%，其次是欧洲，增加了 27%。② 除派驻海外的公职人员外，相当一部分海外美国公民在美国企业及非营利、学术、宗教等其他组织工作，还有一部分是退休人员。海外美国学龄儿童估计约为 25 万。③ 在美国出生并返回本国的儿童也属于海外美国公民，美国公民法（美国宪法第十四条

---

① Bureaus of Consular Affairs, US Department of State, "Consular Affairs by the Numbers", https://travel.state.gov/content/dam/travel/CA-By-the-Number-2020.pdf.

② Federal Voting Assistance Program, "2020 Overseas Citizen Population Analysis Report", September 2021, https://www.fvap.gov/uploads/FVAP/Reports/OCPA-2020-Final-Report_20220805.pdf.

③ Office of Overseas Schools, US Department of State, "2021-2022 World Wide Fact Sheet Now Available", December 8, 2021, https://www.state.gov/2021_worldwide_fact_sheet.

修正案）规定，所有在美国出生或归化美国并受其管辖的人，都是美国及其居住州的合法公民。①

美国有大量的外交和军事设施、非营利机构在海外运营。超过 27 个美国政府机构在海外开展工作。美国商务部和农业部依靠其外派官员在海外执行项目，推广美国产品和服务，以确保美国企业能够在国外市场进行公平有效竞争。在发展中国家，美国国际开发署是美国国务院不可或缺的合作伙伴，通过经济发展和人道主义援助执行美国外交政策。美国多数大使馆都设有国防专员办公室，该办公室工作人员来自美国军事部门，代表美国国防部就军事事务向大使提供建议。其他在海外开展工作的美国机构还包括国土安全部（海岸警卫队、移民和海关执法局）、司法部（联邦调查局、缉毒局）、财政部、疾病控制中心和国会图书馆等。② 截至 2018 年，美国控制约 514 个占地超过 4 万平方米或价值超过 1000 万美元，或装备重要军事设施的海外军事基地，这些基地位于全球约 80 个国家，其中在德国和日本的基地数量最多。③

美国是世界第二大出口国，其海外市场对美国经济十分重要。2021 年，美国商品和服务出口额达到 2.6 万亿美元，占其 GDP 的 10.9%。美国最大的出口市场是邻国加拿大和墨西哥，其次是中国和英国。2021 年，美国对这 4 个国家的出口额合计占美国出口总额的 39%。美国出口优势惠及美国各行业和地区的各种规模公司。2021 年美国出口商品的中小企业达 27.1 万多家（包括 6.6 万家制造商），出口商品价值 5420 亿美元，占美国商品出口总额的 1/3，而这些中小企业数量占美国商品出口企业总数的 97.4%。出口业对美国就业发挥重要作用，2021 年每 10 亿美元出口支持约 4269 个就业岗位。2017—2021 年，美国出口每年支持约 990 万个就业

---

① Joe Costanzo, Amanda Klekowski von Koppenfels, "Counting the Uncountable: Overseas Americans", Migration Policy Institute, May 17, 2013, https://www.migrationpolicy.org/article/counting-uncountable-overseas-americans/.

② The National Museum of American Diplomacy, "What U.S. Government Agencies Work in the U.S. Embassies?", https://diplomacy.state.gov/what-u-s-government-agencies-work-in-the-u-s-embassies/.

③ U.S. Department of Defense, "Base Structure Report - Fiscal Year 2018 Baseline", https://www.acq.osd.mil/eie/Downloads/BSI/Base%20Structure%20Report%20FY18.pdf.

岗位，在制造业领域和农业领域的作用尤为突出。[①]

美国是世界最大的海外直接投资国，拥有大量海外资产。2016 年，美国海外直接投资或累计投资额约为 6.4 万亿美元。美国累计海外直接投资约 71% 集中在经合组织成员国，在欧洲的投资占美国所有海外直接投资的一半以上。在 20 世纪 90 年代后半期，美国海外直接投资经历了从发展中国家到最发达国家的戏剧性转变，美国对发展中国家的直接投资份额从 1996 年的 37% 下降到 2000 年的 21%。按地区划分，2015 年，美国企业 71% 的海外直接投资集中在发达经济体，其中 59% 集中在欧洲高度发达经济体。另有 17% 的海外直接投资位于拉丁美洲，15% 位于亚洲。2015 年，美国在非洲的直接投资约占美国海外直接投资总额的 1.3%。美国减少了对发展中国家的采掘业、加工业和基础制造业的直接投资，而更多投资于发达国家的高科技、金融和服务业。2000—2007 年，美国跨国公司在海外的累计直接投资额翻了一番，这一增长促进美国跨国公司的经济活动从美国母公司转向外国子公司，外国子公司在美国跨国公司总经济活动中的份额从 22% 增加到 30%。[②]

二、美国的战略与政策

美国海外利益面临的最大安全风险是全球恐怖主义，以及各种形式的经济保护主义。打击恐怖主义、维护全球自由与政治经济秩序，是美国保障海外利益安全的主要策略。特朗普政府上台后，美国国家安全战略回归国土安全，特别是边境安全，其优先事项是“保护美国人民、国土安全和美国生活方式，重点关注边境安全、移民、提高对灾难性事件的抵御能力，以及打击对美国国土的威胁，包括大规模杀伤性武器的威胁，促进美国繁荣，集中力量振兴国内经济”。海外利益安全在美国国家安全战略中的优先性下降。[③] 拜登政府上台后，美国的国家安全战略重回全球层面，

① Trade Promotion Coordinating Committee, “2023 National Export Strategy”, https: //www. trade. gov/sites/default/files/2023 - 06/National - Export - Strategy - 2023. pdf.

② James K. Jackson, “U. S. Direct Investment Abroad: Trends and Current Issues”, Congressional Research Service, June 29, 2017, https: //sgp. fas. org/crs/misc/RS21118. pdf.

③ The White House, “National Security Strategy of the United States of America”, December 2017, https: //trumpwhitehouse. archives. gov/wp - content/uploads/2017/12/NSS - Final - 12 - 18 - 2017 - 0905. pdf.

其保障海外利益安全战略主要体现在以下三个方面。

第一，保护国家、海外公民和设施免受各种恐怖主义威胁。“9·11”事件后，美国将恐怖主义威胁视为对国土安全及海外利益安全的最大挑战。中央情报局局长乔治·特尼特在参议院委员会作证称，美国是国际恐怖主义的头号目标。2000 年，全球近 1/3 的恐怖主义袭击事件针对的是美国人。[①] 多年来的持续反恐和执法有效限制了恐怖组织的扩张，安全措施和信息共享改善了反恐防御能力，但许多恐怖组织仍在计划实施或激励其他人攻击美国和美国的海外利益。随着威胁性质的演变，美国反恐战略在不断发展。美国认为在消灭了本·拉丹和“基地”组织其他关键领导人后，将有能力继续打击“基地”组织、“伊斯兰国”和相关残余势力，确保阿富汗不再成为针对美国或其盟友的恐怖组织的避风港。在世界各地，美国加强对合作伙伴的合作和支持，从“美国主导、合作伙伴支持”转变为“合作伙伴主导、美国支持”的策略。为此，美国推动建立或扩大全球反恐体系，预防、监测和应对有关威胁，包括加强合作伙伴的执法和司法系统，改善威胁信息共享机制，加强边境安全，打击对恐怖主义的资助行为，防止线上和线下招募、动员恐怖分子实施暴力行为等。美国支持对冲突地区实施有效治理、促进稳定和经济发展以及解决持续冲突。在必要的情况下，美国将使用武力瓦解和削弱可能袭击美国、美国民众、美国在海外的外交和军事设施的恐怖组织。[②]

第二，塑造全球自由经济秩序，维护美国全球经济利益。美国认为各种形式的经济保护主义均对其海外经济利益构成重大风险。美国致力于塑造全球自由经济秩序，推动包容性经济增长，为美国出口创造需求，应对国家资本主义、扭曲市场的“搭便车”等经济行为所带来的挑战。美国将通过二十国集团加强包括世界银行、国际货币基金组织在内的国际金融和经济体系的核心架构，以确保其能够促进世界经济的稳定和增长；对包括世界银行和国际货币基金组织在内的国际金融机构进行治理改革，使其更

---

① Bruce Hoffman, “Protecting American Interests Abroad: US Citizens, Businesses, and Non – Governmental Organizations”, Rand, April 3, 2001, https://www.rand.org/content/dam/rand/pubs/testimonies/2005/CT176.pdf.

② The White House, “National Security Strategy”, October 2022, https://www.whitehouse.gov/wp – content/uploads/2022/11/8 – November – Combined – PDF – for – Upload.pdf.

加有效、更具代表性；加强全球金融规则，确保其一致性和透明度。在国际贸易领域，贸易协定对美国具有经济和战略利益，美国的贸易议程侧重于降低对美国产品的关税，打破对美国商品和服务的壁垒，并制定更高的产品标准，为美国工人和企业创造公平的竞争环境；通过新的贸易协定谈判，制定世界上最高的劳工权利标准和环境保护标准，同时消除对美国出口的壁垒，巩固美国在服务贸易、信息技术和环境产品领域的全球创新领导者地位；通过改善供应链和监管合作，使各种规模的企业更容易扩大业务范围；通过实施发展倡议，如“非洲力量”“非洲贸易”“养活未来”“开放政府伙伴关系”，继续与各国政府、私营部门和民间社会密切合作，促进包容性经济增长，减少腐败，推动地方政府的能力建设，加强对关键基础设施的安全投资。①

第三，与盟友和伙伴国合作，共同推进能源安全。全球范围内的能源供应和需求情况正在发生重大变化，美国石油产量大幅增长，进口大幅减少。美国能源消费下降，降低了对全球供应中断和价格冲击的脆弱性。然而，美国在其盟友能源安全问题上仍然有很大利害关系。乌克兰和欧洲对俄罗斯能源供应的依赖，凸显了美国扩大能源安全观的必要性，即承认美国、盟友和贸易伙伴的集体需求以及竞争性能源市场的重要性。美国认为，增加全球获得可负担得起、可靠和可持续能源的机会，是支持社会和经济发展，以及帮助建立美国技术和投资新市场的最有力方式之一。因此，美国致力于发挥领导者作用，与盟友和伙伴国合作，保护全球能源基础设施免受网络和实体威胁；支持国内外能源来源、供应和路线多样化，战略石油储备现代化；鼓励本土能源供应，鼓励其他国家根据其国家能源安全需求发展自己的石油储备；美国还将与全球供应商和合作伙伴保持接触，减少在北极等地区发生能源相关冲突的可能性。②

三、美国的机制与举措

美国国务院领事事务局承担着保护海外美国公民的主要责任，其下设

---

① The White House, “National Security Strategy”, October 2022, https://www.whitehouse.gov/wp-content/uploads/2022/11/8-November-Combined-PDF-for-Upload.pdf.

② The White House, “National Security Strategy”, October 2022, https://www.whitehouse.gov/wp-content/uploads/2022/11/8-November-Combined-PDF-for-Upload.pdf.

的海外公民服务局具体负责为海外美国公民提供领事保护和服务。海外公民服务局下设 3 个办公室：美国公民服务和危机管理办公室、儿童问题办公室和领事事务法律顾问办公室。美国公民服务和危机管理办公室帮助在海外的美国公民以及他们在国内的家人和朋友应对诸如死亡、逮捕、生病和受伤等紧急情况；在交通事故、自然灾害和内乱等危难时期为美国公民提供重要援助，包括疏散美国公民脱离危机。儿童问题办公室负责就国际绑架儿童和国际收养案件向民众提供援助，是美国执行《国际诱拐儿童民事方面的公约》和《跨国收养方面保护儿童及合作公约》的核心机构。该办公室还负责具体制定和协调相关政策，为国际绑架儿童案件和国际收养政策问题提供指导。领事事务法律顾问办公室参与制定有关向居住或旅行的海外美国公民及美国相关方提供紧急和非紧急服务的政策，为所有海外公民服务局人员和全球领事官员执行的项目提供法律和技术指导，其主要职责包括政策制定、项目分析和规划、诉讼、立法、法规、条约及其他涉及复杂法律分析的咨询，还有与其他机构和私营部门的联络。①

美国国务院外交安全局是美国国务院的安全和执法部门，主要负责保护美国的驻外使团安全。该局成立于 1916 年，现发展为一支由 4 万多名专业人员组成的全球部队，致力于确保美国驻外使团能够安全可靠地执行美国外交政策。此外，外交安全局负责对护照和签证欺诈行为进行刑事调查；在美国保护美国国务卿、美国驻联合国代表和外国政府的官方代表；保护美国外交信息系统；保护美国在世界各地的外交设施。外交安全局分布在全球 175 个国家，开展国际调查、威胁分析、网络安全、政要保护、安全技术和反恐等方面工作。外交安全局特工和其他安全专业人员，会分配到每个美国大使馆和大多数美国领事馆的地区安全办公室。地区安全办公室工作内容包括：保护美国外交设施、人员和信息，出任美国大使馆驻东道国的执法联络员，为东道国警察和安全官员开展打击恐怖主义培训，为美国公民提供海外安全保障方面的咨询，通过海外安全咨询理事会与美国私营部门共享安全信息等。

海外安全咨询理事会是公私合作伙伴关系，通过美国国务院与美国企业、教育机构、宗教团体和海外非营利组织之间的合作和信息共享来促进

---

① U. S. Department of State, "Consular Protection of US Nationals Abroad", November 16, 2022, https: //fam. state. gov/FAM/07FAM/07FAM0010. html.

安全。美国国务院外交安全局的地区安全办公室，通过海外安全咨询理事会与美国私营部门共享安全信息。该理事会目前有 5400 多个组织成员和 1.8 万名个人成员，任何在美国境外经营的任何规模的企业、非营利、学术、宗教或其他在美国注册的组织都可以申请加入，其在中东、非洲、欧洲、亚洲和西半球地区拥有 150 多个国家委员会。这些国家委员会为美国大使馆和美国私营部门之间有效沟通提供了重要渠道，为其成员提供及时的非保密安全和安保信息、组织教育研讨会、培训演习以应对安全威胁，提升阻止和防止恐怖袭击、营救人质、摧毁恐怖组织的能力和技能。这个独特的美国全球安全团体的核心使命是在危难时期提供关键支持，为保障美国海外利益安全提供持续信息和最佳实践交流。①

美国国际贸易管理局贸易协定谈判与合规办公室负责开拓和保护美国海外市场。在美国的双边和多边贸易协定中，外国政府同意消除贸易壁垒，取消不公平或不必要的限制美国出口的政策、做法或程序。贸易协定谈判与合规办公室致力于确保各国履行其协议义务，消除美国对外贸易中遇到的边境壁垒、技术性贸易壁垒、政府影响壁垒和商业环境壁垒，管理贸易协议合规计划，监督、调查和解决非关税贸易壁垒；寻求有利于美国工业发展的贸易协议规则，提供关键贸易壁垒问题领域的专业知识，服务美国出口商。② 美国国际贸易管理局的执法与合规部负责相关法律和协议的执行，保护美国企业免受外国公司不公平定价和不公平政府补贴造成的不公平竞争的影响。负责贸易救济合规的官员的主要工作包括：与美国生产商和出口商合作，收集相关案件的证据，解决与他国政府的贸易争议；分析各国开展贸易救济的措施；评估各国贸易救济法律、政策和做法是否符合世界贸易组织规则；与美国企业、行业协会和外国政府保持广泛联系。③

美国知识产权局设立知识产权外交专员负责保护美国的海外知识产权。知识产权外交专员在国际上推动改善知识产权系统，帮助利益相关者，如美国企业、法律代表和权利持有人，以促进创新和提升创造力，为

---

① OSAC, "About Us", http: //www. osac. gov/About/AboutUs.

② "The Office of Trade Agreements Negotiation and Compliance (TANC)", https: //www. trade. gov/office - trade - agreements - negotiation - and - compliance - tanc.

③ "US. Antidumping and Countervailing Duties", https: //www. trade. gov/US - anti-dumping - and - countervailing - duties; "Subsidies Enforcement Office is Here for You", https: //www. trade. gov/fight - unfair - foreign - trade - subsidies.

美国权利持有人提供知识产权所有领域的援助，包括进入新的外国市场，解决在外国司法管辖区发生的与知识产权的相关问题，帮助其解决在他国遇到的知识产权执法问题。①

四、美国海外利益安全保障的特点与局限

美国应对国际恐怖主义、保护海外人员和设施安全的举措有三个显著特点。第一，优先保障外交设施安全。在美国国务院外交安全局的地区安全办公室指导下，美国海军陆战队安全卫队支持保障美国大使馆和领事馆的安全，保护外交人员的安全，并支持对机密信息的实物保护。第二，加强与驻在国合作。地区安全办公室领导和管理着3.5万名当地警卫，是美国外交设施的第一道防线，也是美国外交设施周边的安全保障。地区安全办公室与东道国执法部门保持密切关系，在逃犯逮捕、反恐和跨国犯罪案件方面获得东道国的支持。地区安全办公室与东道国警察和安全部门合作，协调美方执法调查，如美国每年调查和协调数百起国际护照和签证欺诈案件。外交安全局与外国执法和安全部门合作，在国际贸易博览会和体育比赛等海外重大公共活动中保护美国公民和美国海外利益。第三，为美国海外人员提供安全信息。地区安全办公室、美国大使馆领事事务办公室，是美国公民在海外生活、工作和旅行的重要安全信息来源。地区安全办公室提供东道国的安全和安保条件的最新信息，以及防范犯罪、内乱、恐怖主义或其他威胁的建议。地区安全办公室人员也可能被要求在海外紧急情况发生之前、期间或之后向美国公民提供援助。当美国大使馆意识到即将发生紧急情况时，地区安全办公室会协助制作预警信息，由大使馆的美国公民服务机构通过电子邮件、传真或电话向已注册的美国公民发布。如果在紧急情况下需要疏散美国公民，地区安全办公室将协助传播有关疏散时间和地点的信息。地区安全办公室人员与东道国执法和安全部门协调，以确保美国公民安全前往疏散点，并在出发点提供和协调安保工作。②

---

① United States Patent and Trademark Office, "Protecting Intellectual Property Right (IPR) Overseas", https://www.uspto.gov/ip-policy/ipr-toolkits.

② Bureau of Diplomatic Security, "Diplomatic Security Regional Security Office (Text Version)", April 9, 2019, https://www.state.gov/diplomatic-security-regional-security-office-text-version/.

美国应对国际恐怖主义、保障海外人员和设施安全的举措的最大局限在于对海外非官方美国公民的保护不足。美国外交设施和海外军事力量曾遭受恐怖主义袭击，例如1996年美国空军驻沙特霍巴尔兵营爆炸案、1998年美国驻肯尼亚和坦桑尼亚大使馆同时爆炸案及2000年美国“科尔”号驱逐舰自杀式袭击事件。为此，美国强化了世界各地大使馆和领事馆的安全措施，并加强了对部署在海外的军事人员和设施的保护，这些安全措施有可能会挫败计划中或正在实施的针对美国外交人员和设施的恐怖袭击，但无法完全消除恐怖主义威胁。恐怖分子可能将其袭击目标转移到更温和、更脆弱、更容易接近的非官方目标上，比如普通美国游客、美国企业、美国驻外人员子女就读的学校和娱乐场所等。1997年，共有126名海外美国公民被恐怖分子伤害或杀害。其中，商界人士居首位（104人），其次是其他非政府/非军事美国公民（14人），最后是政府雇员（4人）、外交人员（3人）和军事人员（1人）。1999年，共有184名海外美国公民被恐怖分子伤害或杀害。其中，7人是在海外工作的美国政府雇员，9人是外交人员，9人为美国武装部队成员，26人是海外普通的美国旅行者、游客、记者，还有133人是商人。[①] “9·11”事件之后，海外普通美国公民面临更大的恐怖主义威胁。

第二节　英国海外利益安全保障

英国是开放、外向型国家，其政治与经济利益远超其国土范围。大约1/10的英国公民长期居住在海外；英国经济高度依赖海外市场，2016年英国外贸总额相当于其GDP的一半以上；英国拥有大量海外资产，2017年英国GDP相当于其海外投资或持有的海外资产价值的1/5。英国政府提出将其国内和海外利益视为同一个问题的两个方面，全面考虑国家安全，并从英国在现代世界中的位置与作用出发制定国家安全战略。应对国际恐怖主义是英国国家安全战略的优先事项。此外，英国要在基于规则的全球多边贸易体系中发挥领导作用，扩大现有双边贸易关系，要在以开放和公平

---

① Bruce Hoffman, “Protecting American Interests Abroad: US Citizens, Businesses, and Non - Governmental Organizations”.

贸易为核心的强大经济基础上建设“全球英国”。

一、英国海外利益的构成

英国海外公民人数众多，根据世界银行2021年数据，约470万英国公民长期生活在海外。大部分英国海外公民长期居住在英联邦国家，有31%长期居住在澳大利亚和新西兰，有28%长期居住在美国和加拿大，有26%长期居住在欧盟国家。澳大利亚是英国公民移居的首选目的地，估计有117万，其次是美国（70.4万）、加拿大（53.8万）、西班牙（37.2万）和爱尔兰（30.5万）。新西兰、法国和德国也是英国公民重要的移居目的地。[①] 澳大利亚是44岁及以下的年轻群体移居的首选目的地，而西班牙和法国是老年群体移居的首选目的地。自20世纪80年代以来，英国移居到欧盟国家的人数一直在增加，2017年估计有78.49万英国人居住在欧盟国家（不包括英国和爱尔兰）。[②]

海外市场是英国经济增长和繁荣的关键驱动因素。海外市场促进英国就业市场，增加英国家庭收入，提高商业效率和生产力，促进英国在全球范围内共享知识和创新。2022年6月至2023年6月，英国贸易总额为1.75万亿英镑，出口额为0.85万亿英镑，其中货物贸易出口额为4277亿英镑，服务贸易出口额为4239亿英镑。英国最大出口市场是美国，其次是德国、荷兰、爱尔兰、法国，中国是英国第七大出口市场。2021年，英国非金融领域出口企业大约有28.36万家，占英国企业总数的11.4%，这些企业创造的财富增加值占英国经济的2/3。超过80%的英国制造业贸易为供应链内贸易。有越来越多英国企业使用综合物流、通信服务和商业服务实现其供应链的有效运作，而运作良好的全球贸易关系有助于英国企业发展并有效管理其跨境供应链。2022年6月至2023年6月，英国金融服务业出口额为757亿英镑。数字技术快速发展，服务贸易的内容更加丰富，

---

① “Biateral Migration Matrix 2021”.

② Office for National Statistics, “Living Abroad: British Residents Living in the EU”, April 2018, https://www.ons.gov.uk/peoplepopulationandcommunity/populationandmigration/internationalmigration/articles/livingabroad/april2018.

使服务业成为英国开发创新贸易的重要方面。①

英国拥有大量海外资产。2017 年，英国海外投资总额为 11 万亿英镑，同年英国 GDP 为 2 万亿英镑，相当于英国海外投资或英国持有的海外资产的 1/5。英国的海外投资近法国的两倍（法国 2017 年海外投资额为 5.9 万亿英镑）。吸引英国投资最多的国家是美国，占英国海外总投资的 1/3（31%）。法国位居第二，为 9%，之后是德国（7%）、荷兰（6%）、日本（5%）和卢森堡（3%）。自 2008 年以来，英国在非洲的投资增长了 61%，而同期在欧洲的投资下降了 20%。但相对于发达国家，英国在新兴市场的投资仍然很少。2017 年英国在欧洲的投资约为在非洲投资的 38 倍。尽管英国在新兴市场的投资相对较少，但许多都是长期投资。英国在非洲的投资有一半以上（54%）是直接投资或投资组合。而直接投资和投资组合不容易快速出售并转化为现金，通常被认为是长期投资。②

二、英国的战略与政策

英国保护海外利益安全的战略与政策主要体现在三个方面。第一，加强英国国内与海外安全防御。2021 年，英国发布《安全、防务、发展与外交政策综合审查——竞争时代的全球化英国》，提出要保持英国强大与安全，确保公民免受伤害，保护英国关键国家基础设施，要维护国际秩序安全，确保英国的政治与经济在不受胁迫和干涉的情况下蓬勃发展。英国将采取更为有力的手段来应对日益恶化的全球安全环境，适应系统性竞争以及技术革新带来的威胁，确保英国公民和利益受到威胁时，英国有能力并愿意做出回应，包括在必要时使用武力。该报告还提出，英国国家安全战略的首要目标是应对国内与海外的国家安全威胁。为此，英国要提高自身

---

① The Government of UK, "UK Trade in Numbers (Web Version)", December 20, 2023, https://www.gov.uk/government/statistics/uk-trade-in-numbers/uk-trade-in-numbers-web-version; Department for International Trade, "Trade White Paper: Our Future UK Trade Policy", October 9, 2017, https://www.gov.uk/government/publications/preparing-for-our-future-uk-trade-policy/preparing-for-our-future-uk-trade-policy.

② Office of National Statistics, "Exploring Foreign Investment: Where Does the UK Invest, And Who Invests in the UK?", November 1, 2018, https://www.ons.gov.uk/economy/nationalaccounts/balanceofpayments/articles/exploringforeigninvestmentwheredoestheukinvestandwhoinvestsintheuk/2018-11-01.

以及盟伴国的能力，通过集体安全机制分担风险并汇集风险应对能力，利用武装力量打击和威慑恐怖势力，建设在现实世界和网络空间应对国家安全威胁的集体能力。第二个目标是解决冲突和不稳定问题。英国将努力从根源上解决冲突，降低冲突的发生频率和强度，最大限度减少各种势力打破世界权力平衡和破坏国际安全的机会。第三个目标是应对跨国安全挑战，其中包括极端主义和恐怖主义、严重的有组织犯罪、核生化放射性武器扩散、军事科技发展。①

第二，领导全球多边贸易体系，减小保护主义对英国国内与海外经济利益的损害。2017 年 10 月，英国发布《贸易白皮书：英国未来的贸易政策》，提出保护主义措施会导致经济效率下降和市场扭曲。许多国家歧视外国公司，不合理地限制或增加其贸易和投资成本，通过增加国内工业补贴和救助措施，新增关税、海关条例和对贸易伙伴的原产地规则限制，以保护本国经济。该白皮书认为，一些合理的贸易保护干预措施是有必要的，但须有时间限度、适当、精心设计，以解决真正不公平的贸易做法。英国政府将成为“全球自由贸易的倡导者”，充分利用新机会推动更大程度的贸易自由化。随着退出欧盟，英国将在基于规则的全球多边贸易体系中发挥领导作用，扩大现有双边贸易关系，在以开放和公平贸易为核心的强大经济基础上建设“全球英国”。

第三，减小对全球能源市场的依赖，增强英国能源安全。2022 年 4 月，英国公布《英国能源安全战略》，提出要加快英国迈向低碳、能源独立的未来。该战略的发布是为了回应民众对英国能源供应的安全性、可负担性和可持续性的担忧。这些担忧是由全球和区域问题引起的，比如全球天然气批发价格飙升、俄乌冲突的影响、最近英国能源供应商的倒闭，以及电力和天然气监管机构设定的能源价格上限的上调。该战略的重点是扩大英国国内能源供应，同时承诺在 2022 年底之前完全取消俄罗斯石油和煤炭进口，并尽快取消俄罗斯天然气进口。其政策包括：进一步实施“北海储量计划”，推进页岩气开采的科学论证，到 2030 年开发 4 个新的碳捕获、

---

① Cabinet Office, “Global Britain in a Competitive Age: The Integrated Review of Security, Defence, Development and Foreign Policy”, July 2, 2021, https://www.gov.uk/government/publications/global-britain-in-a-competitive-age-the-integrated-review-of-security-defence-development-and-foreign-policy.

利用和储存集群，到 2030 年将天然气消费量减少 40% 以上，扩大低碳发电的规模，将海上风电规划批准时限从 4 年缩短到 1 年，到 2030 年将审议中的 8 个新的大型核反应堆项目纳入最终投资决策。①

三、英国的机制与举措

英国外交、联邦事务和发展部下属的领事服务部门，以及英国 200 多个大使馆、高专署和领事馆负责向海外英国国民提供领事服务。英国对其领事服务不断进行专业化改革，实施一系列领事服务战略，制定全球领事服务标准和政策，训练专业人员，扩展危机管理能力。其中一项最重要改革是成立全球领事联络中心和紧急旅行证件中心，并引入了新的领事服务模式。英国领事服务部门每年都会服务大约 2 万—2.5 万名英国公民及其家属，其中包括大约 6800 名在国外被拘留或逮捕人员、4500 名在国外死亡人员、4000 名住院人员、1600 名犯罪受害者，5000 名需要福利支持者。该部门为英国公民及其家属提供针对援助，包括援助在国外死亡、被谋杀、被绑架或失踪的英国公民的家属，援助被逮捕或拘留、住院、被强奸或性侵或遭受其他犯罪伤害者，以及面临强迫婚姻的英国公民。

英国外交、联邦事务和发展部成立了专门危机中心，组建专业危机团队，随时准备在全球部署，援助英国人应对自然灾害或极端天气事件、大规模事故、内乱、恐怖袭击或冲突等危机。自 2020 年以来，该中心采取了 3 次重大危机行动：协助全球范围返回 3.8 万余名英国国民，协助 1.5 万余名英国国民及相关人员从阿富汗撤离，以及应对俄乌冲突。此外 2021 年埃塞俄比亚危机期间，该中心与埃塞俄比亚政府和有关国际组织合作，为当地英国公民提供综合领事、政治和人道主义等多方面支持。该中心还制定了合理的撤离方案，与埃塞俄比亚政府各部门保持密切沟通，确保在需要时能够迅速开展撤离行动。该中心利用其海外团队和全球网络优势，持续为英国公民提供风险分析和预警，并随时准备提供人道主义响应。②

---

① Department for Business, Energy & Industrial Strategy, "British Energy Security Strategy", April 7, 2022, https://www.gov.uk/government/publications/british-energy-security-strategy/british-energy-security-strategy.

② Foreign, Commonwealth & Development Office, "Consular and Crisis Strategy 2022", August 25, 2022, https://www.gov.uk/government/publications/consular-and-crisis-strategy-2022/consular-and-crisis-strategy-2022.

英国贸易投资局和英国外交、联邦事务和发展部联合管理海外商业风险服务，帮助在海外开展业务的英国企业了解90个海外市场的安全风险和商业风险。这项名为“海外商业风险”的新服务取代了原有的企业海外安全信息服务。[①] 新服务特别旨在为英国中小企业提供容易被忽视的重要信息，帮助这些企业安全且成功地在海外开展业务。海外商业风险情况可通过英国贸易投资局网站予以查询，内容包括90个海外市场的网络犯罪风险，以及腐败、贿赂和知识产权盗窃等商业风险。该网站提供的政府权威信息来自英国驻世界各地的外交使团，以及英国政府的其他部门，如严重有组织犯罪局和国家基础设施保护中心。[②]

英国贸易救济局负责处理贸易救济事务，调查不公平贸易行为对英国企业造成的损害，并就贸易补救措施提出建议。贸易救济是英国贸易政策的重要组成部分，通过对特定产品进口实施关税等措施，保护国内相关产业免受不公平竞争和贸易做法的影响。英国脱离欧盟以后，根据在世界贸易组织中的义务建立英国贸易救济框架，并成立贸易救济局负责执行该框架，调查相关案件，并为英国企业提供相应救济的措施。这些措施包括《世界贸易组织协定》所规定的三种类型的贸易救济：反倾销、反补贴措施和保障措施。英国通过采取合理的贸易补救措施，解决贸易不公平问题，确保公平竞争，保护英国企业利益和消费者利益。[③]

英国商业贸易部负责处理贸易争端。在英国与特定贸易伙伴达成优惠贸易协议后，英国政府须通过争端解决的方式，包括使用这些协议中规定的争端机制，履行相应的义务。贸易争端机制可以成为保护英国企业，从而为其争取贸易机会的重要手段。英国“脱欧”之前，欧盟委员会代表英国处理贸易争端。“脱欧”后，英国须在贸易伙伴未能履行其国际义务时，采取独立行动保护英国利益，为针对英国的任何贸易争端进行辩护。为此，该部发展充分参与贸易争端每一阶段的能力，包括确定潜在的市场准

---

① 夏莉萍：《20世纪90年代以来英国领事保护机制改革：挑战与应对》，《外交评论》2009年第4期。

② Foreign & Commonwealth Office, “Overseas Business Risk Service Launched”, July 13, 2011, https://www.gov.uk/government/news/overseas-business-risk-service-launched.

③ The Government of UK, “About Us - Trade Remedies Authority”, https://www.gov.uk/government/organisations/trade-remedies-authority/about.

入问题，在争端最初阶段寻求谈判解决方案，从启动到最终解决实质性争端，在必要时对未能履行国际贸易法义务的国家采取合理和相称的措施。此外，该部还负责在世界贸易组织争端解决机制下，解决成员国政府之间的贸易冲突，确保以规则为基础的多边国际贸易体系的有效性。①

四、英国海外利益安全保障的特点与局限

英国领事保护机制有三个显著特点。第一，提供全天候服务。英国全球领事联络中心于2017 年开始全天候运行，能够24 小时处理英国公民向英国海外大使馆、高专署和领事馆提出的所有咨询。该中心是海外英国公民向英国政府寻求支持的第一联络点。收到的大多数领事查询都由领事联络中心的工作人员解决，向咨询者提供信息，并做出相应解释。对于非领事咨询，该中心会将其转到其他政府部门处理。第二，依托信息技术提高服务效率。为了确保为英国公民全天候、全球性领事服务，英国全球领事联络中心完善服务流程，并引入新的 IT 系统来管理案件。第三，以预防为核心。自 2016 年以来，预防性措施已成为英国领事工作的核心内容，通过在英国本土和海外采取预防性措施，减少领事案件数量。尽管如此，英国领事保护机制还存在局限性。英国政府坚持首先保证其援助人员的安全的原则，不会把援助人员送到对他们安全可能构成严重威胁的地方执行任务，在很多领事危机中，能为本国公民提供的帮助十分有限。另外，在发布旅行建议的过程中，英国政府对一些国家的局势判断有显著的主观倾向，会影响建议内容的客观性。②

英国保护海外经济利益的举措有两个主要特点。第一，塑造基于规则的全球贸易环境。长期以来，英国支持建立开放的、基于规则的国际贸易体系，认为这样的体系符合英国的经济利益。第二，拓展英国贸易关系。随着英国“脱欧”，英国正积极制定自己的贸易政策，寻求与欧盟继续开展自由贸易，同时寻求与世界其他地区建立新的贸易安排和贸易协议，为英国商品开拓更多海外市场，并确保海外市场保持开放和公平。其局限性

---

① Department for Business and Trade and Department for International Trade, “Trade Disputes The UK Has with Other Countries”, February 18, 2022, https://www.gov.uk/government/collections/trade-disputes-the-uk-has-with-other-countries.

② 夏莉萍：《20 世纪 90 年代以来英国领事保护机制改革：挑战与应对》，《外交评论》2009 年第 4 期。

主要体现在“脱欧”不久相关机制建设还不完善。在贸易救济机制方面，“脱欧”之前，英国贸易救济归属欧盟职权范围，贸易救济措施的调查、决定和监督由欧盟委员会代表所有欧盟成员国实施。随着英国“脱欧”，其建立了独立的贸易救济框架，并成立贸易救济局负责实施。但该机制效率尚有待提高，需确保案件得到迅速有效的处理，避免给投诉人和投诉对象带来不必要的负担，并确保贸易补救措施的有效性。

第三节　日本海外利益安全保障

一、日本海外利益的构成

20 世纪 80 年代以来，伴随着日本“贸易立国”战略的实施，加之日本国土面积狭小、能源资源匮乏，其进出口贸易成为推动经济发展的重要引擎，日本由此逐渐积累了巨量的海外资产。保护海外利益便成为日本外交工作的重点任务。

关于海外利益的概念内涵，日本官方并没有统一详细的界定。在日语中，也并没有“海外利益”的专属表达词汇，而是用“国益”来阐释海外利益的内容。“国益”在日语中是“国家利益”的意思，这也意味着日本的海外利益是属于国家利益的重要组成部分，并与国内利益一道共同构成了日本的国家利益。日本政府于 2013 年发布了第一份《国家安全保障战略》，并对“国家利益”进行了详细阐述。在此基础上，日本又于 2022 年发布了第二份《国家安全保障战略》。综合上述战略文件，日本官方对“国家利益”的界定主要包含三个方面内容：第一，确保国家领土、主权及国民生命财产的安全；第二，通过经济发展实现国家与国民经济更加繁荣；第三，支持和维护以自由、民主、人权、法制等普遍价值与国际法为基础的国际秩序。[①] 当然，这是从宏观层面上对日本国家利益的界定。就日本海外利益的具体内容而言，综合日本相关政策文件与研究，主要包括海外政治利益、海外经济利益、海外安全利益与海外文化利益四个维度。日本最重要的海外政治利益是稳固的美日同盟关系。海外经济利益包含的范围则比较广泛，主要包括原材料的安全供应、日本贸易产品的对外输

---

① 内容参见 2013 年与 2022 年的日本《国家安全保障战略》。

出、日本企业海外投资等。海外安全利益则是日本企业人员、外交人员及其他海外日本人的安全。此外，维护海上通道畅通与安全也是日本海外安全利益的重要内容。海外文化利益则是推动日本文化的海外传播，维护日本国家的海外形象，提升文化软实力。

进入21世纪后，随着非传统安全风险的突出，日本海外利益的内涵不断扩大，逐渐向非传统安全领域蔓延。日本外务省前官员竹内行夫认为，日本的海外利益可在与反恐合作、防止大规模杀伤性武器扩散、应对全球变暖、促进自由贸易、助推发展中国家经济增长、协同应对自然灾害，以及阻止传染病蔓延等国际公益探求中同步获取。① 近年来，随着新冠疫情的暴发与中美战略竞争加剧，日本开始将“供应链”的安全与重塑纳入其海外利益安全保护的范畴之中。新冠疫情暴发后，日本政府推出“2200亿日元补贴日本企业转移供应链”政策，并且指出日本有必要确保重要物资供应稳定，降低对所谓“特定国家”的依赖，防止外国行为影响到日本企业的生产活动。② 2022年1月，美日印澳“四方安全对话”机制外长会上，日美共同呼吁“规划全球行动计划中的供应链蓝图”，推动印太地区国家间供应链合作，以提升区域供应链韧性。

二、日本的战略与政策

由于海外利益属于国家利益的一部分，日本政府并未出台专门针对海外利益安全保障的战略或政策，而是将海外利益安全保障纳入维护和实现国家利益相关的战略和政策之中。在这些战略与政策中，涉及日本海外利益安全保障的文件主要有：日本首相官邸出台的《日本再兴战略》、日本国家安全保障会议发布的《国家安全保障战略》、日本外务省每年发布的《外交蓝皮书》与《政府开发援助大纲》，以及防卫省每年发布的《防卫白皮书》和国土交通省制定的《基础设施出口战略》等文件。为进一步理解日本海外利益安全保护的相关内容，以下以日本《国家安全保障战略》《政府开发援助大纲》《基础设施出口战略》为例进行分析。

---

① 竹内行夫、『日本外交の戦略的課題』、『ブレイン・ストーミング最前線』2008年8月号、経済産業研究所、https://www.rieti.go.jp/jp/papers/journal/0808/bs01.html。

② 内閣府、『経済施策を一体的に講ずることによる安全保障の確保の推進に関する法律（経済安全保障推進法）』、https://www.cao.go.jp/keizai_anzen_hosho/。

（一）《国家安全保障战略》与日本海外利益安全保障的内在联系

《国家安全保障战略》作为日本安全保障层面最重要的战略文件，可以说对日本海外利益安全保障政策进行了全方位、战略性的顶层设计。日本《国家安全保障战略》的出台是随着日本国家安全保障会议的成立而逐渐形成的。2013 年 12 月，日本国家安全保障会议发布了首份《国家安全保障战略》。随着国际环境的变化，2022 年 12 月，日本发布了第二份《国家安全保障战略》。这两份战略文件不仅涉及日本国家利益、国家安全保障的基本原则、面临的安全环境与安全问题等内容，还对日本安全保障的目标及优先战略手段进行了详细描述。这其中具体涉及日本海外利益安全保障的内容有强化在外日本公民的保护体制及对策、确保能源与粮食等不可或缺资源的海外供给等。[①]

（二）《政府开发援助大纲》与日本海外利益安全保障的内在联系

《政府开发援助大纲》既是日本开展对外援助与合作的政策文件，也是日本推进和实现海外利益的重要手段。日本的政府开发援助（以下简称 ODA）始于 1954 年，至今已有 70 年历史，并历经多次改革。2015 年，日本《政府开发援助大纲》发布 60 周年之际，正式更名为《开发合作大纲》。ODA 对于日本海外利益安全保障具有重要意义。[②] 这主要体现在：第一，确保海上航线安全，提升日本的国际信誉，营造对日本有利的国际环境；第二，确保能源、资源与粮食的安全供应，改善日本企业海外扩张的投资环境，促进日本经济的稳定与增长；第三，有助于海外日本公民及日本企业的安全。2023 年新修订的《开发合作大纲》明确提出，要将推进支持日本企业海外扩张、重要矿物资源的安全供应等作为新的方向。[③]

（三）《基础设施出口战略》与日本海外利益安全保障的内在联系

日本政府于 2013 年制定了第一份《基础设施出口战略》，此后每年都会根据新的形势变化进行调整。在《基础设施出口战略》指导下，日本政府与日本企业共同出资，支持日本企业在海外进行基础设施建设，实现海

---

① 内閣官房、『国家安全保障戦略について』、https：//www. cas. go. jp/jp/siryou/221216anzenhoshou. html。

② 外務省、『日本の開発協力の意義』、https：//www. mofa. go. jp/mofaj/gaiko/oda/files/100514802. pdf。

③ 外務省、『開発協力大綱の改定』、https：//www. mofa. go. jp/mofaj/files/100390705. pdf。

外扩张与经济增长。日本政府制定该战略的主要目的：通过碳中和与数字化转型提高产业竞争力，实现经济增长；为解决发展中国家的社会问题和实现可持续发展目标做出贡献；通过推动高质量基础设施海外扩张，应对实现“自由开发的印太”等外交问题。[1]《基础设施出口战略》对日本企业进行海外基础设施建设的类别、内容与方式等进行了详细规划。具体而言，日本企业进行的海外基础设施建设既包括传统的能源、交通、医疗、电力、城市基础建设等项目，也包括数字化建设和软件应用程序等。在具体实施过程中，强调要通过加强官民协作，活用民间资金与政府资金，并且推进与第三国政府与机构的合作，共同推进日本企业在当地的基础设施建设项目的顺利开展。

三、日本的机制与措施

由于海外利益是一个综合性概念，所涉及内容广泛复杂，保障海外利益的安全机制和措施也多种多样。从日本海外利益的具体内容来看，日本海外利益主要涉及海外经济扩张与保护、海外日本公民安全与救助、文化海外输出与国际形象构建，以及海上航线安全等主要方面。针对海外利益的具体内容，日本形成了不同的保障机制与措施。

第一，国家安全保障会议是日本维护国家安全的顶层机制，在日本海外利益安全保障方面发挥着统领作用。2013 年 12 月，安倍内阁修正安全保障会议设置法，日本原有的安全保障会议改组为国家安全保障会议，并于翌年 1 月成立日本国家安全保障局。日本国家安全保障会议[2]设于内阁，是审议日本国家安全保障重要事项的核心机构，推动日本各省厅间的协调。国家安全保障会议不仅强化了日本首相官邸的“司令塔”机能，而且提升了应对与国家安全有关的紧急突发事件的能力。对于日本海外利益保障而言，国家安全保障会议机制有助于提升应对日本海外利益安全突发事件能力，并且能够推进海外安全情报收集与分析，以更好地维护日本海外人员和财产安全。

---

① 国土交通省、『インフラシステム海外展開戦略 2025』、https：//www. kantei. go. jp/jp/singi/keikyou/dai49/siryou2. pdf。

② 关于日本国家安全保障会议机制的详细内容参考：首相官邸、『国家安全保障会議』、https：//www. kantei. go. jp/jp/singi/anzenhosyoukaigi/index. html。

第二，官民协作推进 ODA 项目实施或开发合作，既是日本不断拓展自身海外利益的手段，同时也是日本推进海外利益保障的重要模式。所谓官民协作指的就是日本政府通过与民间企业合作，为其提供各种各样的援助，实现高效、有效的发展效果。[①] 就具体的工作模式而言，日本形成了“ODA 当地工作组”机制，用以推进开发合作项目的实施与开展。ODA 当地工作组[②]由日本大使馆和日本国际协力机构（以下简称 JICA）地方办事处等组成，原则上在所有受援国都会设置，其目的是制定针对受援国的援助政策，并与受援国政府进行政策磋商，以及加强与其他合作伙伴、相关机构、活跃在当地的日本企业及非政府组织（以下简称 NGO）的合作（具体模式见图 8－1）。

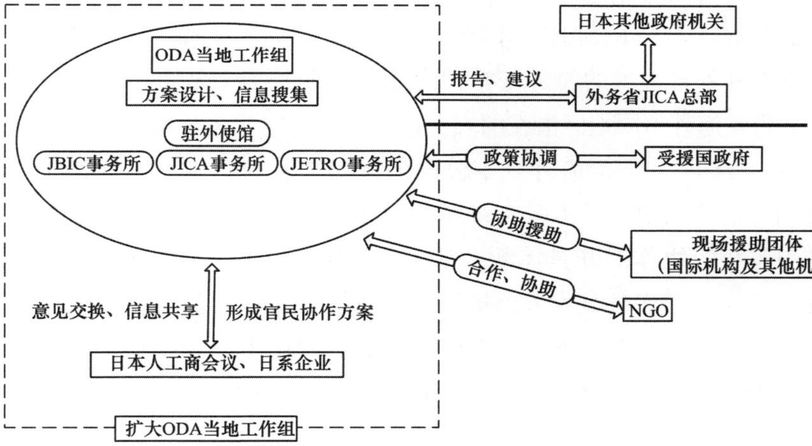

图 8－1

从图 8－1 可以看出，日本外务省、JICA 本部及海外事务部、日本贸易振兴机构事务部、相关政府机关、驻外使馆、日本企业、NGO 等分工明确、相互协作，共同致力于开发援助项目的实施。通过 ODA 项目的实施，不仅有助于日本企业海外扩张，而且在项目实施过程中通过与受援国政府建立起友好、信赖关系，以及传播日本文化、构建日本友好形象，对于保

① 外務省、『官民連携』、https：//www. mofa. go. jp/mofaj/gaiko/oda/seisaku/kanmin. html。

② 外務省、『現地 ODAタスクフォース』、https：//www. mofa. go. jp/mofaj/gaiko/oda/seisaku/taskforce. html。

障日本海外利益安全也起到了积极作用。

受发生于2016年7月的孟加拉国达卡恐怖袭击事件影响，日本外务大臣领导成立了“国际合作项目安全委员会”，以重新审查日本与国际合作项目有关的安全措施，并制定了新的应对措施。新的安全对策最终报告书主要包含以下五项具体内容：一是强化威胁信息的收集、分析与共享；二是规范项目相关人员及NGO组织的行动；三是从硬件与软件两方面强化防护措施，并加强研修与训练；四是完善危机发生后的应对措施；五是强化日本外务省和JICA的危机管理意识与安全管理体系。①

第三，日本政府构建和完善了对海外日本人的安全与保护机制。一方面，注重事前预防理念，完善海外危险信息传播渠道。日本外务省官方网站专门设置海外安全信息专栏，② 除为日本公民提供留学、海外旅行、海外出差等服务信息外，还会提供不同地区的传染病蔓延、恐怖主义活动等危险信息。日本外务省设置的海外安全信息服务机制致力于从事前预防视角出发，提前告知海外不同地区潜在的安全危险，尽可能避免日本公民陷入危险之中。另一方面，完善对海外日本公民的保护与救助机制。一旦日本公民在海外陷入危险之中，日本政府将展开具体的保护与营救措施，并由外务省与防卫省统筹协作展开具体救助活动。2016年10月，日本外务省与防卫省发布了《关于海外日本人保护措施的协作机制》，③ 该文件详细区分了日本外务省与防卫省各自承担的责任与义务、费用支出，以及实施保护措施需要的相关手续等内容，突出强调了外务省与防卫省的相互协作。

四、日本海外利益安全保障的特点与局限

作为一个以“贸易立国”的国家，经过半个多世纪的发展，日本已经积累了庞大的海外利益。为保障海外利益安全，日本形成了独具特色的保障机制或模式，同时也存在一定的局限性。

第一，从保障模式来看，重视ODA的功能与作用，将海外经济利益扩张与保护有机结合起来。作为战败国，二战后受制于政治与军事能力的短

---

① 外務省、『国際協力事業の安全対策』、https：//www. mofa. go. jp/mofaj/gaiko/oda/files/000184364. pdf。

② 外務省、『海外安全ホームページ』、https：//www. anzen. mofa. go. jp/。

③ 外務省、『在外邦人等の保護措置に関する協力体制』、https：//www. mofa. go. jp/mofaj/files/100217374. pdf。

板，日本通过ODA逐渐发展出一种将经济与外交相结合的海外利益保护模式。日本以开发援助合作为名，通过“官民协作”模式推动日本企业不断拓展海外利益。与此同时，在拓展海外经济利益的过程中，通过与当地政府、NGO等建立友好信赖关系，为海外日本公民及企业营造稳定的发展环境。

第二，从保障理念来看，日本比较注重“事前预防”的理念，重视日常预防，随时做好对突发安全事件的应对准备。在日本海外利益安全保障对象中，对海外日本人的安全保护是重中之重。一方面，日本外务省会专门发布海外安全风险信息，并根据风险程度形成不同级别的安全提醒，以备前往海外留学、旅游及出差工作的日本人提前做好应对之策；另一方面，日本国际合作项目安全委员会会对海外日本企业进行安全对策培训或审查，督促海外日本企业及工作人员平时学习安全风险知识，并就如何应对安全风险进行训练。

第三，从保障机制来看，日本海外利益安全保障注重战略规划的作用与具体保障机制的构建。在战略层面上，日本成立国家安全保障会议，出台《国家安全保障战略》，对日本海外利益保障的内容、目标、手段等进行了总体性规划；在具体保障机制层面上，针对海外利益保障的对象形成了不同的保护机制或保护方式。

第四，日本海外利益安全保障也有一定的局限性，主要体现在日本海外利益安全保障从根本上要受制于日美同盟框架的束缚，缺少战略自主性。日美同盟作为日本国家安全保障战略的基石，对日本海外利益安全保障具有一定的积极作用。但日本在安全保障上过度依赖美国，加之自身军事能力不足，日本海外利益安全反而可能因为与美国的过分捆绑而遭受损失。例如，日本自卫队需要配合美国的全球战略部署，在必要时对美军进行后方支援，这使得日本自卫队不得不追随美军参与到对外战争中，从而恶化了日本自卫队及日本国家在地区与国际上的形象，甚至给海外日本公民带来直接的生命威胁。

第四节　印度海外公民权益保障

印度是人口众多的发展中大国，有着规模庞大的海外公民群体。印度通过设立国内和国际机制来保护海外公民权益，其中国内机制包括避免和减少海外公民权益受损的强制性预防机制，以及海外公民权益受损后的申诉、处罚和救助机制。印度在创建和利用国际机制保护海外公民权益方面则体现出软硬结合的特点。分析印度在海外公民权益保护机制建设领域的经验和成就，对中国同样具有重要的启示意义。

一、印度海外公民权益的构成

严格来讲，印度政府对海外印度人身份的法律确认只有两种：拥有外国国籍的印度裔或印度血统人士（以下简称 PIO）和拥有印度国籍的旅居国外的印度公民（以下简称 NRI）[①]。印度官方对海外印度人的统计也分为 PIO 和 NRI 两类。根据印度外交部官网最新数据，在世界上 210 个国家和地区共有海外印度人约为 3210 万人，其中 NRI 约为 1346 万人，PIO 约为 1868 万。[②]

海外务工人员是 NRI 的重要组成，约有 900 万印度劳工在海湾国家工作[③]，其中 70% 为低技术或半熟练工人。[④] 据印度外交部报告，保护印度海外劳工及其福利是印度外交部的最高优先事项之一。[⑤] 印度政府为了保护以海外劳工为主体的海外公民权益，采取多样化措施，形成了具有印度特点的海外公民权益保护机制，其中包括国内机制和国际机制。国内机制以海外公民权益受损为节点，可分为避免和减少海外公民权益受损的预防机制，以及海外公民权益受损后的申诉和救助机制。预防机制具有强制性，对于海外公民权益受损的申诉处理具有惩戒性和一定威慑力，在救助机制的建设上采取“官民结合”的方式，积极利用民间资源。海外印度公民身处印度国境之外，对其的权益保护离不开东道国的配合。因此，印度

---

① 贾海涛：《印度“海外公民计划”及海外印度人政策的新变化》，《南亚研究季刊》2020 年第 2 期，第 80 页。

② Ministry of External Affairs, Government of India, “Population of Overseas Indians”, October 5, 2023, https://www.mea.gov.in/population-of-overseas-indians.htm.

③ Ministry of External Affairs, Government of India, “Emigration and You”, p. 1, https://mea.gov.in/Images/attach/Emigration_and_You_new.pdf.

④ Ministry of External Affairs, Government of India, “Important Information for Migrant Workers (Handbook on Pre-Departure Orientation)”, p. 2, http://pdot.mea.gov.in/Images/PDOT_English_Handbook.pdf.

⑤ Ministry of External Affairs, Government of India, “Ministry of External Affairs: Annual Report 2019-20”, p. 33, https://www.mea.gov.in/Uploads/PublicationDocs/32489_AR_Spread_2020_new.pdf.

积极创建并参与双边和多边合作机制，通过软硬结合的方式利用国际机制保护海外印度公民权益。

二、印度国内治理机制

（一）避免和减少印度海外公民权益受损的强制性国内预防机制

20 世纪 70 年代后，随着国际石油价格猛涨，一方面，印度公民大量前往海湾地区务工；另一方面，越来越多的高层次人才流向美国等发达国家。随之而来的巨额侨汇对印度经济发展发挥重要作用，促使印度政府开始重视海外移民。鉴于大多数拟出国务工的印度公民文化素质不高，对外部世界了解较少，为防止他们被不法分子诱骗而使自身权益受损，印度政府除了开展形式多样的宣传活动外，还基于移民法、护照法等法规采取了一系列具有强制力的预防措施，对即将出国的印度劳工以及招募印度劳工赴海外工作的招聘代理人和外国雇主加强管理。

针对印度劳工的强制性措施主要包括以下七个方面：赴部分国家就业的印度劳工出境前须申请“移民许可”；移民保护官基于劳工出国后权益是否会受损决定“移民许可”的发放；印度政府设置移民检查站，对疑似载有非法移民的交通工具进行检查；通过护照标注的方式禁止公民前往危险国家；对招聘女性劳工出国就业实施更为严格的审批手续；实行针对海外劳工的强制保险计划；规范海外劳工就业合同文本并对即将赴国外就业的劳工进行强制培训。

为防止劳务招聘代理人或外国雇主损害其所招聘的即将赴海外就业的印度劳工的权益，印度政府对招聘代理人和外国雇主的相关行为做出种种限制：实施劳务招聘代理人登记制度，就招聘代理人发布招募广告和收取费用作出明确规定，招聘代理人需就保障所招聘劳工的权益出具书面保证，要求招聘代理人永久保存与招聘有关的文件，实行外国雇主许可证制度。

（二）印度海外公民权益受损的国内申诉、救助和处罚机制

印度政府设置了多种渠道接收海外印度公民关于权益受损的申诉，在查明实情后对海外印度公民权益侵害者进行处罚。充分开发和利用民间资源，为权益受损的海外印度公民提供救助。

1. 建立多样化的海外公民申诉和救助渠道

印度建立多种渠道接收海外公民申诉，为他们提供救助服务，包括：

（1）建立电子服务系统，方便海外公民提交申诉；（2）外交部移民总保护官办公室和印度驻外使领馆举办公众接待活动；（3）设立海外劳工资源中心和移民资源中心，它们的职责包括登记、回应和监测有关申诉，并为海外劳工及其家属提供紧急救助服务；（4）印度在驻“需要移民检查”（ECR）国家使馆设立印度劳工资源中心，通过外包服务为海外印度公民特别是印度劳工提供协助和保护，并提供庇护所；[①]（5）重点侨务大邦（海得拉巴、科钦、古尔冈、勒克瑙和钦奈）设置专门的申诉调查机构，服务本邦赴外务工人员；（6）印度政府于2009年成立印度社区福利基金，旨在向遇到困难的海外印度公民提供紧急救助资金；[②]（7）印度外交部发布《为被海外印度籍或外国籍丈夫遗弃的印度妇女提供法律和财政援助的计划》，对遭遇婚姻困境的海外印度妇女提供法律援助和资金援助。

2. 建立针对损害海外印度公民权益者的处罚机制

印度针对任何移民法违反者、针对外国雇主、针对劳务招聘代理人、针对遗弃或虐待海外印度妇女的NRI等建立了专门的处罚机制，并针对因自身原因致权益受损的海外印度公民建立了惩戒措施。

三、印度的国际合作机制

印度积极创建并利用现有的国际机制来保护海外印度公民权益，大致分为硬机制和软机制两种。硬机制是指与其他有关国家达成具有约束力的合作协议或共同采取务实举措来保护海外印度公民的权益。软机制相对而言比较松散，一般为对话性质，不产生具有约束力的协议或实质性结果，但有助于印度了解其他国家关于输出本国劳动力或引入外国劳工的政策，创造与这些国家在劳工问题上合作的良好氛围。

（一）保护印度海外公民权益的硬机制

印度所建立或参与的保护海外印度公民的硬机制主要体现在以下七个方面。其中前三项机制涉及所有海外印度公民，后四项只与海外印度劳工有关。

---

① Ministry of External Affairs, Government of India, “Office Memorandum: Regarding Setting up of IWRC in All the Indian Missions in ECR Countries”, July 29, 2011, pp. 1 – 2, https://www.mea.gov.in/images/pdf/39 – setting – up – iwrc.pdf.

② Ministry of External Affairs, Government of India, “Ministry of External Affairs: Annual Report 2021 – 22”, p. 242, https://www.mea.gov.in/Uploads/PublicationDocs/33569_MEA_annual_Report.pdf.

1. 建立双边领事保护和协助工作机制

领事保护和协助是保护海外公民权益的重要方式。为方便开展领事保护工作，截至2021年2月，印度和27个国家建立了双边领事对话机制。①在领事对话机制下，印度与澳大利亚、伊朗、美国、中国、俄罗斯、阿联酋等国建立了领事事务双边联合工作组，工作内容包括将印度公民遗体送回印度、对在国外被羁押的印度公民进行领事探视等。②

通过签署双边领事合作协定，促使被有关国家羁押的印度公民获释并遣返回国。例如，印度政府高度重视被巴基斯坦关押的囚犯问题，并一贯致力于将他们尽早释放，回到祖国。2008年，印巴两国签署《领事探视双边协定》。每年双方都交换被扣押的对方国家公民的名单，就互释被对方扣押者进行谈判。印度外交部称，“由于坚持不懈的努力，2014—2021年，印度成功确保超过2144名印度人（包括渔民）从巴基斯坦获释并遣返”③。

2. 签署关于被判刑人移管的双边条约并加入有关多边条约

移管被判刑人是国际上普遍采用的一种司法合作方式，旨在使被判刑人在自愿的基础上回到国籍所在国服刑，方便其亲属进行探视，也有利于被判刑人的改造和重返社会。截至2022年底，印度与31个国家签署了关于被判刑人移管的双边条约。此外，印度还于2014年和2018年分别加入《美洲国家在国外服刑公约》和《欧洲委员会移交被判刑人员公约》。根据这两个公约，印度实现了与美洲国家组织成员国及欧盟成员国之间的被判刑人的交换移管，在这些国家服刑的印度公民可回到印度国内服刑。④

3. 在国际法院起诉侵犯印度海外公民权益的国家

国际法院为联合国主要司法机关，负责依国际法解决国家之间的法律

---

① Ministry of External Affairs, Government of India, “Ministry of External Affairs: Annual Report 2021 – 22”, p. 234, https://www.mea.gov.in/Uploads/PublicationDocs/33569_MEA_annual_Report.pdf.

② Ministry of External Affairs, Government of India, “Ministry of External Affairs: Annual Report 2014 – 15”, p. 183, https://www.mea.gov.in/Uploads/PublicationDocs/25009_External_Affairs_2014 – 15__English_.pdf.

③ Ministry of External Affairs, Government of India, “Ministry of External Affairs: Annual Report 2021 – 22”, p. 43, https://www.mea.gov.in/Uploads/PublicationDocs/33569_MEA_annual_Report.pdf.

④ Ministry of External Affairs, Government of India, “Transfer of Sentenced Persons”, February 15, 2023, https://mea.gov.in/list – of – countries – menu.htm.

争端。当印度政府认为其海外公民权益受到其他国家违反国际法行为的侵害时，会向国际法院提起诉讼，通过国际法院的裁决来维护其公民权益。近年来发生的贾达夫案就是一个典型案例。①

4. 签署劳工合作协议

海湾国家是印度劳工比较集中的地方。印度与 6 个海湾合作委员会成员国都签订了有关劳工合作的备忘录或协议，为双方通过联合工作组会议全面讨论、审查和解决劳工问题搭建了制度框架。②

近年来，印度还与一些国家就加强海外印度劳工招聘管理、促进海外印度劳工就业达成协议。2019 年 10 月，印度与阿联酋签署协议，据此协议，在阿联酋工作的印度工人可得到两国相关机构认证，印度电子移民管理系统与阿联酋在线劳工招聘系统对接以实时信息共享，双方约定加强政府对招聘过程的联合监督。③ 2021 年 1 月，根据日本“专业技术工人”签证类别计划，印度与日本签署合作备忘录，以促进印度技术工人赴日就业，④ 并为印度熟练工人提供在日本 14 个选定行业的工作机会。⑤

5. 签订社会保障协议

海外劳工的社会保障问题涉及其原籍国和东道国，由于超越了国界，解决难度较大，成为所有劳务输出国家在保护劳工权益方面面临的共同挑战。一是海外劳工不得不向原籍国和东道国同时缴纳社会保障金。例如，按照印度法律规定，企业外派员工必须参加本国的社会保障制度。同时，

---

① International Court of Justice, “Jadhav Case (India v. Pakistan)”, https://www.icj-cij.org/en/case/168.

② Government of India, “Question NO-2134 Complaints from Indian Migrants Workers in the Foreign Countries”, August 4, 2022, https://fsi.mea.gov.in/rajya-sabha.htm?dtl/35608/.

③ Ministry of External Affairs, Government of India, “Ministry of External Affairs: Annual Report 2019-20”, p. 314, https://www.mea.gov.in/Uploads/PublicationDocs/32489_AR_Spread_2020_new.pdf.

④ Ministry of External Affairs, Government of India, “Ministry of External Affairs: Annual Report 2020-21”, p. 27, https://www.mea.gov.in/Uploads/PublicationDocs/33569_MEA_annual_Report.pdf.

⑤ Ministry of External Affairs, Government of India, “Question No-2138 Unresolved Labour Disputes of Indian Migrant Workers”, August 4, 2022, https://mea.gov.in/rajya-sabha.htm?dtl/35611/question+no2138+unresolved+labour+disputes+of+indian+migrant+workers.

将外籍劳工强制纳入本国社会保障计划，也是全球许多国家的普遍做法。于是，一部分海外印度劳工要同时向印度和东道国缴纳社会保障金。二是社会保障待遇支付遇到障碍。一部分印度海外劳工曾连续多年在东道国缴纳社会保障金，但由于劳工就业签证有效期限往往少于东道国社会保障制度的最低缴费年限，导致其所缴费用往往有去无回。① 为解决印度海外劳工的社会保障难题，印度与挪威、加拿大、澳大利亚、奥地利等国达成社会保障协议，在互惠基础上保障海外印度劳工和企业权益。②

6. 建立移民和劳动力流动伙伴关系

印度政府认为，移民和劳动力流动伙伴关系是国际合作的重要支柱之一。建立该类型伙伴关系，旨在利用印度的人口红利，促进印度的学生、专业人员和企业等的国际流动和迁徙。③ 例如，印度和丹麦于 2009 年签署《关于劳动力流动伙伴关系的谅解备忘录》。④ 该备忘录为印度保护在丹麦的印度劳工权益提供了便利。此后，双方召开数次工作组会议，推动落实备忘录内容。在此基础上，丹麦雇主与印度政府认可的招聘机构及培训合作伙伴之间、印度商会与丹麦工业和劳动力市场协会之间开展了一系列合作。⑤ 此外，印度与法国和葡萄牙分别于 2018 年和 2021 年签署了类似协

---

① 谢勇才、丁建定：《印度海外劳工社会保障权益国际协调的实践与启示》，《中国人口科学》2018 年第 1 期，第 109 页。

② Ministry of External Affairs, Government of India, "Ministry of External Affairs: Annual Report 2015 – 16", p. 213.

③ Ministry of External Affairs, Government of India, "Ministry of External Affairs: Annual Report 2019 – 20", p. 312, https://www.mea.gov.in/Uploads/PublicationDocs/32489_AR_Spread_2020_new.pdf.

④ 该备忘录的主要内容分为以下几点。一是成立联合工作组。该工作组的任务包括编写关于雇主和工人权利和义务的指导材料，以减少劳动争议；就防止无良雇主和招聘机构滥用访问签证等问题提出对策建议。二是双方同意根据两国就业市场的要求，在职业培训、标准化测试和技能认证等领域开展合作；双方共同寻找技术熟练人员，并充分利用两国现有的培训设施进行培训。三是印度工人可在丹麦法律允许的范围内将其储蓄汇回印度。四是印度使馆参与印度劳工的遣返过程。参见："Memorandum of Understanding on Labor Mobility Partnership between the Republic of India and the Kingdom of Denmark", September 29, 2009, pp. 7 – 8, https://www.mea.gov.in/images/pdf/LMPA – Denmark.pdf。

⑤ Ministry of External Affairs, Government of India, "Ministry of External Affairs: Annual Report 2019 – 20", p. 313, https://www.mea.gov.in/Uploads/PublicationDocs/32489_AR_Spread_2020_new.pdf.

议，与德国、希腊、丹麦、澳大利亚、毛里求斯和马来西亚就建立移民和流动劳动力伙伴关系进行交流和谈判。①

7. 印度移民中心与国际移民组织开展务实合作

印度移民中心与国际移民组织合作开展名为“加强印度以数据为基础和以移民为中心的移民管理框架”项目。该项目于2021年3月启动，主要目标是通过加强移民管理，帮助有抱负的印度移民更好获得海外就业机会。合作重点包括：（1）学习全球最佳实践，为印度工人提供更好的海外就业机会；（2）加强对印度移民数据的收集；（3）采取新举措，促进劳动力从印度向欧洲新兴市场迁移。两个机构合作编写了英语和印地语版的印度劳工培训师参考资料。②

（二）积极参与有助于维护印度海外公民权益的软机制

印度所参与的相关国际软机制既包括和印度一样的劳动力输出国之间的交流，也包括劳动力输出国与引入国之间的对话。

1. “科伦坡进程”

“科伦坡进程”是由12个亚洲成员国（均为移徙工人原籍国）组成的区域协商进程，由各成员国常驻日内瓦的联合国代表团进行协调。它为海外就业和合同劳工管理提供了重要的协商平台，帮助各国通过协商一致做出决策。自2003年“科伦坡进程”成立以来，印度一直是其成员国。该机制下设5个专题工作组，负责技能和资格认证、促进招聘伦理、离境前情况介绍和授权、劳工汇款、劳动力市场分析等事务。印度一直积极参加该进程中的部长级磋商、高级官员会议和技术援助工作组会议，推动各成员国就劳工汇款、招聘机构评级、移徙工人社会保护等议题达成一致。③

---

① Ministry of External Affairs, Government of India, “Question No – 2138 Unresolved Labour Disputes of Indian Migrant Workers”, August 4, 2022, https://mea.gov.in/rajyas-abha.htm? dtl/35611/question + no2138 + unresolved + labour + disputes + of + indian + migrant + workers.

② International Organization for Migration, “New Project to Strengthen Data – Informed and Migrant – Centred Migration Management Frameworks in India”, April 2021, https://www.iom.int/news/new – project – strengthen – data – informed – and – migrant – centred – migration – management – frameworks – india.

③ Ministry of External Affairs, Government of India, “Multilateral Cooperation”, February 15, 2023, https://www.mea.gov.in/multilateral – co – operation.htm.

2. 阿布扎比对话

阿布扎比对话成立于2008年，是亚洲劳工原籍国和目的地国之间的对话与合作论坛，以促进劳动力的流动和最佳经验的分享。参与该进程的国家包括“科伦坡进程”的12个成员国、6个海湾国家以及马来西亚。印度自2008年以来一直是该机制成员。[①] 阿布扎比对话涉及的双边和多边合作内容主要包括加强劳工原籍国和就业目的国政府对招聘行为的联合监管，开展劳工技能认证和相互承认，研讨海湾国家内劳工就业的发展前景等。[②]

3. 全球移徙与发展论坛

2006年9月，根据联合国秘书长科菲·安南在联合国大会国际移徙与发展问题高级别对话上的建议，设立全球移徙与发展论坛，论坛采取公开讨论形式，以自愿、非正式和不具约束力的方式构成。论坛的成员包括政府部门、民间社会和企业代表，大家通过讨论提高对与海外劳工相关问题的认识、分享经验和最佳做法。[③]

4. 与欧盟举行“移民和流动问题高级别对话”

2016年3月，印度与欧盟及其成员国签署《移民与流动共同议程联合宣言》。为该宣言的实施提供指导，印度和欧盟举行“移民和流动问题高级别对话”[④]。欧盟方面确定国际劳工组织和总部位于布鲁塞尔的国际移民和政策发展中心，印度方面确定印度移民中心作为该项目的执行伙伴。[⑤] 首届印度—欧盟移民和劳动力流动对话会议于2017年4月在布鲁塞尔举行。[⑥] 双方的项目咨询委员会第一次会议于2018年6月在新德里举行，重

---

① Ministry of External Affairs, Government of India, “Ministry of External Affairs: Annual Report 2019 - 20”, p. 314, https://www.mea.gov.in/Uploads/PublicationDocs/32489_AR_Spread_2020_new.pdf.

② “Ministry of External Affairs, Government of India”, Multilateral Cooperation.

③ “Ministry of External Affairs, Government of India”, Multilateral Cooperation.

④ “India Centre for Migration (ICM)”, Indian Ministry of External Affairs, https://mea.gov.in/icm.htm.

⑤ Ministry of External Affairs, Government of India, “Ministry of External Affairs: Annual Report 2018 - 19”, p. 311, http://www.mea.gov.in/Uploads/PublicationDocs/31719_MEA_AR18_19.pdf.

⑥ Ministry of External Affairs, Government of India, “Ministry of External Affairs: Annual Report 2019 - 20”, pp. 312 - 313, https://www.mea.gov.in/Uploads/Publication-Docs/32489_AR_Spread_2020_new.pdf.

点讨论放宽欧盟针对印度公民的短期和长期居留的签证制度，使印度的专业人员和劳动力更容易进入欧盟市场，并通过服务自由化和移民合作推动劳务人员自由流动。[①]

四、印度海外公民权益保障的特点与启示

如前所述，国家在海外公民权益保护领域面临两项共同挑战，即公民国籍国属人管辖权与东道国属地管辖权之间的矛盾，以及有限的政府资源与不断增长的海外公民权益保护需求之间的矛盾。印度的海外公民权益保护机制为其他国家应对以上挑战提供了重要启示。

（一）如何处理海外公民国籍国与东道国之间管辖权的竞合关系

第一，在本国公民出境之前，国籍国可充分利用属地管辖权和属人管辖权建立强制性预防机制，尽量避免和减少公民在出国后权益受损。印度为即将出国的本国公民，尤其是文化素质较低、自我保护能力较差的劳工群体制定了多种强制性限制措施。

第二，在公民出国之后，国籍国就保护其权益进行国际合作，争取东道国的支持，在尊重东道国属地管辖权的前提下，通过国际合作强化自己对本国海外公民的属人管辖。鉴于海外印度劳工集中于海湾国家，印度积极与海湾国家签署劳工协议，保障他们的工资和其他福利待遇，为印度驻外使领馆参与海外劳工事务的处理奠定法律基础。

第三，对等原则是外交和国际关系的惯例，一国可用属地管辖权来制定有关外国人在本国待遇的规则，以换取或迫使另一国给予在其境内的本国公民相等或相似待遇。例如，印度将外籍劳动者强制纳入本国社会保障制度的做法，在很大程度上改变了发达国家在社会保障双边谈判时的态度，有效减少了谈判的障碍，使印度能够与一些发达国家顺利签署社会保障双边协定。[②]

第四，在印度本国公民出国之后，国家仍可通过行使属地管辖权对侵

---

① Ministry of External Affairs, Government of India, "Ministry of External Affairs: Annual Report 2018 - 19", p. 311, http://www.mea.gov.in/Uploads/PublicationDocs/31719_MEA_AR18_19.pdf.

② 谢勇才、丁建定：《印度海外劳工社会保障权益国际协调的实践与启示》，《中国人口科学》2018 年第 1 期，第 112—113 页。

犯海外本国公民权益者予以处罚。例如，针对遗弃或虐待海外印度妇女的印度籍配偶，印度政府将扣押或吊销其护照，协助印度妇女在国内发起诉讼。

第五，针对其他国家违反国际法而侵害海外公民权益的行为，其国籍国可以诉诸国际法院寻求解决。

（二）如何处理有限的政府保护资源与无限的保护需求之间的矛盾

第一，政府可通过强制措施拓宽资金来源渠道，救助海外权益受损的公民不必完全依赖政府资金。为此，印度采取了三种方式：一是针对部分出国劳工实施强制保险计划，劳工权益受损会得到保险公司赔付；二是移民法就劳务代理人和外国雇主缴纳保证金作出规定；三是通过向印度公民和外国公民征收额外的领事服务费来为印度社区福利基金筹集资金，用于救助海外印度公民、促进海外印度人社区的发展和改善印度驻外使领馆的领事服务设施。

第二，政府可以利用非政府渠道增加保护资源。一是使用企业外包服务。例如，海外公民救助中心使用外包服务为海外印度公民，主要是印度劳工提供协助和保护，也为相关人士提供庇护。二是与海外侨民社区和非政府组织合作。印度外交部和驻外使领馆在协助被配偶遗弃或遭配偶虐待的海外印度妇女方面与海外印度社区及有关非政府组织建立了良好的合作关系。三是倡导社会捐助。印度的社区福利基金部分来源于海外印度人社区的自愿捐款。

第三，政府通过强制措施来遏制海外公民保护需求的无序增长。一是通过强制性预防措施，限制素质不高、自我保护能力不足的公民出国。这种做法从客观上有助于对公民出境进行有序管理，避免和减少海外公民寻求保护的可能性。二是通过在护照上标注的方式禁止公民前往危险国家。三是印度外交部对因个人原因屡次寻求救助的海外公民进行警告和限制。四是在移民法中规定对违反该法的累犯加重处罚。

第四，聚焦海外公民中的弱势群体，强化对他们的权益保护措施。海外公民由不同背景、不同社会阶层的人员组成，每类群体在面临权益受损的情形时，对保护的需求程度也不同，弱势群体需要更多的关注和帮助。印度海外公民权益保护机制设计主要针对文化素质较低的劳工群体，还有海外女劳工等弱势群体。突出对弱势群体的保护，有利于将有限的保护资源发挥出更大的效果。

结 语

美国、英国、日本、印度的全球存在程度不同，其海外利益的构成与规模存在差异。四国均实施全面海外利益安全战略与政策，综合运用政治、经济、外交、军事等手段，保护其海外公民、经济、政治等利益安全。各国保障海外利益安全的举措有其局限性。比如，美国强化驻外大使馆和领事馆的安全措施，加强海外军事人员和设施的保护，恐怖分子将其袭击目标转移到更温和、更脆弱、更容易接近的非官方目标上，使得海外普通美国公民面临更大的恐怖主义威胁。英国政府在处理海外公民安全危机中，遵循首先保障援助人员安全的原则，不会把援助人员送到对其安全可能构成严重威胁的地方，但对处于危机中的英国海外公民所能提供的帮助是有限的。日本海外利益安全保障从根本上受制于日美同盟框架的束缚，缺少战略自主性。印度重视海外公民权益的保障问题，在其他方面的海外利益安全保障措施较为有限。综观以上四国情况，加强与驻在国合作，开展广泛的国际政策协调与合作，是各国提高海外利益安全保障能力与效果的重要途径，这些为中国的海外利益安全保障机制体制建设提供了启示。

案例一：《英国国外强奸和性侵受害者援助指南》*

英国外交、联邦和发展办公室

2022 年 3 月 18 日

一、外交、联邦和发展办公室（FCDO）如何为您提供帮助?

我们严肃对待任何关于强奸和性侵犯的报告。我们将：

（一）在白天或晚上任何时候通过电话为你提供即时支持；

（二）根据地点和时间，尽快与你见面，提供当面帮助；

* 该案例引自“Guidance：Victim of Rape and Sexual Assault Abroad”（https：//www. gov. uk/guidance/victim – of – rape – and – sexual – assault – abroad），由作者翻译。

（三）具有同理心、耐心、敏感且不带偏见。

许多强奸和性侵受害者，无论性别，都喜欢与女性谈论他们的悲惨经历。如果这是你想要的，我们将尽最大努力确保有一位女性领事官员与你交谈或见面。

我们可以告诉你：

（一）当地警察和法律程序，以及我们的国外强奸和性侵受害者援助指南中的信息；

（二）如果你想联系警察，我们可以和你一起去警察局，具体取决于地点和时间；

（三）如果可能的话，我们可以要求一位女警官与你面谈，如果这是你想要的；

（四）如果你愿意，我们可以给你一份当地律师和口译员的名单。

只有你才能决定是否向警方报案，或采取法律行动——我们不能为你做出这个决定。请记住，如果你选择不立即报案，若之后改变主意，法医和其他证据可能会缺失。我们自己无法收集证据或调查犯罪。

在大多数国家，如果你希望案件被调查，必须在返回英国之前报案。在极少数国家，强奸或性侵受害者可能被视为非法。在这些国家，报告事件可能会导致地方当局就事件审讯你。如果你对此有任何顾虑，请联系外交、联邦和发展办公室寻求建议。

二、外交、联邦和发展办公室如何帮助医疗救助？

我们可以：

（一）帮助你与当地政府联系，安排一位女医生进行体检，如果条件允许，且你愿意；

（二）根据当地条件和法律，安排你去看医生，医生可以就性传播感染（包括艾滋病病毒）、怀孕或堕胎提供建议。未经当地警方安排的医生检查不一定包括采集法医样本。你应该询问所做的手术，或所接受的任何治疗的总结报告；

（三）联系你的家人或朋友，如果你愿意；

（四）提供信息，帮助你了解当地和英国能为你及家人提供哪些专业帮助，包括强奸危机组织信息；

（五）要求英国当地警察局受过性犯罪训练的警官向你提供建议和帮助，如果有此类警官。

如果你所在地方没有强奸支持组织，请与格拉斯哥和克莱德强奸危机中心联系，寻求支持和建议。他们的在线实时支持服务，帮助13岁及以上女性从世界任何地方获得其支持。

案例二*

2017年5月8日，印度向国际法院起诉巴基斯坦违反了1963年《维也纳领事关系公约》规定的义务。印度称，2016年3月，巴基斯坦以印度公民贾达夫进行间谍活动和恐怖主义活动为由对其进行拘留，巴基斯坦军事法庭于2017年4月判处其死刑。印度声称，巴基斯坦没有及时通知印度关于其公民被逮捕和拘留的消息，贾达夫没有被告知他根据《维也纳领事关系公约》第36条所应享有的获得领事探视的权利，印度领事官员在贾达夫先生被拘留和监禁期间想要与他接触，遭到巴基斯坦方面拒绝，无法与他交谈和通信，也无法安排他的法律代理事宜。印度要求国际法院指示巴基斯坦“采取一切必要措施，确保贾达夫不被处决”，并“确保巴基斯坦不会采取任何可能损害印度的国家权力或贾达夫个人权利的行动”。国际法院在2019年7月17日作出判决，裁定巴基斯坦违反《维也纳领事关系公约》规定的相关义务，巴基斯坦有义务对贾达夫的定罪和判刑进行有效的审查和重新审议，以确保相关国家充分重视《维也纳公约》第36条规定权利受到侵犯的后果。

思考题

1. 当前美国海外利益主要包括哪些？面临着哪些安全挑战？美国实施了怎样的海外利益安全战略与政策？

2. 当前英国领事保护机制有哪些？有什么显著特点？其局限性主要体现在哪些方面？

---

* 该案例引自“Jadhav Case（India v. Pakistan）”（I. C. J. Judgement of 17 July 2019, https：//www. icj－cij. org/en/case/168），由作者编译。

3. 当前日本的海外利益与其总体的国家利益之间关系如何？ODA 如何成为其保障海外利益安全的重要手段？

4. 印度为何如此重视海外公民权益的保障？印度为此开展了哪些国际合作？

参考文献：

［1］贾海涛：《印度“海外公民计划”及海外印度人政策的新变化》，《南亚研究季刊》2020 年第 2 期。

［2］夏莉萍：《20 世纪 90 年代以来英国领事保护机制改革：挑战与应对》，《外交评论》2009 年第 4 期。

［3］谢勇才、丁建定：《印度海外劳工社会保障权益国际协调的实践与启示》，《中国人口科学》2018 年第 1 期。

［4］Bureaus of Consular Affairs，US Department of State，“Consular Affairs by the Numbers”，https：//travel. state. gov/content/dam/travel/CA – By – the – Number – 2020. pdf.

［5］“Memorandum of Understanding on Labor Mobility Partnership between the Republic of India and the Kingdom of Denmark”，September 29，2009，pp. 7 – 8，https：//www. mea. gov. in/images/pdf/LMPA – Denmark. pdf.

［6］“India Centre for Migration（ICM）”，Indian Ministry of External Affairs，https：//mea. gov. in/icm. htm.

［7］Bruce Hoffman，“Protecting American Interests Abroad：US Citizens，Businesses，and Non – Governmental Organizations”，Rand，April 3，2001，https：//www. rand. org/content/dam/rand/pubs/testimonies/2005/CT176. pdf.

［8］Bureau of Diplomatic Security，“Diplomatic Security Regional Security Office（Text Version）”，April 9，2019，https：//www. state. gov/diplomatic – security – regional – security – office – text – version/.

［9］Cabinet Office，“Global Britain in a Competitive Age：The Integrated Review of Security，Defence，Development and Foreign Policy”，Policy Paper，July 2，2021，https：//www. gov. uk/government/publications/global – britain – in – a – competitive – age – the – integrated – review – of – security – defence – development – and – foreign – policy.

[10] Department for Business and Trade and Department for International Trade, "Trade Disputes The UK Has with Other Countries", February 18, 2022, https: //www. gov. uk/government/collections/trade - disputes - the - uk - has - with - other - countries.

[11] Department for Business, Energy & Industrial Strategy, "British Energy Security Strategy", Policy Paper, April 7, 2022, https: //www. gov. uk/government/publications/british - energy - security - strategy/british - energy - security - strategy.

[12] Federal Voting Assistance Program, "2020 Overseas Citizen Population Analysis Report", September 2021, https: //www. fvap. gov/uploads/FVAP/Reports/OCPA - 2020 - Final - Report_20220805. pdf.

[13] Foreign & Commonwealth Office, "Overseas Business Risk Service Launched", July 13, 2011, https: //www. gov. uk/government/news/overseas - business - risk - service - launched.

[14] Foreign, Commonwealth & Development Office, "Consular and Crisis Strategy 2022", Policy Paper, August 25, 2022, https: //www. gov. uk/government/publications/consular - and - crisis - strategy - 2022/consular - and - crisis - strategy - 2022.

[15] Government of India, "Question NO - 2134 Complaints from Indian Migrants Workers in the Foreign Countries", August 4, 2022, https: //fsi. mea. gov. in/rajya - sabha. htm? dtl/35608/.

[16] International Court of Justice, "Jadhav Case (India v. Pakistan)", https: //www. icj - cij. org/en/case/168.

[17] International Organization for Migration, "New Project to Strengthen Data - Informed and Migrant - Centred Migration Management Frameworks in India", April 2021, https: //www. iom. int/news/new - project - strengthen - data - informed - and - migrant - centred - migration - management - frameworks - india.

[18] International Trade Administration, "Introduction to AD/CVD", https: //www. trade. gov/us - antidumping - and - countervailing - duties; International Trade Administration, "Subsidies Enforcement Office is Here for You", https: //www. trade. gov/fight - unfair - foreign - trade - subsidies.

[19] International Trade Administration, "The Office of Trade Agreements

Negotiation and Compliance (TANC)", https://www.trade.gov/office-trade-agreements-negotiation-and-compliance-tanc.

[20] James K. Jackson, "U.S. Direct Investment Abroad: Trends and Current Issues", Congressional Research Service, June 29, 2017, https://sgp.fas.org/crs/misc/RS21118.pdf.

[21] Joe Costanzo, Amanda Klekowski von Koppenfels, "Counting the Uncountable: Overseas Americans", Migration Policy Institute, May 17, 2013, https://www.migrationpolicy.org/article/counting-uncountable-overseas-americans/.

[22] Ministry of External Affairs, Government of India, "Multilateral Cooperation", February 15, 2023, https://www.mea.gov.in/multilateral-co-operation.htm.

[23] Ministry of External Affairs, Government of India, "Emigration and You", https://mea.gov.in/Images/attach/Emigration_and_You_new.pdf.

[24] Ministry of External Affairs, Government of India, "Important Information for Migrant Workers (Handbook on Pre-Departure Orientation)", December 2018, http://pdot.mea.gov.in/Images/PDOT_English_Handbook.pdf.

[25] Ministry of External Affairs, Government of India, "Ministry of External Affairs: Annual Report 2014-15", https://www.mea.gov.in/Uploads/PublicationDocs/25009_External_Affairs_2014-15__English_.pdf.

[26] Ministry of External Affairs, Government of India, "Ministry of External Affairs: Annual Report 2015-16".

[27] Ministry of External Affairs, Government of India, "Ministry of External Affairs: Annual Report 2018-19", http://www.mea.gov.in/Uploads/PublicationDocs/31719_MEA_AR18_19.pdf.

[28] Ministry of External Affairs, Government of India, "Ministry of External Affairs: Annual Report 2019-20", https://www.mea.gov.in/Uploads/PublicationDocs/32489_AR_Spread_2020_new.pdf.

[29] Ministry of External Affairs, Government of India, "Ministry of External Affairs: Annual Report 2020-21", https://www.mea.gov.in/Uploads/PublicationDocs/33569_MEA_annual_Report.pdf.

[30] Ministry of External Affairs, Government of India, "Ministry of External Affairs: Annual Report 2021 - 22", https://www.mea.gov.in/Uploads/PublicationDocs/33569_MEA_annual_Report.pdf.

[31] Ministry of External Affairs, Government of India, "Office Memorandum: Regarding Setting up of IWRC in all the Indian Missions in ECR Countries", July 29, 2011, https://www.mea.gov.in/images/pdf/39 - setting - up - iwrc.pdf.

[32] Ministry of External Affairs, Government of India, "Question No - 2138 Unresolved Labour Disputes of Indian Migrant Workers", August 4, 2022, https://mea.gov.in/rajya - sabha.htm? dtl/35611/question + no2138 + unresolved + labour + disputes + of + indian + migrant + workers.

[33] Ministry of External Affairs, Government of India, "Transfer of Sentenced Persons", February 15, 2023, https://mea.gov.in/list - of - countries - menu.htm.

[34] Office for National Statistics, "Living Abroad: British Residents Living in the EU: April 2018", April 16, 2018, https://www.ons.gov.uk/peoplepopulationandcommunity/populationandmigration/internationalmigration/articles/livingabroad/april2018.

[35] Office of National Statistics, "Exploring Foreign Investment: Where Does the UK Invest, And Who Invests in the UK?", November 1, 2018, https://www.ons.gov.uk/economy/nationalaccounts/balanceofpayments/articles/exploringforeigninvestmentwheredoestheukinvestandwhoinvestsintheuk/2018 - 11 - 01.

[36] Office of Overseas Schools, US Department of State, "2021 - 2022 World Wide Fact Sheet Now Available", December 8, 2021, https://www.state.gov/2021_worldwide_fact_sheet.

[37] OSAC, "About Us", http://www.osac.gov/About/AboutUs.

[38] The Government of UK, "About Us - Trade Remedies Authority", https://www.gov.uk/government/organisations/trade - remedies - authority/about.

[39] The Government of UK, "UK Trade in Numbers (Web Version)", Official Statistics, December 20, 2023, https://www.gov.uk/government/statistics/uk - trade - in - numbers/uk - trade - in - numbers - web - version.

[40] The National Museum of American Diplomacy, "What U. S. Government Agencies Work in the U. S. Embassies?", https: //diplomacy. state. gov/what – u – s – government – agencies – work – in – the – u – s – embassies/.

[41] The White House, "National Security Strategy of the United States of America", December 2017, https: //trumpwhitehouse. archives. gov/wp – content/uploads/2017/12/NSS – Final – 12 – 18 – 2017 – 0905. pdf.

[42] The White House, "National Security Strategy", October 2022, https: //www. whitehouse. gov/wp – content/uploads/2022/11/8 – November – Combined – PDF – for – Upload. pdf.

[43] The World Bank, "Migration and Remittances Factbook 2016 (Third Edition)", February 22, 2016, https: //www. worldbank. org/en/research/brief/migration – and – remittances.

[44] Trade Promotion Coordinating Committee, "2023 National Export Strategy", https: //www. trade. gov/sites/default/files/2023 – 06/National – Export – Strategy – 2023. pdf.

[45] U. S. Department of Defense, "Base Structure Report – Fiscal Year 2018 Baseline", https: //www. acq. osd. mil/eie/Downloads/BSI/Base% 20 Structure%20Report%20FY18. pdf.

[46] U. S. Department of State, "Consular Protection of US Nationals Abroad", November 16, 2022, https: //fam. state. gov/FAM/07FAM/07FAM0010. html.

[47] United States Patent and Trademark Office, "Protecting Intellectual Property Right (IPR) Overseas", https: //www. uspto. gov/ip – policy/ipr – toolkits.

[48] Department for International Trade, "Trade White Paper: Our Future UK Trade Policy", Policy Paper, October 9, 2017, https: //www. gov. uk/government/publications/preparing – for – our – future – uk – trade – policy/preparing – for – our – future – uk – trade – policy.

[49] External Affairs, Government of India, "Population of Overseas Indians", October 5, 2023, https: //www. mea. gov. in/population – of – overseas – indians. htm.

[50] 竹内行夫、『日本外交の戦略的課題』、『ブレイン・ストーミン

グ最前線』2008 年 8 月号、経済産業研究所、https：//www. rieti. go. jp/jp/papers/journal/0808/bs01. html。

[51] 内閣府、『経済施策を一体的に講ずることによる安全保障の確保の推進に関する法律（経済安全保障推進法）』、https：//www. cao. go. jp/keizai_anzen_hosho/。

[52] 内閣官房、『国家安全保障戦略について』、https：//www. cas. go. jp/jp/siryou/221216anzenhoshou. html。

[53] 外務省、『日本の開発協力の意義』、https：//www. mofa. go. jp/mofaj/gaiko/oda/files/100514802. pdf。

[54] 外務省、『開発協力大綱の改定』、https：//www. mofa. go. jp/mofaj/files/100390705. pdf。

[55] 国土交通省、『インフラシステム海外展開戦略 2025』、https：//www. kantei. go. jp/jp/singi/keikyou/dai49/siryou2. pdf。

[56] 外務省、『官民連携』、https：//www. mofa. go. jp/mofaj/gaiko/oda/seisaku/kanmin. html。

[57] 外務省、『現地 ODAタスクフォース』、https：//www. mofa. go. jp/mofaj/gaiko/oda/seisaku/taskforce. html。

[58] 外務省、『国際協力事業の安全対策』、https：//www. mofa. go. jp/mofaj/gaiko/oda/files/000184364. pdf。

[59] 外務省、『海外安全ホームページ』、https：//www. anzen. mofa. go. jp/。

[60] 外務省、『在外邦人等の保護措置に関する協力体制』、https：//www. mofa. go. jp/mofaj/files/100217374. pdf。

第九章　新时代中国海外利益安全维护

海外利益安全是新时代我国国家利益安全的重要组成部分，也是总体国家安全观的重要内容。随着我国深入推进高水平对外开放，尤其是共建“一带一路”倡议不断取得成效，维护海外利益安全的重要性和紧迫性不断上升。党的二十大报告强调“要加强海外安全保障能力建设，维护我国公民、法人在海外合法权益”，同时指出“中国式现代化，是中国共产党领导的社会主义现代化，既有各国现代化的共同特征，更有基于自己国情的中国特色”。[①] 在新中国成立，特别是改革开放以来长期探索和实践基础上，经过党的十八大以来在理论和实践上的创新突破，中国式现代化成果不断推进拓展。从 2013 年提出的共建“一带一路”倡议，到 2021 年提出的全球发展倡议，到 2022 年提出的全球安全倡议，再到 2023 年提出的全球文明倡议，中国为国际社会提供了一系列兼具中国式现代化理论特色又符合人类命运共同体理念的公共产品。中国海外利益安全风险防控体系与保障能力现代化建设既是中国式现代化的又一重要实践，同时也离不开既有理论体系的支撑与引领。

第一节　共建“一带一路”倡议与我国海外利益安全维护

2013 年 9 月和 10 月，习近平主席在出访中亚国家和东南亚国家期间，

① 习近平：《高举中国特色社会主义伟大旗帜　为全面建设社会主义现代化国家而团结奋斗——在中国共产党第二十次全国代表大会上的报告》，中国政府网，2022 年 10 月 25 日，https：//www. gov. cn/xinwen/2022 －10/25/content_5721685. htm。

先后提出“共建丝绸之路经济带”和“共建21世纪海上丝绸之路”的重大倡议，得到国际社会高度关注。为推进实施共建“一带一路”倡议，让古丝绸之路焕发新的生机活力，以新的形式使亚欧非各国联系更加紧密，互利合作迈向新的历史高度，2015年3月28日中国国家发展改革委、外交部、商务部联合发布《推动共建丝绸之路经济带和21世纪海上丝绸之路的愿景与行动》（以下简称《愿景》），对共建“一带一路”倡议的时代背景、共建原则、框架思路、合作重点及合作机制、中国积极行动及共创美好未来的目标等内容进行了系统阐释。① 共建“一带一路”倡议源自中国，更属于世界；根植于历史，更面向未来；重点面向亚欧非大陆，更向所有伙伴开放。共建“一带一路”倡议跨越不同国家地域、不同发展阶段、不同历史传统、不同文化宗教、不同风俗习惯，是和平发展倡议、经济合作倡议，不是搞地缘政治联盟或军事同盟；是开放包容、共同发展进程，不是要关起门来搞“小圈子”或者“中国俱乐部”；不以意识形态划界，不搞零和游戏，只要各国有意愿，中国都欢迎参与。共建“一带一路”倡议以共商共建共享为原则，以和平合作、开放包容、互学互鉴、互利共赢的丝绸之路精神为指引，以政策沟通、设施联通、贸易畅通、资金融通、民心相通为重点，已经从理念转化为行动，从愿景转化为现实，从倡议转化为全球广受欢迎的公共产品。②

2017年5月，首届“一带一路”国际合作高峰论坛在北京成功召开。中国还先后举办了博鳌亚洲论坛年会、上海合作组织青岛峰会、中非合作论坛北京峰会、中国国际进口博览会等。2018年8月，习近平主席在北京主持召开推进“一带一路”建设工作5周年座谈会，提出“一带一路”建设要从谋篇布局的“大写意”转入精耕细作的“工笔画”，向高质量发展转变，造福沿线国家人民，推动构建人类命运共同体。2019年4月，推进

---

① 《推动共建丝绸之路经济带和21世纪海上丝绸之路的愿景与行动》，中国外交部网站，2015年3月28日，https：//www.fmprc.gov.cn/web/wjb_673085/zzjg_673183/gjjjs_674249/gjzzyhygk_674253/ydylfh_692140/zywj_692152/201503/t20150328_10410165.shtml。

② 推进“一带一路”建设工作领导小组办公室：《共建“一带一路”倡议：进展、贡献与展望》，中国外交部网站，2019年4月22日，https：//www.fmprc.gov.cn/web/wjb_673085/zzjg_673183/gjjjs_674249/gjzzyhygk_674253/ydylfh_692140/zywj_692152/202001/t20200117_10410169.shtml。

“一带一路”建设工作领导小组办公室发布《共建“一带一路”倡议：进展、贡献与展望》，系统介绍了自共建“一带一路”倡议提出以来在政策沟通、设施联通、贸易畅通、资金融通、民心相通及产业合作方面的积极进展，为推动共商、共建、共享及构建人类命运共同体的美好愿景所做出的贡献，提出推动打造和平之路、繁荣之路、开放之路、绿色之路、创新之路、文明之路及廉洁之路的美好展望。同年，第二届“一带一路”国际合作高峰论坛在北京举办并发布圆桌峰会联合公报。2021 年 6 月，在“一带一路”亚太区域国际合作高级别会议期间，中国等 29 个“一带一路”沿线国家共同发起“一带一路”疫苗合作伙伴关系倡议及“一带一路”绿色发展伙伴关系倡议。2023 年 10 月 10 日，国务院新闻办公室发布《共建“一带一路”：构建人类命运共同体的重大实践》白皮书，对共建“一带一路”十年来取得的成果进行了系统介绍。同年 10 月 18 日，第三届“一带一路”国际合作高峰论坛在北京举行，发布了多边合作成果文件清单及务实合作项目清单等内容。十年来，共建“一带一路”倡议得到了越来越多国家和国际组织的积极响应，被载入联合国和其他国际组织的重要文件，签署共建“一带一路”政府间合作文件的国家和国际组织逐年增多，专业领域对接合作有序推进，影响力日益扩大。

共建“一带一路”倡议是我国进行对外开放和开展国际合作的管总规划，也为推动我国海外利益安全风险防控体系与保障能力现代化提供了重要的国际合作基础。

首先，共建“一带一路”倡议所提出的各项共建原则，为促进和维护我国的海外利益安全，帮助“一带一路”共建国家凝聚共识、化解分歧、维护共同利益提供了重要的理念指引。这些原则有恪守联合国宪章的宗旨和原则，遵守和平共处五项原则，尊重各国主权和领土完整、互不侵犯、互不干涉内政、和平共处、平等互利；坚持开放合作，“一带一路”相关的国家基于但不限于古丝绸之路的范围，各行为体均可参与，让共建成果惠及更广泛的区域；坚持和谐包容，倡导文明宽容，尊重各国发展道路和模式的选择，加强不同文明之间的对话，求同存异、兼容并蓄、和平共处、共生共荣；坚持市场运作，遵循市场规律和国际通行规则，充分发挥市场在资源配置中的决定性作用和各类企业的主体作用，同时发挥好政府的作用；坚持互利共赢，兼顾各方利益和关切，寻求利益契合点和合作最大公约数，体现各方智慧和创意，各施所长，各尽所能，把各方优势和潜力充分发挥出来。

其次，共建“一带一路”倡议聚焦于政策沟通、设施联通、贸易畅通、资金融通、民心相通的重点内容，加强了中国与“一带一路”共建国家的经贸联系，为维护我国海外利益安全提供了重要的国际合作基础：一则通过加强政府间合作，积极构建多层次政府间宏观政策沟通交流机制，将能够深化利益融合，促进政治互信；二则通过推动加强共建国家的基础设施建设规划、技术标准体系的对接，共同推进国际骨干通道建设、共同维护油气管道等运输通道安全、共同推进跨境光缆等通信干线网络建设，将能够极大促进“一带一路”沿线海上及陆上通道的便利性和安全性；三则通过着力研究解决“一带一路”共建国家投资贸易便利化问题，加强信息互换、监管互认、执法互助的海关合作，以及检验检疫、认证认可、标准计量、统计信息等方面的双多边合作，将有助于消除投资和贸易壁垒，维护我国海外投资及海外贸易安全；四则通过深化金融及监管合作，推进亚洲货币稳定体系、投融资体系和信用体系建设，推动签署双边监管合作谅解备忘录，完善风险应对和危机处置制度安排等，将有助于形成应对跨境风险和危机处置的交流合作机制，维护我国国际金融安全；五则通过传承和弘扬丝绸之路友好合作精神，广泛开展文化交流、学术往来、人才交流合作、媒体合作志愿者服务等，将为维护我国海外人员及机构安全构筑良好的社会根基。

最后，共建“一带一路”倡议下的“一带一路”疫苗合作伙伴关系倡议以及“一带一路”绿色发展伙伴关系倡议等系列倡议，为维护和促进我国及“一带一路”共建国家在卫生、气候、发展等非传统安全领域的利益安全明确了重点合作方向。共建“一带一路”倡议自提出以来，中国与合作伙伴在铁路、港口、金融、税收、能源、绿色发展、绿色投资、减灾、反腐、智库、媒体等20多个领域建立了多边对话合作平台。[①] 面对新冠疫情，我们打造“健康丝路”；面对低碳转型，我们深耕“绿色丝路”；面对数字化浪潮，我们搭建“数字丝路”；面对发展鸿沟，

---

① 《第三届“一带一路”国际合作高峰论坛主席声明》，中国外交部网站，2023年10月18日，https：//www. fmprc. gov. cn/web/wjb_673085/zzjg_673183/gjjjs_674249/gjzzyhygk_674253/ydylfh_692140/zywj_692152/202310/t20231018_11163400. shtml。

我们建设“减贫之路”。[①] 共建“一带一路”倡议已成为日益完善的全球治理新平台，为推动维护我国海外利益安全提供了重要国际合作支撑。

第二节　全球发展倡议与我国海外利益安全维护

发展是人类社会的永恒追求。2015 年联合国通过了包含 17 项可持续发展目标的《变革我们的世界：2030 年可持续发展议程》，力争到 2030 年通过达到这些目标在全世界实现经济、社会与环境的和谐发展。新冠疫情之后，世界百年变局加速演进，全球经济复苏乏力，全球南北鸿沟持续扩大，地缘冲突、气候变化、粮食能源危机等多重挑战交织，全球发展进程面临前所未有的严峻考验。[②] 在全球发展遭遇逆风逆流之际，2021 年 9 月 21 日，习近平主席在第 76 届联合国大会上提出全球发展倡议，并发布《全球发展倡议：加快落实 2030 年可持续发展议程，推动实现更加强劲、绿色、健康的全球发展（概念文件）》，对全球发展倡议的提出背景、核心理念与原则、八大重点合作领域及未来行动等进行了系统阐释。该倡议聚焦发展不平衡不充分问题，以加快落实 2030 年可持续发展议程为目标，致力于推动构建全球发展共同体。

2022 年 6 月，中国成功举办全球发展高层对话会，具有广泛代表性的 18 个发展中国家和新兴市场国家领导人“云聚首”。习近平主席在对话会上进一步提出“共创普惠平衡、协调包容、合作共赢、共同繁荣的发展格局”，就落实全球发展倡议宣布了一系列务实举措，为倡议推进指明方向，标志着倡议进入务实合作新阶段。9 月，中国设立全球发展倡议项目库并公布首批 50 个务实合作项目清单，涉及减贫、粮食安全、工业化等多个领域。2023 年 6 月，中国国际发展知识中心发布《全球发展倡议落实进展报

---

① 《王毅主持“一带一路”亚太区域国际合作高级别视频会议》，中国外交部网站，2021 年 6 月 23 日，https：//www. fmprc. gov. cn/web/ziliao_674904/zt_674979/dnzt_674981/qtzt/ydyl_675049/zyxw_675051/202106/t20210624_9137538. shtml。

② 新华社国家高端智库：《全球发展倡议实践成就与世界贡献》，中国外交部网站，2023 年 10 月 18 日，https：//www. mfa. gov. cn/web/ziliao_674904/zt_674979/dnzt_674981/qtzt/qqfzcy/zywj/202310/P020231018368202971513. pdf。

告（2023）》，该报告全面梳理了倡议提出以来，中国同各方合作伙伴一道推动倡议落实的主要举措和取得的进展，并就加强倡议合作、推进落实2030年可持续发展议程提出建议。9月，中国国际发展知识中心发布《全球发展报告（2023）》，全面分析了当前全球发展的基本现状、主要趋势及应对思路。10月，新华社国家高端智库发布《全球发展倡议实践成就与世界贡献》，系统梳理了全球发展倡议提出两年来的实践成就与对世界其他国家的贡献。截至2023年10月18日，已有100多个国家和国际组织支持全球发展倡议，70多个国家参与中国于2022年1月20日在联合国发起成立全球发展倡议之友小组，中国还同20多个国家和国际机构签署了合作谅解备忘录。此外，全球发展倡议还积极提倡全球及地区多项发展议程充分对接，推动联合国等多边合作进程汇聚共谋发展的强大合力。①

发展是解决一切问题的基础和关键，以发展促安全，推动落实全球发展倡议及联合国2030年可持续发展议程，既是当前国际发展合作的核心任务，也是加强我国海外利益安全风险防控体系与保障能力现代化建设的前提基础。

首先，全球发展倡议坚持发展优先，通过聚焦发展，破解治国理政的突出问题，解决海外利益安全的突出挑战。在国际舞台上，经济发展不仅为国家带来持续繁荣，更是确保国家海外利益安全的重要前提。发展不仅提供了维护海外利益安全的资源基础，国家还能够通过建立稳固的国际发展与合作网络，降低冲突风险，为维护海外利益创造有利条件。国家只有实现发展，才能够以更加积极、合作的态度参与国际事务，推动共同解决全球性问题。因此，发展不仅是国家内部问题的解决方案，更是实现海外利益安全的重要基石。全球发展倡议坚持发展优先、以人民为中心、普惠包容、人与自然和谐共生、创新驱动、多边主义、行动导向和协同增效的理念与原则。聚焦实现包容普惠发展，着力解决国家间和各国内部的发展不平衡、不充分问题。关注发展中国家，特别是最不发达国家、小岛屿发展中国家、内陆发展中国家特殊发展困难，让所有国家、所有人群公平享有发展惠益。

---

① 新华社国家高端智库：《全球发展倡议实践成就与世界贡献》，中国外交部网站，2023年10月18日，https：//www.mfa.gov.cn/web/ziliao_674904/zt_674979/dnzt_674981/qtzt/qqfzcy/zywj/202310/P020231018368202971513.pdf。

其次，全球发展倡议涵盖了减贫、粮食安全、抗疫和疫苗、发展筹资、气候变化和绿色发展、工业化、数字经济、数字时代互联互通八大重点合作领域，为促进国际社会的共同利益、维护我国海外利益安全及全球安全与稳定提供至关重要的前提和基础。贫困、卫生与粮食危机是造成社会不稳定的关键因素。新冠疫情大规模暴发，不仅使得全球公共卫生安全受到挑战，也使得全球减贫合作遭遇重创。受新冠疫情、地区冲突、气候变化等因素交织叠加影响，世界各地粮食系统也变得更加脆弱，大宗商品价格波动、供应链危机，进一步加剧了全球能源与工业安全问题。全球发展倡议坚持以人民为中心的核心理念：一是将全球减贫合作置于重点合作领域的首要位置，推动降低社会的不平等程度，减少社会动荡和冲突的可能性，为促进全球安全和稳定、维护我国海外利益安全创造有利条件；二是致力于加强全球粮食安全合作，促进可持续农业发展，保障全球粮食产业链和供应链稳定，保持全球粮食贸易畅通，提高全球粮食分配的效率和公平性，构建公平合理、持续稳定的农业贸易秩序，完善国际粮农治理，维护全球粮食安全；三是深化国际抗疫合作，分享信息和经验，加强联防联控，促进疫苗公平分配，确保疫苗在发展中国家的可及性和可负担性，共同构建全球免疫屏障，维护全球公共卫生安全；四是加强可持续发展筹资，向发展中国家提供更多发展资源，增强发展中国家自主发展能力和可持续性；五是全面有效落实气候变化《巴黎协定》，加强全球气候环境治理，建设全球生态文明，推动生产和消费绿色低碳转型，加强绿色融资，促进绿色技术研发和转移分享，实现绿色复苏，维护全球气候和生态安全；六是加强国际产能合作，帮助发展中国家提高工业生产能力和制造业水平，更好融入全球产业链、价值链、供应链，加快工业化、现代化进程；七是深化数字技术、数字经济、数字安全合作，加强数字基础设施建设，促进技术转移和知识分享，提升数字治理能力，消除数字鸿沟、技术鸿沟；八是加强全球基础设施互联互通，增强政策、规则和标准的软联通，促进贸易畅通，维护全球产业链供应链安全稳定畅通。①

最后，全球发展倡议积极倡导共建“一带一路”倡议、非洲联盟

---

① 《全球发展倡议：加快落实 2030 年可持续发展议程，推动实现更加强劲、绿色、健康的全球发展（概念文件）》，中国外交部网站，2021 年 9 月 21 日，https：//www.mfa.gov.cn/web/ziliao_674904/zt_674979/dnzt_674981/qtzt/qqfzcy/zywj/。

《2063 年议程》、非洲发展新伙伴计划、支持非洲发展伙伴倡议等同联合国 2030 年可持续发展议程充分对接，推动联合国、二十国集团、亚太经合组织、金砖国家、中国—东盟（10+1）等多边合作进程汇聚共谋发展的强大合力。

第三节　全球安全倡议与我国海外利益安全维护

安全问题事关各国人民的福祉，事关世界和平与发展的崇高事业，事关人类的前途命运。2022 年 4 月 21 日，习近平主席在博鳌亚洲论坛 2022 年年会开幕式上正式提出全球安全倡议，阐述了共同、综合、合作、可持续的安全观，倡导以团结精神适应深刻调整的国际格局，以共赢思维应对复杂交织的安全挑战。2023 年 2 月，中国发布《全球安全倡议概念文件》，系统阐释了倡议提出的背景与核心理念和原则，针对当前最突出最紧迫的国际安全关切列出 20 项重点合作方向，并就倡议合作平台和机制提出建议和设想。[①] 截至 2023 年 3 月，全球已有 80 多个国家和国际组织对倡议表示赞赏支持。倡议被明确写入 20 多份中国同有关国家和组织交往的双多边文件。[②]

全球安全倡议是中国式现代化道路的又一重要实践，不仅为解决全球安全难题、消除国际安全赤字、促进人类共同安全提供了中国方案，也为维护我国海外利益安全和加强我国海外利益安全风险防控体系与保障能力现代化建设提供了重要的理念和方向指引。

首先，在理念和原则层面，全球安全倡议提出六个坚持，这六个坚持彼此联系、相互呼应，为塑造人类安全共同体以及维护海外利益安全提供了重要的理念和原则指引。一是坚持共同、综合、合作、可持续的安全观，即主张秉持共同安全理念，尊重和保障每一个国家的安全；主张重视

---

① 《全球安全倡议概念文件》，人民网，2023 年 2 月 21 日，http：//world. people. com. cn/n1/2023/0221/c1002－32628088. html。

② 《外交部部长助理农融：全球安全倡议为促进人类共同安全提供中国方案》，中国外交部网站，2023 年 3 月 29 日，https：//www. mfa. gov. cn/web/wjbxw_673019/202303/t20230329_11051124. shtml。

综合施策，统筹维护传统领域和非传统领域安全，协调推进安全治理；主张坚持合作之道，通过政治对话、和平谈判来实现安全；主张寻求可持续安全，通过发展化解矛盾，消除不安全的土壤。只有基于道义和正确理念的安全，才是基础牢固、真正持久的安全。二是坚持尊重各国主权、领土完整。三是坚持遵守联合国宪章宗旨和原则，呼吁共同践行真正的多边主义。四是坚持重视各国合理安全关切。主张秉持安全不可分割原则，倡导自身安全与共同安全不可分割，传统安全与非传统安全不可分割，安全权利与安全义务不可分割，安全与发展不可分割，构建均衡、有效、可持续的安全架构，从而实现普遍安全、共同安全。五是坚持通过对话协商以和平方式解决国家间的分歧和争端。加强国家间战略沟通，增进安全互信，化解矛盾，管控分歧，消除危机产生的根源。六是坚持统筹维护传统领域和非传统领域安全。倡导各国践行共商共建共享的全球治理观，共同应对地区争端和恐怖主义、气候变化、网络安全、生物安全等全球性问题，多管齐下、综合施策、完善规则，携手寻求长远解决之道，推进全球安全治理，防范化解安全困境。①

其次，在重点合作方向方面，倡议围绕国际社会最突出最紧迫的安全关切列出 20 项重点方向。在该倡议下，中国积极推动各类热点问题的政治解决，并致力于同各方开展抗疫、反恐、生物、网络、粮食、气候变化等非传统安全领域合作，积极维护我国海外利益安全。

一是积极参与联合国秘书长“我们的共同议程”报告关于制定“新和平纲领”等建议的工作。支持联合国加大预防冲突努力，充分发挥建设和平架构的作用，帮助冲突后国家开展建设和平工作。进一步发挥中国—联合国和平与发展基金秘书长和平与安全子基金作用，支持联合国在全球安全事务中发挥更大作用。支持联合国提高维和行动履行授权能力，坚持当事方同意、保持中立、非自卫或履行授权不使用武力的维和行动三原则，坚持政治优先，综合施策，标本兼治。维和行动应获得充足资源，支持为非盟自主和平行动提供充足、可预测、可持续的资金支持。

二是促进大国协调和良性互动，推动构建和平共处、总体稳定、均衡发展的大国关系格局。大国在维护国际和平与安全上承担特殊重要责任。

---

① 《全球安全倡议概念文件》，中国政府网，2023 年 2 月 21 日，https：//www.gov.cn/xinwen/2023 -02/21/content_5742481.htm。

倡导大国带头讲平等、讲诚信、讲合作、讲法治，带头遵守《联合国宪章》和国际法。坚持相互尊重、和平共处、合作共赢，坚守不冲突不对抗的底线，求同存异、管控分歧。

三是坚决维护“核战争打不赢也打不得”共识。遵守2022年1月五核国领导人发表的《关于防止核战争与避免军备竞赛的联合声明》，加强核武器国家对话合作，降低核战争风险。维护以《不扩散核武器条约》为基石的国际核不扩散体系，积极支持有关地区国家建立无核武器区。促进核安全国际合作，建立公平、合作、共赢的国际核安全体系。

四是全面落实第76届联合国大会通过的“在国际安全领域促进和平利用国际合作”决议。在联合国安理会防扩散委员会、《禁止化学武器公约》、《禁止生物武器公约》等框架下开展合作，推动全面禁止和彻底销毁大规模杀伤性武器，提升各国防扩散出口管制、生物安全、化武防护等方面能力水平。支持全球常规武器军控进程。支持在尊重非洲国家意愿的前提下开展中国、非洲、欧洲轻小武器管控合作，支持落实“消弭非洲枪声”倡议。积极开展人道主义扫雷国际合作及援助，为雷患国家提供更多力所能及的帮助。

五是推动政治解决国际和地区热点问题。鼓励当事国坚持通过坦诚对话沟通，化解分歧，寻求热点问题的解决之道。支持国际社会在不干涉内政前提下，以劝和促谈为主要方式，以公平务实为主要态度，以标本兼治为主要思路，建设性参与热点问题政治解决。支持通过对话谈判政治解决俄乌冲突等热点问题。

六是支持和完善以东盟为中心的地区安全合作机制和架构，秉持协商一致、照顾各方舒适度等“东盟方式”，加强地区国家间的安全对话与合作。支持在澜沧江—湄公河合作框架下推进非传统安全领域合作，通过澜湄合作专项基金实施相关合作项目，努力打造全球安全倡议实验区，共同维护地区和平稳定。

七是落实实现中东安全稳定的五点倡议，倡导相互尊重，坚持公平正义，实现核不扩散，共建集体安全，加快发展合作，共同推动构建中东安全新架构。支持中东国家加强对话、改善关系的积极势头和努力，照顾各方合理安全关切，壮大维护地区安全的内生力量，支持阿拉伯国家联盟等区域组织为此发挥建设性作用。国际社会应采取实际步骤推进巴勒斯坦问题“两国方案”，召开更大规模、更有权威、更有影响的国际和会，推动巴勒斯坦问题早日得到公正解决。

八是支持非洲国家、非洲联盟、次区域组织为解决地区冲突、反对恐怖主义、维护海上安全所作努力，呼吁国际社会向非洲主导的反恐行动提供资金和技术，支持非洲国家增强自主维护和平的能力。支持以非洲方式解决非洲问题，推动非洲之角以及萨赫勒、大湖地区等热点问题和平解决。积极落实“非洲之角和平发展构想”，推动非洲之角和平会议机制化，积极打造合作示范项目。

九是支持拉美和加勒比国家积极践行《宣布拉美和加勒比为和平区的公告》承诺，支持包括拉共体在内的区域和次区域组织为维护地区和平安全、妥善处理地区热点问题发挥积极作用。

十是重视太平洋岛国在气候变化、自然灾害和公共卫生等领域特殊处境和合理关切，支持太平洋岛国为应对全球性挑战所作努力，支持岛国落实其《蓝色太平洋 2050 战略》。加大提供物资、资金和人才支持，帮助岛国提升应对非传统安全威胁的能力。

十一是加强海上对话交流和务实合作，妥善处理海上分歧，携手打击海盗、武装抢劫等海上跨国犯罪，合力维护海洋和平安宁和航道安全。倡导跨境河流上下游国家积极开展国际合作，通过对话协商解决相关争议，保障跨境河流航运安全，合理利用和保护水资源，保护跨境河流生态环境。

十二是加强联合国在国际反恐斗争中的中心协调作用，支持国际社会全面落实联合国大会和安理会反恐决议及《联合国全球反恐战略》，共同打击所有被安理会列名的恐怖组织和人员。推动全球反恐资源进一步向发展中国家倾斜，加大发展中国家反恐能力建设。反对将恐怖主义与特定国家、民族和宗教挂钩。深入研究和应对新兴技术对国际反恐斗争的影响。

十三是深化信息安全领域国际合作。中国已提出《全球数据安全倡议》，希望推动达成反映各方意愿、尊重各方利益的全球数字治理规则。持续推进落实《中阿数据安全合作倡议》和《“中国 + 中亚五国”数据安全合作倡议》，共同应对各类网络威胁，构建开放包容、公平合理、安全稳定、富有生机活力的全球网络空间治理体系。

十四是加强生物安全风险管理。共同倡导负责任的生物科研，鼓励各利益攸关方自愿采纳《科学家生物安全行为准则天津指南》。共同加强实验室生物安全能力建设，降低生物安全风险，促进生物科技健康发展。

十五是加强人工智能等新兴科技领域国际安全治理，预防和管控潜在安全风险。中国已就人工智能军事应用和伦理治理发布立场文件，愿与国际社会就人工智能安全治理加强沟通交流，推动达成普遍参与的国际机制，形成具有广泛共识的治理框架和标准规范。

十六是加强外空领域国际合作，维护以国际法为基础的外空国际秩序。基于国际法开展外空活动，维护在轨航天员的安全和空间设施的长期可持续。尊重并确保各国平等享有和平利用外空的权利。坚决反对外空武器化和军备竞赛，支持谈判缔结外空军控国际法律文书。

十七是支持世界卫生组织在全球公共卫生治理中发挥领导作用，有效统筹、调动全球资源，共同应对包括新冠病毒感染在内的全球性重大传染病。

十八是维护全球粮食和能源安全。加强行动协调，维护国际农产品贸易平稳运行，保障粮食生产和供应链畅通，避免将粮食安全问题政治化、武器化。加强国际能源政策协调，为保障能源运输创造安全稳定环境，共同维护全球能源市场和能源价格稳定。

十九是全面有效落实《联合国打击跨国有组织犯罪公约》。鼓励各国为打击跨国犯罪，缔结或参加有关国际条约、公约或协议，或者作出制度性安排。支持联合国三项禁毒公约，维护国际禁毒体制，倡导国际社会协调一致、责任共担、真诚合作，共同应对毒品问题带来的挑战，构建不受毒品危害的人类命运共同体。在尊重各国主权基础上积极开展执法合作，共同提升执法能力和安全治理水平。支持建立全球培训体系，为发展中国家培训更多适应维护自身安全需要的执法人员。

二十是支持各国在气候变化、供应链产业链稳定畅通等领域合作，加快落实联合国2030年可持续发展议程，以可持续发展促进可持续安全。①

最后，在合作平台与机制层面，倡议支持与利用联合国体系、上海合作组织、中非和平安全论坛及其他有关国际和地区组织等平台，呼吁国际社会同舟共济、团结协作，共同促进地区及世界的和平稳定。

一是利用联合国大会和各相关委员会、安理会、相关机构以及其他有关国际和地区组织等平台，根据各自职责，围绕和平与安全问题展开广泛讨论沟通，提出共同倡议主张，汇聚国际社会应对安全挑战共识。

二是发挥上海合作组织、金砖合作、亚信会议、“中国＋中亚五国”、

---

① 《全球安全倡议概念文件》，中国政府网，2023年2月21日，https：//www.gov.cn/xinwen/2023－02/21/content_5742481.htm。

东亚合作相关机制等作用，围绕彼此一致或相近目标逐步开展安全合作。推动设立海湾地区多边对话平台，发挥阿富汗邻国外长会、非洲之角和平会议等协调合作机制作用，促进地区乃至世界的和平稳定。

三是适时举办全球安全倡议高级别活动，加强安全领域政策沟通，促进政府间对话合作，进一步凝聚国际社会应对安全挑战合力。

四是支持中非和平安全论坛、中东安全论坛、北京香山论坛、全球公共安全合作论坛（连云港）以及其他国际性交流对话平台为深化安全领域交流合作继续作出积极贡献。鼓励创设全球性安全论坛，为各国政府、国际组织、智库、社会组织等发挥各自优势参与全球安全治理提供新平台。

五是围绕应对反恐、网络、生物、新兴科技等领域安全挑战，搭建更多国际交流合作平台和机制，共同提升非传统安全治理能力。鼓励各国高等军事院校、高等警察院校之间加强交流合作。未来 5 年中方愿向全球发展中国家提供 5000 个研修培训名额用于培养专业人才，共同应对全球性安全问题。①

综合而言，全球安全倡议明确回答了“世界需要什么样的安全理念、各国怎样实现共同安全”的时代课题，为弥补人类和平赤字提供了中国智慧与中国方案，也为应对国际安全挑战、维护我国海外利益安全提供了重要指引。从 2014 年在亚洲相互协作与信任措施会议第四次峰会上提出亚洲安全观到 2016 年二十国集团杭州峰会期间阐述中国的新安全观，从 2017 年在联合国日内瓦总部阐述如何建设持久和平、普遍安全的世界到 2022 年提出全球安全倡议，中国领导人深刻洞察世界发展大势，不断发展和完善具有中国特色的安全理念，为推动构建人类安全共同体、维护我国海外利益安全指明前进方向、明确合作路径。

第四节　全球文明倡议与我国海外利益安全维护

文明是发展的价值指引，文明也是安全的底层支撑。2023 年 3 月 15

---

① 《全球安全倡议概念文件》，中国政府网，2023 年 2 月 21 日，https：//www.gov.cn/xinwen/2023 -02/21/content_5742481.htm。

日，习近平主席在中国共产党与世界政党高层对话会上首次提出全球文明倡议，这是继全球发展倡议、全球安全倡议后，新时代中国为国际社会提供的又一重要公共产品。倡议以“四个共同倡导”为主要内容，分别是共同倡导尊重世界文明多样性、共同倡导弘扬全人类共同价值、共同倡导重视文明传承和创新、共同倡导加强国际人文交流合作。

全球文明倡议着眼于推动文明交流互鉴、促进人类文明进步，既为推动人类现代化进程、推动构建人类命运共同体注入了强大正能量，也为推动实现全球发展与安全、提高我国海外利益安全风险防控体系与保障能力现代化水平夯实了文明的根基。

首先，全球文明倡议主张以文明互鉴，取代文明冲突。当前，世界百年变局加速演进，世界之变、时代之变、历史之变正以前所未有的方式展开。一方面，和平、发展、合作、共赢的历史潮流不可阻挡；另一方面，恃强凌弱、巧取豪夺、零和博弈等霸权行径危害深重，和平赤字、发展赤字、安全赤字、治理赤字加重，人类社会面临前所未有的挑战。[①] 中国领导人以中华传统文明为渊源、以中国式现代化实践为基础、以人类共同价值为导向，就世界究竟是文明冲突还是文明互鉴、是零和博弈还是和合共生这一时代问题，提供了中国智慧与中国方案。相对于西方国家所主张的文明之间存在不可逾越之矛盾、文明碰撞不可避免的文明冲突论，中国则坚定认为多元文明之间可通过对话合作、相互包容和尊重实现共同繁荣。从根本上，全球文明倡议及文明互鉴论植根于中国文明“理一分殊”“忠恕之道”“自强不息”“厚德载物”“成己成人”“天下一家”的文明传统。[②] 文明互鉴论，鼓励文明间的交流与合作，强调多元文明共生共荣；而文明冲突论，则强调文明的对立和竞争。这两种理论代表了人们对国际关系和文明交往的不同看法，也决定了人们对世界发展趋势的不同理解。

其次，全球文明倡议主张以全人类共同价值，取代西方“普世价值”。工业革命以来，伴随着西方现代化进程，西方资本主义文明拥有了相较世界其他文明的压倒性优势。以西方文明为中心的价值观及美国信条被包装

---

① 卢静：《全球文明倡议：理念与行动》，人民论坛网，2023 年 6 月 16 日，http://www.rmlt.com.cn/2023/0616/675796.shtml。

② 谢茂松：《从全球发展倡议、全球安全倡议到全球文明倡议》，党建网，2023 年 5 月 18 日，http://www.dangjian.com/shouye/sixianglilun/lilunqiangdang/202305/t20230518_6606103.shtml。

成了“普世价值”，长期主导着世界文明秩序的国际叙事，其他文明及价值则被迫沦于从属地位。根据彼得·卡赞斯坦在《世界政治中的文明：多元多维的视角》一书中的描述，美国信条主要包括自由市场、民主、宪政、法治以及居于核心地位的个人主义等内容。① 虽然这些价值观念本身具有极大的进步意义，但是，美国却僵化地将其定义为一个个不可挑战的政治正确概念，并视之为“人类社会唯一正确的政治价值观”和“全世界各个国家都应该追求和实现的终极政治模式”。② 本质上，所谓西方“普世价值”实际是其霸权护持下的赤裸裸的文明优越论与种族歧视论。全球文明倡议摒弃单一文化主导的文化霸权主义，坚持平等、互鉴、对话、包容的文明观，弘扬和平、发展、公平、正义、民主、自由的全人类共同价值，使全球各国在共同的价值观念下实现共同发展和共同安全，构建一个更加繁荣、稳定的世界。

最后，全球文明倡议呼吁国家间的和合共生，共同推动人类文明发展进步。文明交流互鉴的最好载体是人，深化人文交流是消除隔阂和误解、促进民心相知相通的重要途径。倡议提出四个共同倡导：一是要共同倡导尊重世界文明多样性，坚持文明平等、互鉴、对话、包容，以文明交流超越文明隔阂、文明互鉴超越文明冲突、文明包容超越文明优越；二是要共同倡导弘扬全人类共同价值，和平、发展、公平、正义、民主、自由是各国人民的共同追求，要以宽广胸怀理解不同文明对价值内涵的认识，不将自己的价值观和模式强加于人，不搞意识形态对抗；三是要共同倡导重视文明传承和创新，充分挖掘各国历史文化的时代价值，推动各国优秀传统文化在现代化进程中实现创造性转化、创新性发展；四是要共同倡导加强国际人文交流合作，探讨构建全球文明对话合作网络，丰富交流内容，拓展合作渠道，促进各国人民相知相亲，共同推动人类文明发展进步。③ 中国一直致力于构建全球文明对话合作网络，积极打造国际人文交流合作平

---

① ［美］彼得·卡赞斯坦主编，秦亚青等译：《世界政治中的文明：多元多维的视角》，上海人民出版社 2012 年版，第 61 页。

② 黄会林主编：《世界文化格局与中国文化机遇——第三极文化论丛》，北京师范大学出版社 2013 年版，第 4—8 页。

③ 习近平：《携手同行现代化之路——在中国共产党与世界政党高层对话会上的主旨讲话》，中国外交部网站，2023 年 3 月 15 日，https：//www. fmprc. gov. cn/zyxw/202303/t20230315_11042301. shtml。

台，陆续发起并建设了博鳌亚洲论坛、亚洲文明对话大会等促进文明对话交流的平台，还积极推动金砖国家等其他多边机制加强人文交流。①

在人类命运紧密相连的今天，中国领导人以人类命运共同体理念为中心，依托中国式现代化的实践成果，提出共建“一带一路”倡议、全球发展倡议、全球安全倡议及全球文明倡议的全球性发展与治理方案，为推动人类社会现代化进程、促进全球发展与安全、繁荣世界文明百花园注入了强大正能量，也为加强我国海外利益安全风险防控体系与保障能力现代化提供了重要方向指引。

思考题

1. 如何理解中国与“一带一路”共建国家实现互联互通，其对维护我国海外利益安全的意义？

2. 如何理解全球发展倡议、全球安全倡议与全球文明倡议提出的背景及三者之间的联系？

3. 思考促进全球发展和安全与推动实现海外利益安全风险防控体系和保障能力现代化之间的关系。

参考文献：

［1］习近平：《高举中国特色社会主义伟大旗帜 为全面建设社会主义现代化国家而团结奋斗——在中国共产党第二十次全国代表大会上的报告》，中国政府网，2022 年 10 月 25 日，https：//www. gov. cn/xinwen/2022 – 10/25/content_5721685. htm。

［2］《推动共建丝绸之路经济带和21世纪海上丝绸之路的愿景与行动》，中国外交部网站，2015 年 3 月 28 日，https：//www. fmprc. gov. cn/web/wjb_673085/zzjg _ 673183/gjjjs _ 674249/gjzzyhygk _ 674253/ydylfh _ 692140/zywj _692152/201503/t20150328_10410165. shtml。

① 卢静：《全球文明倡议：理念与行动》，人民论坛网，2023 年 6 月 16 日，http：//www. rmlt. com. cn/2023/0616/675796. shtml。

[3] 推进“一带一路”建设工作领导小组办公室：《共建“一带一路”倡议：进展、贡献与展望》，中国外交部网站，2019 年 4 月 22 日，https：//www.fmprc.gov.cn/web/wjb_673085/zzjg_673183/gjjjs_674249/gjzzyhygk_674253/ydylfh_692140/zywj_692152/202001/t20200117_10410169.shtml。

[4]《第三届“一带一路”国际合作高峰论坛主席声明》，中国外交部网站，2023 年 10 月 18 日，https：//www.fmprc.gov.cn/web/wjb_673085/zzjg_673183/gjjjs_674249/gjzzyhygk_674253/ydylfh_692140/zywj_692152/202310/t20231018_11163400.shtml。

[5]《王毅主持“一带一路”亚太区域国际合作高级别视频会议》，中国外交部网站，2021 年 6 月 23 日，https：//www.fmprc.gov.cn/web/ziliao_674904/zt_674979/dnzt_674981/qtzt/ydyl_675049/zyxw_675051/202106/t20210624_9137538.shtml。

[6] 新华社国家高端智库：《全球发展倡议实践成就与世界贡献》，中国外交部网站，2023 年 10 月 18 日，https：//www.mfa.gov.cn/web/ziliao_674 904/zt_674979/dnzt_674981/qtzt/qqfzcy/zywj/202310/P020231018368202971513.pdf。

[7]《全球发展倡议：加快落实 2030 年可持续发展议程，推动实现更加强劲、绿色、健康的全球发展（概念文件）》，中国外交部网站，2021 年 9 月 21 日，https：//www.mfa.gov.cn/web/ziliao_674904/zt_674979/dnzt_6749 81/qtzt/qqfzcy/zywj/。

[8]《全球安全倡议概念文件》，人民网，2023 年 2 月 21 日，http：//world.people.com.cn/n1/2023/0221/c1002-32628088.html。

[9]《外交部部长助理农融：全球安全倡议为促进人类共同安全提供中国方案》，中国外交部网站，2023 年 3 月 29 日，https：//www.mfa.gov.cn/web/wjbxw_673019/202303/t20230329_11051124.shtml。

[10]《全球安全倡议概念文件》，中国政府网，2023 年 2 月 21 日，https：//www.gov.cn/xinwen/2023-02/21/content_5742481.htm。

[11] 卢静：《全球文明倡议：理念与行动》，人民论坛网，2023 年 6 月 16 日，http：//www.rmlt.com.cn/2023/0616/675796.shtml。

[12] 谢茂松：《从全球发展倡议、全球安全倡议到全球文明倡议》，党建网，2023 年 5 月 18 日，http：//www.dangjian.com/shouye/sixianglilun/lil-

unqiangdang/202305/t20230518_6606103. shtml。

［13］［美］彼得·卡赞斯坦主编，秦亚青等译：《世界政治中的文明：多元多维的视角》，上海人民出版社 2012 年版。

［14］黄会林主编：《世界文化格局与中国文化机遇——第三极文化论丛》，北京师范大学出版社 2013 年版。

［15］习近平：《携手同行现代化之路——在中国共产党与世界政党高层对话会上的主旨讲话》，中国外交部网站，2023 年 3 月 15 日，https：//www. fmprc. gov. cn/zyxw/202303/t20230315_11042301. shtml。

图书在版编目（CIP）数据

海外利益安全概论 / 郭延军主编；杨悦，董亮副主编. -- 北京：时事出版社，2024. 10. -- （国家安全学学科建设工程系列丛书）. -- ISBN 978-7-5195-0594-3

Ⅰ. D6

中国国家版本馆 CIP 数据核字第 2024SG9827 号

出版发行：时事出版社
地　　址：北京市海淀区彰化路 138 号西荣阁 B 座 G2 层
邮　　编：100097
发行热线：（010）88869831　88869832
传　　真：（010）88869875
电子邮箱：shishichubanshe@sina.com
印　　刷：北京良义印刷科技有限公司

开本：787×1092　1/16　印张：16　字数：270 千字
2024 年 10 月第 1 版　2024 年 10 月第 1 次印刷
定价：128.00 元
（如有印装质量问题，请与本社发行部联系调换）